普通高等教育“十三五”规划教材

U0809118

大学公共健美操课教程

刘淑梅　刘　辉　曲喜峰　主编

中国石化出版社
HTTP://WWW.SINOPEC-PRESS.COM
中国经济出版社
CHINA ECONOMIC PUBLISHING HOUSE

内 容 提 要

《大学公共健美操课教程》首先全面而系统地介绍了健美操的起源与发展、概念、分类与特点征、健美操的功能、指导员的职业素质等基础理论，指出了大学生公共健美操学练所需的生理学依据、心理学依据、解剖学依据以及美学依据，同时介绍了大学公共健美操的基本术语与基础动作。其次，分别从健美操的教学和训练的两大角度出发，探索新的教学理论和训练理论，然后再对健美操中主要的两大类，即健身竞技健美操和健身健美操的创编理论与成套动作的编排分别进行探索。再次，对健美操服装与音乐的选配进行优化分析，并列举了几个健美操的流行课程，对其学练设计进行相关介绍，在对健美操学练过程进行探索的过程中，还探讨了一些科学性的保障。最后，对健美操运动发展的趋势进行展望，并以此为方向，提出相关的发展对策。

本书适合学校体育一线教师与学校体育管理者阅读，也适合对健美操感兴趣的读者阅读参考。

图书在版编目（CIP）数据

大学公共健美操课教程 / 刘淑梅，刘辉，曲喜峰主编．
—北京：中国石化出版社，2019.4（2023.2 重印）
普通高等教育“十三五”规划教材
ISBN 978－7－5114－5327－3

Ⅰ.①大…　Ⅱ.①刘… ②刘… ③曲…　Ⅲ.①健美操
－高等学校－教材　Ⅳ.①G831.3

中国版本图书馆 CIP 数据核字（2019）第 085118 号

中国石化出版社出版发行
地址:北京市东城区安定门外大街 58 号
邮编:100011　电话:(010)57512500
发行部电话:(010)57512575
http://www.sinopec-press.com
E-mail:press@sinopec.com
北京富泰印刷有限责任公司印刷
全国各地新华书店经销
*
710×1000 毫米 16 开本 15 印张 288 千字
2020 年 1 月第 1 版　2023 年 2 月第 2 次印刷
定价:58.00 元

前　言

健美操是一项以人体自身为对象，以肢体练习为内容，以追求人体健康与美为目的的体育项目。它集体操、舞蹈、音乐于一体，融健身、健美、健心等功能于一身，兼具体育、美育、德育等多种功能。它简单易学，且能陶冶情操、愉悦身心，是一项颇具研究价值的运动项目。自20世纪80年代传入我国之后，健美操运动便以其强大的生命力在中国大地上刮起旋风。可以说，健美操运动的发展是非常快的，其推广速度之迅猛、持续时间之长久，是到目前为止任何一个体育运动项目都无法超越的。在众多的体育运用项目中，健美操运动是一个新兴项目，它凭借自身轻快、动听的旋律，刚劲、优美的动作，唯美的音乐和良好的健身效果吸引了广大群众的目光，尤其受到学生的青睐。

为了适应社会潮流，为了让更多的学生在健美操运动过程中达到增强体质、增进健康、塑造美的形体等目的，更为了推动健美操运动更好、更快地发展，在我国，越来越多的高校开设了健美操教学与训练课程，但从整体上讲，大学公共健美操课程却并未收到很好地反响，因为枯燥、单调、陈旧的理论式教学与训练方式并未让学生真正感受到健美操运动所蕴含的真正的乐趣，也无法深刻体会到其真正的价值魅力。因此，健美操运动的发展必须要与时俱进，必须要创新，必须要大力加强人才建设，而加强人才建设，首先要从学生抓起，从学校抓起，为健美操运动的发展提供最基本的人才保障，在此基础上才能进行健美操的创新和发展。

为了引导高校学生积极进行健美操课程的学习和锻炼，我们特地编写了《大学公共健美操课教程》一书。本教材首先全面而系统地介绍了健美操的起源与发展、概念、分类与特点征、健美操的功能、指导员的职业素质等基础理论，指出了大学生公共健美操学练所需的生理学依据、心理学依据、解剖学依据以及美学依据，同时介绍了大学公共健美操的基本术语与基础动作。其次，分别从健美操的教学和训练的两大角度出发，探索新的教学理论和训练理论，然后再对健美操中主要的两大类，即竞技健美操和健身健美操的创编理论与成套动作的编排分别进行探索。再次，对健美操服装与音乐的选配进行优化分析，并列举了几个健美操的流行课程，对其学练设计进行相关介绍，在对健美操学练过程进行探索的过程中，还探讨了一些科学性的保障。最后，对健美操运动发展的趋势进行展望，并以此为方向，提出相关的发展对策。可以说，本教材在编写的过程之中，始终坚持思想性与文化性、科学性与创新性相结合的原则，并融入现代教育思想与教育理念，结合新的教学模式和新的教学方法，加强校园体育文化建设；坚持以人为本，以学生为主体，从学生的实际需要出发，选用一些新的、操作性强的训练方法与动作创编方式；坚持以提高学生的体育能力为主，注重理论知识与技术实践能力的衔接。此外，本书还具有另一显著特点，即融知识性、科学性、系统性、趣味性于一体，力求拓展读者的视野，让读者得到心灵上的满足，从而提高参与健美操锻炼的意识，增强自身的身体素质。

本书在编写的过程中参考和引用了大量的参考文献和研究成果，在此表示由衷的感谢，并感谢所有对本书给予支持的各界人士。由于编者的水平有限，书中难免会出现错误和瑕疵，敬请各位专家和读者提出宝贵意见，以便日后修订和完善。

编　者

目　　录

第一章　健美操运动的基本理论

第一节　健美操的起源与发展

一、国际健美操的起源和发展

早在两千年前，古希腊人就开始追求人体美，他们认为人体的健美是最匀称、最和谐、最庄重、最有生气和最完美的。当时，他们通过跑跳、投掷、柔软体操、健美操等体育项目的锻炼，来追求人体美。而在古印度，人们也利用瑜伽术，将姿势、呼吸和意念紧密结合起来，通过调身（摆正姿势）、调息（调整呼吸）、调心（意守丹田入静），运用意识对肌体进行自我调节，达到健美身心、延年益寿的功效。瑜伽健身动作包括站立、跪、坐、卧、弓步等各种基本姿势。这些姿势和现在健美操的基本姿势非常相似。这就表明健美操运动最早的雏形在两千年前就出现了。

在欧洲进入文艺复兴时期后，那些几乎被人遗忘的古希腊和古罗马文化开始重新得到人们的重视，人们追求人体美也因此逐渐成为当时的一种潮流。许多教育家认为古希腊体操是健美人体最完整的体育系统，提倡开展体操运动。17 世纪，意大利医生墨库里奥斯在 1569 年出版的六卷《体操艺术》等著作中，详述了各种形式的体操动作。18 世纪，德国著名体育活动家艾泽伦开设了培训体育师资的课程，创造了哑铃、吊环等运动。这些形式的锻炼就是现代健美操的起源。

德国人斯皮斯（1760—1858 年）是首个将体操与音乐相结合的人，他将体操从社会引到学校，并为体操动作配上音乐，在音乐的节奏中去完成各种体操动作。

丹麦体操家布克创造了“基本体操”，他把体操动作分成若干类，并编成适合不同性别、不同年龄的各种体操。

瑞典体操学派创始人佩尔·亨里克·林（1776—1836 年）以体操练习的功能为依据，对其进行了分类。他将体操分为教育、军事、医疗和美学四大类，他的理论为现代健美操的理论和实践奠定了坚实的理论基础。

弗朗索瓦·特尔沙特（1811—1871 年）赋予体操动作两个新特征：美感和富于表情。瑞士教育家雅克·克尔克罗兹设计了一种描述肌肉活动和肌肉伴奏相结合的音乐体操。而在对健美操的研究过程中，许多人都认为健美操是在“基本体操”的基础上发展起来的，这一观点也得到了许多学者的认同。

实际上，现代健美操的萌芽是从 20 世纪 60 年代初开始的。1968 年，美国太空总署专门为航天员设计了体能训练计划。医学博士库珀（Cooper）专门创编了一些动作，并选配了音乐，形成了一种新的运动方式——“Aerobics”（译为有氧运动或有氧健美操），并发表了《新有氧体操》和《有氧体操有益于大众》等著作。成为美国著名的群众体育专家。被人们称为“健美操之父”。1969 年，杰姬·索伦森结合了体操和现代舞创编了健美操。

在美国的健美操发展史上，还有一位不得不提的重要人物就是简·方达，她出生在 1937 的纽约，小时候并没有天生的好身材，长到十二三岁时还是又矮又胖。但是她后来成了好莱坞电影明星，并两次获得奥斯卡金像奖和金球奖，并在第 30 届戛纳国际电影节上获得最佳女主角的殊荣，而这些都与健美操有着很深的渊源。

当时的简·方达为了使自己的身体变得苗条，采取了许多方法来进行减肥，例如“节食”“呕吐”等。后来她得知可卡因可以帮助减轻体重，但大量的可卡因使她的胃口受到了很大的损伤，于是在医生的告知下，她又开始通过利尿剂来进行减肥，并一直坚持了 20 年。但是随着服用利尿剂的时间不断增长，利尿剂的作用越来越小，不得不增大剂量。直到 1976 年英国伦敦的一位医生提醒她，长期服用利尿剂会造成身体缺钾，从而引起严重的肌肉和肾脏功能衰竭。为了让自己被损害的身体恢复健康，当时的简·方达渴望有一种既能减肥又不损伤身体的好办法，这让她认识到“健康的美才是真正的美，持久的美”。从此，简·方达走上了体育锻炼的道路，通过健美操来保持身体的健康和体态苗条。

最后简·方达减肥成功，她拥有了健美的身形。1981 年，简·方达根据自己从事健身操锻炼获得了健美形体的成功体验，撰写的《简·方达健身术》在美国出版，并先后被译成 20 多种文字，畅销于世界 30 多个国家。在她的感召和影响下，健美操迅速风靡世界，健身俱乐部、健美操中心也随之蓬勃发展。

1984 年美国约有 7 万人参加各种类型的健美操练习，用于体操、舞蹈和健美操的活动经费每年约二亿四千万美元。

1985 年，美国首次举行阿洛别克健美操比赛。

健美操运动在欧洲也开展得较为普及，法国参与健美操运动的人已达 500 万人，并还在逐渐上升，仅是在巴黎就有 1000 个健美操中心，每星期日上午 10

点，有500万法国人随着电视中领操员的口令做1小时健美操。

在苏联，健美操已经成为大、中、小学校的教学内容，而且还举办了多次全国性教练员培训班，定期在电视台向广大健美操爱好者教授健美操。波兰、保加利亚等东欧国家的健美操开展情况与苏联相似。

亚洲健美操的发展也非常迅速。日本早在1982年10月3日的“国民体育大会”上就有420名50岁以上老人表演了“健身体操”。而日本在1984年还举办了首届远东健美操大赛，在1987年日本成立了健美操协会。同时，健美操运动在新加坡、韩国、香港地区以及东南亚国家和地区的发展也都非常迅速。

近几十年，美国以健身、健美为主的健美操和以比赛为主的竞技健美操一直处于世界领先地位，为世界健美操的发展做出了很大的贡献。

1995年在法国巴黎，由国际体操联合会主办了第一届世界健美操锦标赛，之后每年举办一届，直到2000年。进入21世纪之后，比赛改为每两年一届，至今已经举办了13届。

二、国内健美操运动的起源与发展

（一）我国健美操运动的起源

在我国，健美操运动的起源要追溯到西汉时期。1979年，在湖南长沙马王堆墓中挖掘出的西汉时期帛卷上，就记载着当时我国体操或者健美操的历史资料。上面的人物采用站立、坐、蹲等基本姿势做着屈伸、扭转、弓步、跳跃等动作，这是公元前679年的一种名为“消肿舞”的特殊舞蹈，它与现在的健美操运动动作非常相似。

东汉时期的名医华佗曾模仿虎的勇猛扑击、鹿的伸展奔腾、熊的沉稳进退、猿的机敏纵跳、鸟的展翅飞翔，把各个导引动作改编为虎、鹿、熊、猿、鸟五组动作，称为“五禽戏”。也有人称“五禽戏”是我国早期具有民族特色的人体健美操的套路。

如果追溯现代健美操运动在我国发展的历史，可以说，早在20世纪30年代就已经出现了追求人体健与美运动的健美操雏形。例如当时最具代表性的著作《女子健美体操集》，它由马济翰先生所写，并在1937年由我国康健书局出版发行，全书共五章，以“貌美与健美”“妇女健康的运动”“中年妇女的美容操”“增进肌体美的五分钟美容操”“女子健康柔软操”划分，内容主要阐述了人体美的价值、练习方法和要求。介绍了采用站立、坐卧做的各种健美操，并附有30多幅照片，其动作与现代女子健美操有许多相似之处；随后又相继出版了《男子健美体操集》，增加了哑铃等轻器械的练习内容，许多动作与现代健美操十分相近。这两本书说明我国当时就已介绍和开展了欧美各国的健美操。

（二）我国现代健美操运动的发展

在新中国成立后，政府开始对人们的身体健康非常重视，推出了许多鼓励大家参与体育运动的政策。1951 年，由中央广播事业局和全国体育总会筹备委员会共同决定，在中央人民广播电台和各地人民广播电台举办广播体操节目，并在同年 11 月 24 日公布了第一套成人广播体操，就是把肢体活动与音乐节奏融为一体的健身体操。

1981 年 1 月 4 日，《中国青年报》发表了作者为陆保钟、牛乾元的特约稿《人体美的追求》。1982 年 2 月 1 日中国青年出版社出版的《美，怎样才算美》一书，刊登了陈德星编制的《女青年健美操》和牛乾元编制的《男青年哑铃健美操》。而世界性的现代健美操运动在我国的发展就在各种新闻媒体的大力宣传下拉开了新的序幕。在 1982 年底，上海电视台录制了娄琢玉的形体健美操、持环健美操等专题节目。1983 年人民体育出版社出版了体育报增刊《健与美》。1984 年中央电视台相继播放了孙玉昆创编的“女子健美操”、马华“健美 5 分钟”“国际健身术”“动感组合”及“青春时光”等，这些电视媒体的宣传为现代健美操运动在我国的普及和发展起到了很好的引导作用。

1984 年原北京体育学院成立了健美操教研室，接着上海体院也成立了健美操教研室，并率先开设了选修和专修课。随着健美操的深入开展，健美操从社会走进了学校，并在国家教委进行相关研究后，将健美操运动教学列入到了各级学校体育的大纲之中。目前健美操已成为我国各级各类学校体育课或课外活动中一项深受师生欢迎的教学内容和锻炼方法。特别是在高校，许多大学生都纷纷报选健美操课程。

1986 年，我国第一部《健美操试用教材》出版，当时是南北京体育大学（原北京体育学院）进行编写的，并同时将健美操运动作为选修课。正式在北京体育大学本科学生中进行开展，从此，健美操成为一项重要的体育教学内容在全国高等院校中开展。1986 年 4 月 6 日在广州举办了首届“全国女子健美操邀请赛”。共有 8 省市 9 支代表队参加集体 6 人和个人两项比赛，这次邀请赛开创了我国竞技健美操的新路，探索了我国竞技健美操的比赛方法，展示了我国健美操的发展成果。

1987 年我国成立了第一家健美操健身中心——利生健康城，并将健美操运动推广给广大人民群众。人们也被这种新颖的锻炼方式和良好的健身效果所吸引，被越来越多的人所接受，大批的健身爱好者参与其中。同年，北京体育大学健美操队对日本进行了访问，当时的北京体育大学健美操队也代表了我国健美操运动的发展水平，同时也是我国健美操运动首次走出国门。1987 年 5 月，原康华健美康复研究所、原北京体育学院、中央电视台等 5 家单位联合举办了我国首届正式的竞技健美操比赛——长城杯健美操邀请赛。

1989 年 1 月，在贵州举行了第三届长城杯健美操邀请赛，正式使用了国家体委审定的具有中国特色的健美操竞赛规则，使我国竞技健美操的发展朝着国际方向又前进了一步。为了把我国健美操推向世界，1988 年 6 月，由康华健美康复研究所和中央电视台联合举办了长城杯国际健美操邀请赛，有中国、美国、日本、巴西、中国香港、克拉克等国家和地区的国际健美中心的 30 多名运动员参赛，同时在北京成立了国际健美操协会筹委会，以促进国际健美操运动的发展。

除了在国内举行一些健美操比赛外，我国也开始参加一些国际上的重大健美操运动赛事。1995 年，我国首次派队参加了由 FIG 在法国举行的第一届世界健美操锦标赛；1997 年，我国又分别组队参加了在日本举行的世界杯赛、在意大利举行的第二届世界锦标赛和在美国举行的 ANAC 世界锦标赛。1997 年和 1998 年，中国健美操协会还先后派出 8 人参加国际体操联合会（FIG）组织的健美操国际裁判员培训班和国际健美操教练员培训班。这些国际大赛的参加和培训班的学习，为我国的竞技健美操运动走向世界打下了良好的基础。

1992 年，我国相继成立了中国健美操协会和中国大学生体协健美操、艺术体操协会。中国健美操协会是中国奥委会承认的全国性运动协会，协会的成立使我国健美操运动进入一个有组织、有计划发展的新时期。

1995 至 2001 年 6 年间，中国健美操协会相继推出了《健美操指导员专业技术等级制度（试行）》《全国健美操大众锻炼标准（试行）办法》《中国健美操协会会员管理办法》，国家体育总局颁布了《健美操活动管理办法》，并制订了《全国健美操指导员专业技术等级实施办法（试行）》和《全国健美操大众锻炼标准实施办法》。同时，推出了《健美操等级运动员规定动作》。而这些举措的推出，在很大程度上促进了我国健美操运动向着正规化、科学化的方向发展，对我国健美操运动的普及和整体的提高有着非常重要的意义，有力地推动了我国健美操事业的快速发展。

2003 年 8 月 12 日，“国色天香”杯全国健美操锦标赛暨第八届世界健美操锦标赛选拔赛在我国举行，这是我国健美操组织赛事以来，人数最多、规模最大的一次。作为第八届世界健美操锦标赛的选拔赛，也是参赛水平最高的一次竞技健美操比赛。

2012 年，由国家体育总局体操运动管理中心、中国健美操协会主办，浩沙国际承办的“浩沙杯”全国万人健美操大众锻炼标准大赛拉开了全新的赛程，这次全民赛事，是健美操运动设项最广、参赛人数最多、参赛年龄跨度最大、参赛地域最广、参赛规模最大的赛事，已经连续 10 年得到全国各省市的分赛区支持，全国几十万名健美操爱好者都参与了此次比赛。

2015 年 8 月 21 日，代表中国健美操最高水平的全国性传统赛事——全国健美操锦标赛在福建省大田县开幕，来自全国各地 70 支代表队的 545 名运动员参加了比赛。大赛分少年组和成年组，他们在比赛中都取了优异的成绩。

我国竞技健美操运动虽然起步较晚，但发展较快。2002 年 8 月，在立陶宛举行的第七届世界健美操锦标赛上，我国获得了男子三人操第 7 名、团体总分第 7 名的好成绩，进入了世界 8 强。2004 年 6 月 5 日，在保加利亚举行的第八届世界健美操锦标赛上，中国六人操夺得了第 3 名，登上了世界竞技健美操的领奖台，实现了我国健美操项目在世界大赛上奖牌“零的突破”。2005 年的 7 月 24 日，在德国杜伊斯堡举行的第七届世界运动会上，中国竞技健美操队再次获得佳绩，六人操夺得金牌，这是中国在历届世界大赛中获得的第一枚竞技健美操金牌，实现了“金牌零的突破”，打破了竞技健美操项目在欧洲国家一统天下的格局，中国队也在健美操项目的体坛上拥有了一席之地。

2006 年 6 月 1～3 日在中国的江苏省南京市举办了第九届世界健美操锦标赛，这是该项赛事第一次在亚洲举办。比赛分为男子单人操、女子单人操、混合双人操、三人操和集体六人操共五个项目。有 40 多个国家的近千名选手参加了比赛。赛前一周还增设了两个年龄组别的国际青少年比赛和第二届世界青少年锦标赛，各组别的参赛项目与成人组相同。在第九届世界健美操锦标赛上，中国队夺得男子单人、六人操的第 1 名，女子单人和三人操第 2 名，团体第 2 名。中国选手在该次世锦赛的 5 个单项中获得两金两银一铜，全面创造了中国队在世锦赛上的最好成绩，实现了世锦赛上“金牌零的突破”，充分表明中国的整体实力已经和欧洲诸强非常接近。2008 年 4 月 28 日，在德国斯图加特举行的第十届世界健美操锦标赛上，中国队男子六人操成功卫冕，再一次证实了中国的实力。2014 年，在墨西哥举行的第十三届世界健美操锦标赛上，中国选手表现不俗，五人操决赛，中国获得第三；有氧踏板操决赛，中国队夺得冠军。

纵观近几年我国健美操运动员频频在世界性比赛中获奖，说明我国竞技健美操运动已经登当上了国际竞技健美操的领奖舞台，开始步入快速发展阶段。时至今日，我国每年都会举行很多健美操比赛，如全国健美操锦标赛、全国大学生健美操锦标赛、全国健美操联赛、全国健美操冠军赛等。各种健美操管理组织的建立、竞赛规则的统一、各种制度的完善，标志着我国竞技健美操运动正式步入到正规化的管理和发展阶段。

（三）我国竞技健美操技术的发展

音乐的新颖、动作连接的巧妙与难度动作的有机统一，是当前健美操发展的主要特征和趋势。

1. 音乐新颖

（1）富于时代感

音乐是健美操的灵魂，是夺冠取胜的重要因素之一。根据音乐曲调设计动作已满足不了当今求新的创编需要，请专家根据动作特点、运动员的个性制作新颖、独特、动人、符合竞赛规则的音乐，已成为健美操发展的趋势。制作音乐更能发挥教练员的想象力、创造力及运动员的表现力，使健美操的动作、风格、音乐浑然一体，突出健美操的特点。

（2）注重使用原创音乐

随着竞赛规则对健美操音乐要求的不断变化，竞技健美操音乐的发展呈现新特点：弱化节拍中重音的应用，使乐曲变得更优美动听，注重原曲的原汁原味表达音乐主题思想，提高动作的艺术魅力。

2. 难度动作类型新颖

规则是技术发展的杠杆，新的难度动作的出现是规则要求的产物，是健美操发展到一定时期的必然结果，是取胜的物质基础。难度动作是运动员综合素质的体现，只有在素质能力达到一定水平的情况下，才能选择与其相适应的动作，起到画龙点睛的作用。难度动作的发展，一定要考虑一个“新”字，要与众不同，花色品种要多样化、出人意料。难度动作的选择应是全方位的，既有上肢力量动作，又有下肢和腰腹力量动作；既有静力性力量、柔韧性动作，又有动力性力量、柔韧性动作，只有这样，才能符合当今健美操的发展要求。

3. 连接动作新颖

动作连接巧妙、流畅也是动作创新的途径，特别当难度动作发展到一定高度和水平时，新的连接方法尤为重要。连接的不同，效果各异，有的可以起到事半功倍的作用。在创编健美操时，虽然主要动作都是一样的，但由于连接的不同，可以取得不同的效果，既能提高该套动作的难度价值又能提高该套操的观赏价值。

4. 配合动作新颖

通过 2 人、3 人、6 人的巧妙配合，使成套健美操动作达到高潮，给观众和裁判留下深刻的印象，是竞技健美操发展的一大特点。配合动作的设计要符合运动员的特点，扬长避短，动作的配合要默契，好似一个有机的整体，而不能看作是单个动作的独自完成，配合动作要干净利落，连接新颖流畅，过渡自然。

第二节　健美操的概念、分类与特点

一、健美操运动的概念

健美操运动作为一项新兴的体育运动项目，人们对它的认识理解各不相同，关于健美操的概念也说法不一。

我国一些健美操专家近些年来对健美操的定义也提出了各种各样的看法，如有些人认为健美操主要是以舞蹈和体操相结合，以流行的节奏音乐相适配，达到有氧训练目的的体操；有些人认为健美操是以人体自身为对象，以健美为目标，以身体练习为内容，以艺术创造为手段，融体操、舞蹈、音乐于一体的一项新兴体育项目等。

健美操是有氧运动的一种，在国外被称为“有氧体操”。它是在氧气供应充足的情况下，以有氧系统提供能量的一种运动形式，其运动特点是持续一定时间的、中低强度的有氧运动。健美操主要发展身体的协调性和柔韧性，锻炼练习者的心肺功能，是进行有氧耐力训练的一种有效方式。并且它还是以健身美体为主要特点的运动项目，其内容丰富，简单易学，变化繁多，不受年龄、性别、场地、器械的限制，可使全身各类关节都得到充分的活动，各部位的肌肉得到均衡的发展，塑造出良好的体态。

通过健美操以上的特点，并结合专家的观点，可以把健美操定义为：融体操、音乐、舞蹈、美于一体，通过徒手、手持轻器械和用专门器械的练习达到健身、健美和健心的目的的一种新兴娱乐、观赏型体育项目。健美操具有竞技性、健身性、娱乐性和观赏性的价值，是人们现代文明生活的重要组成部分。

二、健美操运动的分类

目前健美操运动的种类繁多，根据其目的和任务可以分成三类：健身性健美操、竞技性健美操和表演性健美操。健身性健美操的宗旨是“健康第一”；竞技性健美操的目的是获得佳绩、夺得冠军；表演性健美操的目的是为了娱乐、观赏，追求形体美和愉悦性。

(一) 健身性健美操

健身健美操也称为大众健美操，它有音乐节奏鲜明、旋律轻松愉快、音乐速度较慢、动作简单、运动强度较低、动作形式多、以对称的方式出现、重复次数多、场地要求少、随意性大等特点。主要以健身、健美、健心为目的，集健身、娱乐、防病于一体的群众性、普及型健身运动。健美操的练习形式分为热身部分、有氧练习部分、形体练习和放松部分等几大块，成套动作一般是从头颈、四肢、全身、跳跃、放松等练习顺序来编排。活动的顺序是从身体的远端开始，逐渐过渡到躯干部位。健身性健美操适合人群广泛，是一项很好的体育休闲、娱乐健身活动。根据不同的分类标准将健身性健美操分为以下几种。

1. 按年龄划分

根据人在不同年龄阶段的不同生理、心理、体态、体能等特征和锻炼需要，将健身性健美操分为老年健美操、中年健美操、青年健美操、少儿健美操、幼儿健美操等。

2. 按性别划分

按照性别分为男子健美操和女子健美操。男子健美操的动作设计突出“阳刚”，动作幅度大而有力；女子健美操的动作设计突出“阴柔”，强调的是艺术性和柔美性。

3. 按人数划分

按照人数主要划分为单人、双人、三人、六人和集体健美操。集体健美操在练习时，除了包括平时锻炼的动作外，往往增加一些动作组合和队列、队形的变化，以反映练习者平时锻炼的情景。

4. 按练习形式划分

按照练习的形式可以划分为徒手健美操、持轻器械健美操、专门器械健美操等。其中徒手健美操最为常见。持轻器械健美操中常用的器械有哑铃、球、橡皮带、彩带、棍等。专门器械健美操中常用的器械有踏板、健身球、圆盘、体操垫、健身器等。

5. 按动作风格划分

按照动作风格划分为拳击健美操、搏击健美操、拉丁健美操、迪斯科健美操、武术健美操、舞蹈健美操、仿生健美操等。不同动作风格的健美操就是在传统健美操的基础上结合了其他不同运动项目的元素而成的。例如，拉丁健美操中就是结合了恰恰、斗牛、伦巴、桑巴等各种拉丁舞的元素，再结合现代健美操的基本步伐，使其动作丰富、时尚。

6. 按人体解剖部位划分

按人体解剖部位划分为颈部健美操、肩部健美操、手臂健美操、胸部健美操、腰腹部健美操、髋部健美操、腿部健美操等。这主要是针对人体某个部位进行针对性的健身锻炼。例如，腿部健美操主要锻炼腿部肌肉功能以及关节的灵活性。

7. 按目的和任务划分

按照目的和任务划分为形体健美操、康复健美操、热身健美操、韵律健美操、姿态健美操、保健健美操和减肥健美、产后健美操等。

8. 按人名划分

按照人名所划分的主要是简·方达健美操，这主要是为了纪念简·方达对健美操发展所做出的杰出贡献。

（二）竞技性健美操

竞技性健美操是根据竞赛规则与技术规程的要求，创编出的具有较高艺术性、展示运动员高水平专项技术能力的成套动作，以比赛取得优异成绩为主要目的的竞技运动。竞技健美操只进行自编动作比赛，自编动作必须符合要求。每套动作有一定的时间限制，成套的动作要根据其基本步伐、特色、难度、完成情况、时间、体型等各种元素来评分。

目前国际体操联合会举办的健美操世界锦标赛所设的正式比赛的项目有女单、男单、混双、三人和集体六人五个项目。并且为了保证比赛的规范性和公正性。对各项参赛人数、比赛场地、参赛服装和成套动作的时间等都做了严格的规定。

国际上较大规模的竞技性比赛有国际体操联合会（FIG）组织的健美操世界锦标赛；国际健美操冠军联合会（ANAC）组织的世界健美操冠军赛；国际健美操联合会（IAF）组织的健美操世界杯赛等。

我国正式的大型竞技健美操比赛有全国健美操锦标赛、全国健美操冠军赛、全国青少年健美操锦标赛等。

（三）表演性健美操

表演性健美操是指根据不同目的、场合、要求、表演者等情况进行编排，并在各种节日庆典和宣传活动中表演的健美操。表演性健美操的主要目的就是为了“表演”。在表演性健美操中竞赛规则、比赛人数、形式、规模及动作的设计和选择限制性较小，自由度较大，目的是为了使比赛更具观赏性。通过表演来展示健美操的魅力、价值和活力，使观众在观赏中陶冶情操、愉悦身心、净化心灵，同时起到宣传和推广健美操的作用。

表演性健美操的比赛时间一般为 2～5 分钟，内容可以根据需要和表演者的特点选择。为了取得较好的表演效果，一般动作重复较少，音乐速度可快可慢，强调动作的新颖性。表演者可以利用轻器械或一些风格化的舞蹈动作来烘托气氛、感染观众、增加表演效果。表演性健美操常用的形式有氧拉丁操、有氧搏击操、健身街舞、踏板操等。由于表演性健美操的动作比健身性健美操的动作复杂多变，因此要求表演者要具备较好的协调性，还要有一定的表演意识和集体配合的意识。表演性健美操主要分为以下三种：

1. 健身表演类健美操

这类表演性健美操主要有健身健美操、踏板操和搏击操。在这类操的创编中，我们要有意识地强调该类健美操本身特点的动作，尽可能发挥本身给身体带来的作用，集中展示其精华部分。

2. 艺术表演类健美操

这类表演性健美操突出的是其外在艺术性。主要用于大型比赛和活动的开幕式或中场休息，以及新产品展示或活动现场。主要是为了吸引观众眼球，丰富群众体育文化生活；从外在展示上来说，突出的是动感美、活力美和韵律美。

3. 技巧表演类健美操

展示技巧类健美操强调以高难度动作等技术作为支撑，并融合技巧的成分。动作难度大是展示技巧类健美操的主要特征。

三、健美操运动的特点

（一）健身健美操的特点

健身健美操有其独特的健、力、美的项目特征，而且对“美”的强调更为深刻，也刚好体现出了健身健美操的高度艺术性。健身健美操通过组合一些健美操的基本动作，达到培养人们良好的身体姿态的效果，良好的身体姿态能反映人们积极向上的精神面貌，从而提高练习者对美的认识。作为一项追求时尚的运动，健美操不仅可以塑造形体美，还以它鲜明的时代性、高度的艺术性以及便于推广和具有锻炼实效等特点，受到了当今高校大学生的追捧。具体来说，健身健美操与其他锻炼方式相比较，具有以下几个主要特点：

1. 科学的健身性

在设计健身健美操的动作时，通常是以保证健身者能够充分利用氧气来燃烧体内的糖原，通过燃烧脂肪为肌体提供能量，并以此来加快实现体内的新陈代谢，建立人体更高的机能水平，使心血管系统能更有效、更快速地把氧传输到身体的各部位。经常进行有氧运动可以帮助学生提高心脏功能，保持自己的身体健康。一名有氧运动素质好的学生可较长时间从事有氧运动，并且可以实现较快时间的恢复。

2. 高度的艺术性

健美操融舞蹈、音乐、体操于一体，追求人体高强度运动能力和动作完美完成，并且是体育与艺术高度结合的运动项目，故表现出高度的艺术性，健美操是以力量性为主的徒手动作为基础，它所表现出来的力是力量、力度、弹力、活力的综合。在追求人体健康与美丽的过程中，它将人体语言艺术和体育美学融为一体，使健美操成为极具观赏性的运动项目。其主要体现在“健、力、美”的项目特征上。“健康、力量、美丽”是人类有史以来追求的身体状况的最高境界。在健美操运动中，不论是竞技健美操，还是健身健美操、表演健美操，无处不体现着“健、力、美”的特征。它所形成的动作力量风格可充分表现出人体健的风采、美的神韵和力的坚韧。

3. 广泛的群众性

健美操内容丰富，运动量可以灵活调控，它多以徒手形式进行锻炼，对场地、环境、气候等条件的要求不高，不同年龄段、不同体质、不同阶层和技术水平的人都能根据运动负荷和难度以及爱好选择参加锻炼，各种人群都能找到适合自己的练习方式。例如，对于中老年人来说，一般可选择音乐节奏感较弱、强度较低的练习，达到锻炼身体、娱乐身心、增进健康的目的；而对精力旺盛的年轻人来说，可选择节奏感较强、难度性较大、运动量较多的竞技健美操作为练习手段，以达到增强体质和提高技术水平的目的。健美操在带给人们热情奔放的情感体验的同时，也满足了现代人追求健美、自娱自乐的需要，因此深受广大群众的喜爱，具有广泛的群众性。

4. 便于推广性

健美操不受时间、地点、场地、天气的影响，也不受性别、年龄、体质状况和健康水平的限制，更不受参与人员的技术水平、运动能力的制约。由于练习形式纷繁多样，运动负荷可大可小，动作有难有易，时间可长可短，使不同的锻炼人群均可以找到适合自己的锻炼内容、方式、方法与手段，所以它的简易性更便于在青少年学生中推广。

5. 鲜明的时代性

健美操融基本体操、现代舞蹈、流行音乐于一体，它作为具有鲜明特色和强烈时代感的新型体育项目，通过节奏强烈的流行音乐、富有时代感的时尚动作以及自娱自乐的心情宣泄，使其洋溢青春活力和感染力，不仅迎合了当代青年的精神需求，吸引无数青年学生加入锻炼的行列，更有不少人尝到了其中的甜头，成为健美操运动的发烧友。

6. 健身的安全性

健美操在多个方面都充分考虑了由于运动而产生的一系列刺激结果的可行性。其运动负荷中等、运动强度处于中下水平、练习时间一般为 30～60 分钟，属于有氧负荷范围内，因此适合不同体质的人群进行锻炼，同时，人们在平坦的地面上，在节奏欢快的音乐声中进行运动十分安全，并具最佳锻炼效果。

7. 锻炼的实效性

健身健美操在难度上对学生来说并没有太大阻碍，动作简单、活泼、协调、流畅，力度和弹性也表现得较为突出，可以帮助学生进行全面的身体锻炼，在锻炼过程中也体现出了针对性和实效性。由于它练习的时间较长，运动强度中等，主要以有氧供能的状态进行练习，在按照一定顺序的情况下，对身体各个部位进行充分的锻炼，对强身健体、减少脂肪有着非常显著的实效性。长期坚持练习健美操，能有效提高人体心血管系统、呼吸系统以及运动系统的功能，达到增进生理健康的目的。由于练习者在欢快的音乐伴奏下，轻松、安全、有效地锻炼，也有利于消除疲劳，提高心理健康水平。系统的健美体操锻炼还是塑造形体的“能工巧匠”，它不仅能消除体内的多余脂肪，还能重塑健美体形。同时健美体操的力量练习也可以使瘦弱的人骨骼粗壮，肌纤维增粗，使他们变得匀称、健美。

8. 练习的娱乐性

健美操是在音乐伴奏下进行的练习，对场地器材、练习时间等条件无特殊的要求，非常适合人群集体练习。因此，练习者可根据自身的情况选择适合自身锻炼的场所、内容和时间。如大学生在课余时间，即可选择一些伸展性运动进行练习，又可到室外和同学、朋友边练习边聊天，是一种集锻炼与休闲为一体的健身娱乐的好方法。

（二）竞技健美操的特点

竞技健美操是以健身健美操运动为基础而发展起来的，它不仅具备健身健美操运动的一般特点，而且其自身还有着独特的特点。

1. 显著的审美性

竞技健美操是将体操、舞蹈、音乐等各种元素融于一身，希望将人体高强度运动能力和动作的完美完成进行有机的结合，同时还是将体育和艺术进行融合的一项竞技运动项目，因此它具有高度的审美性。而且，竞技健美操运动的动作强调协调、流畅、有弹性以及和音乐的完美结合，学生在练习时，不仅可以充分地展示自己，而且还可以有效地提高自己的身体运动能力，充分享受竞技健美操运动带来的“美感”和艺术的熏陶。

美学是创造健美操运动的重要理论基础，任何健美操运动的动作又要以造型美为基础，要求所做的动作要美观大方、准确到位，而且还要保持姿态美、音乐美、服饰美和精神美。它不仅强调“健”，而且还强调“美”，讲求有效地训练身体各部位，使人体匀称和谐地发展，培养健美的体形和风度，塑造健美的自我。健美操是表现美的人体运动，美是健美操给人特有的感受。健美操的自我塑造要遵循人体的可塑性，如肌肉的强弱、发达程度、脂肪的沉积程度以及脊柱和胸廓的形状、关节的灵活程度等这些决定身体姿态、形体改变的自我塑造的可变因素。因此，“以自然人体为对象，运用自己的力量把自身作为对象，实现自我塑造”，这是健身健美操不同于其他运动项目的一个显著特点。而在竞技健美操运动中，这种美的展现已经成为竞技评分中的重要内容。

同时，竞技健美操在注重外在表现的同时，还对内在美的培养异常重视，这样可以较为明显地反映出健美操健身、健心、健美的自然性整体效应。人体运动是受主观意识指挥的一种精神作用的外在表现，所以人体能在运动中体现出思想、意志、道德、情操、情感、作风、气质等内在美。现代科学已证明，人体是身心辩证的统一体，人体动态所表现出的力与美既是外在美，又是内在美，二者构成健美操的自然美。也只有拥有这样的自然美，才能在比赛中将更加完美的外在表现展现给观众和评委。

2. 高度的技能性

由于竞技健美操在节奏上要比健身健美操快很多，因此竞技健美操通常是有氧和无氧代谢相结合的运动，并以无氧代谢为主，运动强度大、时间短、速度快、难度大、变化多、技术复杂，且追求动作的全面性、准确性、艺术性、创新性，强调编排得合理流畅性，富有艺术感染力，因此，它对人的体能、技术、心理、意志等方面提出了更高的要求。竞技健美操的成套动作必须在 1 分 40 秒～1 分 50 秒内，展示连续复杂的动作组合和完成高强度动作的能力，并要求所有动作完美地完成。因此，超强的身体素质和体能水平是一个优秀的竞技健美操运动员必须要具备的。

竞技健美操在动作难度上比普通的大众健美操难很多，大学生运动员要想在比赛中高质量地完成各种难度动作，就必须具备较强的身体技能。如今竞技健美操正向着高难度、高体能的方向快速发展，优秀的竞技健美操大学生运动员必须具备良好的身体素质、体能以及完美完成主要强度的难度动作的能力。同时，由于竞技健美操是一项追求人体健与美的运动项目，属于“技能主导类表现难美项群”类项目，属于健美体育的范畴，它和同群的竞技项目一样，竞赛中以大学生运动员所完成动作的难度、新颖、稳定、优美等因素判定其技能水平的高低，因此大学生运动员必须处处表现出“健、力、美”的项目特征。

3. 综合的力度性

力量性的徒手动作是竞技健美操的基本组成，竞技健美操所表现出的力是力量、力度、弹力、活力的综合表现。在力度和力量性上竞技健美操都有着较高的要求，不论是短促的肌肉力量、延续力量，还是瞬间的控制力量都展现出较高的力度感。相比于体操运动，竞技健美操的力量性要少些呆板、机械，趋于自由、自然；而与舞蹈相比，则少些抒情、柔软，而趋于欢快、有力。由于身体动作的快速变化及脚下富于弹性、连续不断的跑跳，使全身充满着生命活力。竞技健美操所形成的动作力量性风格，可充分表现出人体的风采、美的神韵、力的坚韧。竞技健美操表现形式狂热奔放，并伴有情感上的力度。竞技健美操的力量性最能发挥人的个性，具有强烈的表现力、感染力和吸引力，这是它的生命力之所在。竞技健美操以自身独有的力量性运动风格活跃于体坛，表现出人体矫健的风采、美的神韵、力的坚韧。

4. 鲜明的节奏性

不管是大众健美操还是竞技健美操，他们都是在旋律优美、节奏鲜明、欢快奔放的现代乐曲伴奏下进行练习的。竞技健美操的音乐大多是取材于迪斯科、爵士、摇滚等现代音乐和节奏强劲有力、旋律优美的名族乐曲，这些音乐高低、长短、强弱、快慢节奏分明，使竞技健美操富有鲜明的韵律感。它的所有动作均是在一定的节奏下进行的，它是将人体动作经过有节奏的组织和规范，使之摆脱自然状态，使人体的动作节奏化。竞技健美操锻炼时的节奏感是通过身体运动表达的，节奏性运动使竞技健美操能充分表现出人体运动的艺术美。因此，竞技健美操动作具有鲜明的节奏性特点，并通过音乐充分地表现出来，音乐是竞技健美操运动不可缺少的组成部分，是竞技健美操运动的灵魂。在练习中，学生因受音乐节奏的感染而情不自禁地被卷入一种激昂的运动状态之中，随着振奋人心的节律，将几十个、几百个动作完美、有力度地完成，并且始终保持着饱满的精神和激昂的情绪，这种特殊的身体锻炼方式是其他体育项目难以比拟的。

此外，竞技健美操在选择音乐时，应根据动作的风格来进行选择，这样可以有效地突出成套动作的特点。这样容易激发学生练习的情绪，使他们不容易产生心理疲劳，而且在练习过程中得到美的享受。另外，在音乐的烘托下，成套动作更具观赏性。

5. 不断的创新性

在竞技健美操的规则中，创造性是其整套动作所必须展现的，也就是不论是操化动作、过渡连接、队形变换，还是动力性配合和托举，都必须是原创的，否则就不能成为优秀的成套动作。所以我们的教师和学生必须创造设计出符合其自身特点的典型成套动作，否则竞技健美操将会失去生命力。竞技健美操运动的创新性主要表现在完成动作的技术风格和质量、动作的组合形式、成套动作的编排、集体动作的配合、队形的变化、音乐的选配、健美操器械以及教学方法手段不断推陈出新。竞技健美操运动不断创新的特点是竞技健美操长盛不衰的主要原因。因此，只有不断创新竞技健美操动作，才能使其发展得到延续和提高。

(三) 表演健美操的特点

在一些大型的庆典活动、舞台表演、运动会的开幕式、闭幕式等场合都会出现一些表演性的健美操，相比于健身健美操，它并没有为达到健身目的的规律性和严谨性，并且也不用遵循竞技健美操的一切规则规定的条款要求，更多需要考虑的是表演的艺术性、现场的气氛和活动的特点等因素。因此，不论从表演者的化妆、服装设计、动作表现、队形变化、配合造型，还是音乐选择、音响效果、灯光利用效果等各方面均应讲求艺术效果，达到表演的完美境界。

与竞技健美操相同，表演性健美操也是从传统的健身健美操的基础上发展而来的，它吸收了艺术表现和不同运动项目的特点，并将它们进行有机的结合，充分体现出了表演性健美操的特色，因此，表演性健美操很好地利用了不同项目的特色和风格，并将其通过健美操的操化动作、配合造型、过渡连接等极具健美操特色的动作充分展示，更好地体现了健美操健康、向上、充满活力的项目特色。

供人欣赏、制造娱乐的气氛是表演性健美操的主要作用，因此，它必须具备一定的观赏性和娱乐性。表演性健美操的创作首先应考虑观赏对象的特点和喜好，其次在动作创作方面更应考虑表演的观赏性，不论动作设计、过渡配合，还是队形变化，不要求全、求难，而应注重现场的视觉效果，给人独特、多变、新颖的感觉，以满足观众的要求。

第三节 健美操运动的意义与多元价值功能

健美操是针对不同年龄层次的人而编创的，它内容丰富、形式多样、普及性和针对性强、运用范围广、锻炼人数众多、艺术感染力强，对人体全身各组织器官的功能和身心发展都能起到增强、改善与调节的作用。它陶冶人们的情操，美化心灵，激励人们提高审美能力，培养人们朝气蓬勃、乐观积极的品质，丰富人们的精神生活。它起到了健身和健心的作用，促进了社会的和谐发展。

一、健美操运动的意义

健美操是全民健身运动的重要组成部分，随着人民生活水平的提高，健身已成为人们的生活需要，健美操作为新兴的体育运动项目，以其自身独特的运动与艺术魅力，脱颖而出，受到人们的喜爱。以健美操为主的各种健身中心遍布我国，健美操还被列入大、中、小学的教学大纲，作为正规教学内容进行传授。另外，各种媒体以健美操为主要内容的介绍，也促进了健美操运动的普及与开展，使更多的人认识了健美操，并加入锻炼队伍中来。

（一）积极有效的健身方法

健美操作为一项有氧运动，具有所有有氧运动共同的健身功能，如全面提高身体素质、提高心肺功能和肌肉耐力，促进肌体各组织器官的协调运作，使人体达到最佳机能状态。与其他有氧运动项目相比，其特殊之处在于，它是一项轻松、优美的体育运动，在健身的同时，能带给人们艺术的享受，使人心情愉快，陶醉于锻炼的乐趣中，有助于减轻心理压力，促进身心健康发展。

（二）丰富大众的文体生活

体育是人类社会文化生活的重要组成部分，健美操运动有助于人们经常通过在业余时间参与集体性的体育运动来达到强身健体、娱乐身心、促进交流的目的。随着健美操运动在世界范围的蓬勃开展，各类健美操比赛与表演数目繁多。健美操经常出现在各种场合，对这项运动的群众性业余普及起到了重要作用。无论对比赛者、表演者，还是对广大观众来说，参与这项活动就是娱乐行为，人们在参与、欣赏的过程中得到美的享受与体验，有利于丰富群众的业余文化生活。

二、多元的运动衍生价值

随着现代科学技术的发展，人类在用美的规律改造世界的同时，也在不断地改造和完美自身。现代生活，使大都市人的起居、饮食、工作和学习都困于狭窄的空间，与大自然的接触越来越少。为了抵御现代健康危机，人们采用各种手段和方法进行身体锻炼，在这种情形下，以增进健康、塑造形体、实现完美自身的健美操，顺应了现代社会的环境变化和物理空间，其灵活方便的形式、多样的健身价值、随时随地的参与性，激发了很多人的运动热情，这些都使健美操较好地发挥了体育运动的多元衍生价值。

（一）提升身心健康的价值

健美操作为身体锻炼的体育运动项目，它不同于田径以人类生存和生活的技能走、跑、跳为主体进行活动，也不同于球类有鲜明的游戏对抗性，更不像有些运动必须在水上、冰上、空中等特定的环境中进行活动。健美操具有“自主人为性”的特点，运动形式是人们根据需要而人为创造，针对肢体各个部位、关节、肌肉和器官来进行锻炼的，为达到增强体质的目的，可以科学地通过改变身体姿势、动作方向、动作路线、动作频率、动作速度和动作节奏，创编适合于不同人群或个体需要的表现方式。

健美操作为一项有氧运动，其健身功效已被人们所熟知：能发展人的心肺功能，增强心肌，增加肺活量，减少呼吸系统疾病的发病率。研究显示，经常参加健美操锻炼的人，心脏总体积指数显著优于没有参加锻炼者，吸氧量明显增加，身体的柔韧性和灵敏性也大大增强。

健美操不仅能强壮身体、形成美的体魄，而且对人的心理状态也有良好的影响。人们通过优美明快的音乐节奏、活泼的形体动作，陶醉在美的韵律之中，可以消除心理紧张，在健身的同时带来艺术享受，促进心理健康发展。特别是健美操作为一种群体运动，在集体场所进行，使个人与集体的关系更加密切，有效协调了人与人之间的关系，有助于人们增进友谊、结交朋友、提高群体意识。

（二）广阔的市场开发价值

随着人们生活水平的提高，健身、休闲、娱乐逐渐成为人们的日常需要，尤其是从1995年我国推行“全民健身计划纲要”以来，通过广泛的宣传和教育，广大群众进一步加深了对体育运动重要性的认识，体育锻炼成为人们自觉的行动，成为一种时尚。人们转变了思想、更新了观念，主动为健康投资，越来越多的人积极参与到体育运动中，掀起了全民健身的热潮。

健美操特有的健身、健美、保健、医疗、娱乐的实用价值，尤其是对于控制体重、减肥、改善形体、提高协调性和韵律感所具有的良好效果，越来越受到人们的重视，吸引广大健身爱好者广泛参与，形成了一定规模的消费群体。健美操已成为健身市场的一个重要组成部分，具有广阔的市场。现在，越来越多以健美操为主要形式的健身中心、健身俱乐部遍布大中型城市，不仅推动了健美操的快速发展，也推动了国民经济的发展，取得了丰厚的利润。此外，健美操运动的广泛开展，还推动了服装业、音像制品业、医疗卫生和广播广告业等相关产业的连带发展。

健美操运动能够使人们的身心得到全面锻炼，提高劳动者素质，推动企业文化建设，树立企业的形象，提高工作的效率和企业的利润。不仅能增进职工的健康，减少发病率，减少职工的保健、医疗费用开支，提高出勤率，而且也有利于增强企业的凝聚力、向心力，发扬团队精神，提高企业的整体实力。因此，健美操是一项具有广阔市场前景的运动。

（三）积极有效的社会调控价值

健美操运动的广泛开展，为人们提供了宣泄内心的机会和场所，健美操运动可以调适人们的各种压力，引导激情。当代社会人们除面对枯燥的日常生活外，还要面对工作压力，而无法宣泄激情，一些负面因素会被积聚下来，甚至会酿成恶性事件，而让各种不良情绪和行为在一个可制约的范围内发泄的最好途径就是体育锻炼。健美操内容丰富，形式多样，加上激昂的音乐，使得每个动作都充满力量，使主体的自我在锻炼的过程中得到表现，内心得到宣泄，从而产生乐观、炽热的情感，进而产生积极向上的生活态度，体会人生的乐趣，这就有效地抑制了不良人生观、价值观的滋生，促进和谐社会的健康发展。

三、健美操运动的多元功能

（一）增强体质与促进健康的功能

一个健康的人，从生理上说，应当具备的身体素质是：良好的心肺耐力、肌肉力量、平衡性、灵敏性、柔韧性和协调性。健美操作为一项有氧运动，最能发展人体的心肺功能，且兼具发展身体灵敏性、柔韧性和协调性的作用，可以说健美操是目前发展身体全面素质的较为理想的运动。

1. 有效增强运动系统的功能

健美操能使身体各部分的关节、韧带、肌肉得到发展。身体柔韧性和关节灵活性的提高，可增大肌肉与关节的活动能力，减缓肌肉与附着组织的退化和衰老，使人的动作机敏、灵活，富有朝气，投入工作的耐久性大大提高。肌肉力量的发展，不仅可以塑造强健的体魄，亦使人具备强大的活动能力和社会创造力。

2. 提高心脑血管系统的功能

研究表明，长期参加健美操运动能有效提高有氧代谢功能，可以使心肌纤维增粗、心肌收缩力增强、心血输出量增大，从而提高供血能力，有助于向脑细胞供氧、供能，提高大脑的思维能力。一位加拿大体育教授长期研究后认为，健美操是一项增强心脑血管系统功能的有氧代谢运动，它相当于每小时长跑 8～9 千米，每分钟游泳 40～50 米，每小时骑自行车 20～25 千米的运动量，这对心脑血管系统是大有好处的。

3. 显著提高呼吸系统的功能

进行健美操运动时，肺与支气管的通气量成倍增长，肺泡的张开率大大提高，从而增大了肺部的容量和吸氧量，使呼吸肌变得强劲有力，安静时呼吸加深，次数减少，运动时吸氧量大，从而提高了机体的有氧代谢能力，对增长耐力有很大的帮助。心肺耐力的发展，使心脏与循环系统有效运作，将机体所需的营养物质、氧气及生物活性物质运送到肌肉和各组织器官，并把代谢产物运走，在有机体的生命活动中发挥了重要作用。

4. 改善增强消化系统的功能

健美操是一项全身性综合运动，它的动作由于对髋部活动较多，能使腰腹肌和骨盆肌得到锻炼，直接对消化系统的机能具有良好的影响，使胃肠的蠕动功能增强，消化液分泌增多，因而使消化和吸收的能力提高，同时，还增加了人体对食物的欲望和需要，有利于增强体质，提高综合免疫力。

5. 全面调节神经系统的功能

健美操是由多种动作组合而成的，长期从事这项运动，可以提高人的记忆力和再现能力，提高神经系统工作过程的强度、均衡性、灵敏性，有效调节自主神经和左右大脑的潜在功能，从而提高人们的区别、判断、归类、组合、逻辑推理能力，发展人的协调能力，有效延缓大脑的自然衰老。

（二）塑造健美形体的功能

一个人的形体是由姿态和体型两部分组成的。姿态是人们平时的一举一动所表现出来的行为习惯，受后天因素的影响较大；而体型则是身体的外形，虽然体育锻炼可适当改善体型外貌，但遗传因素相对来说起着决定性的作用。良好的身体姿态是形成一个人气质和风度的重要因素，健美操以身体运动为特殊手段，通过动作展示优美的体态，给人以美的享受。这种体态就是人体的一种动态美，即形体美、动作美、仪表美和风度美。健美操的动作要求和身体姿态要求与我们日常生活中的状态基本一致，因此，通过长期的健美操锻炼，有益于肌肉、骨骼、关节的匀称与和谐发展，形成优美的体态，在日常表现出一种良好的气质与修养，给人以朝气蓬勃、健康向上的感觉。另外，健美操运动还可使人体骨骼粗壮、肌肉围度增大，使人体变得匀称健美，还可消除体内和体表多余的脂肪，维持人体吸收与消耗的平衡，降低体重，保持健美的体型。

（三）增进心理健康的功能

国内外长期研究证明，人经常处在较大的精神压力下，不仅会引起许多躯体疾病，还会造成心理疾病。健美操运动以其动作优美、机体协调、全面锻炼和音乐怡心而具有极佳的心理医疗作用，在全世界都是缓解精神压力的一剂良方，它可使人们转移注意力，忘却烦恼和压抑，尽情享受运动所带来的欢乐，得到内心的安宁，从而缓解精神压力，使人具有更强的活力和更好的心态，意义十分重大。

（四）陶冶情操与提高素养的功能

健美操锻炼能使人们在接受美与享受美的愉悦中，提高美的表现力和鉴赏力。在健美操动作的编排中，无不展示着青春的活力与优美的体态，其中的一些非对称动作和小关节活动，会给人以新奇的感觉，使动作更具独特的表现力和感染力。健美操的音乐激进亢奋，能使人很快进入角色，全身心地投入到运动当中。健美操的集体配合动作，具有较高的美学构图价值，队形变化更是极富艺术欣赏价值，凡此种种，使人们不仅在锻炼中强健了身体，还受到了美的熏陶，提高了艺术素养，这对我国民族文化的伟大复兴具有重要的现实意义。

（五）提高人们适应社会的功能

健美操运动有利于增强人们的社会交往。人们在社会上扮演着各种各样的角色，需要在社会中相互交往，处理好彼此在社会交往中的各种关系。健美操运动目前在国内外，人们参加的主要方式是去健身房，在健美操指导员的带领和指导下集体练习。参与健美操运动的人，来自社会的各阶层，这种形式扩大了人们的社会交往面，把人们从工作和家庭的单一环境中解脱出来，可接触和认识更多的人，眼界也更开阔，从而为生活开辟了新天地，进一步提高了人们适应社会的能力。

（六）良好的医疗与保健功能

健美操是一项有氧运动，其特点是强度适中、密度可变，运动量可控，因此，它除了对健康的人具有良好的健身效果外，对一些病人、残疾人和老年人，也是一种医疗保健的理想手段。例如，下肢瘫痪的病人，可做地上健美操和水中健美操，以保持上体的活力与功能，进而促进下肢功能的扩展与恢复，增加气血运行，促进机体再生。研究显示，一些病人通过控制健美操练习的运动范围和运动量，结合现代医疗，有效地实现了医疗保健的目的。

第四节　健美操指导员的职业素质

健身性健美操是指导员和学生共同参与完成的、由指导员现场指挥示范和指导的一项体育活动。优秀的健美操指导员不仅要有很好的体能、专业所需的各种技能和充满激情的带动力，还应该具有专业的理论知识与丰富的实践经验，是一个专业的健身顾问，是学员和雇主的朋友。除此之外，还应具有个人特点与魅力，以及善于和学员沟通的能力等，让深受激励的人们在享受着健与美训练的同时，也能感受到一种振奋人心的活力与激情。

一、遵守职业道德，热情真诚为学员服务

（一）牢固树立服务意识

健美操指导员是一个神圣的职业，热爱健美操事业、具有高度的敬业精神是成为优秀健美操指导员的先决条件，是从事健美操事业发展的动力。一个合格的健美操指导员要对学员的安全、健康负责，对雇主（俱乐部的负责人）负责，要切实为学员的安全和雇主的利益着想，热情真诚地为他们提供一切满意的服务；尽可能地了解学员，弄清学员的需要，成为他们的知心朋友，乐于解答学员提出的问题。

（二）提供安全有效的健身服务

一个好的健美操指导员同时也应是一个好的健身指导员，要有为学员提供安全

有效的健身服务能力。安全有效的健身服务的内容包括健身计划的制订、动作的设计与运动量的安排、正确技术的运用、损伤的预防和急性损伤的处理等。

面对新学员时，我们首先应了解其健康状况和家族病史，确定该学员是否能参加俱乐部的各项活动，并根据学员的具体情况制订相应合理的健身计划，包括锻炼的项目、运动量和运动强度等。指导员在指导过程中要注重技术的正确运用，及时发现并纠正错误动作，预防因技术错误而造成学员身体的损伤。当学员出现一些急、慢性损伤的症状时，应及时做出初步诊断或处理，并提出诊治的合理建议。

二、塑造个人形象，做一个健康的好榜样

（一）具有充分展现个人魅力的能力

充分体现健美操教学风格与个人魅力是健美操指导员个人素质的重要组成部分。大多数人认为，乐观、外向是健美操指导员较理想的性格，外向型性格的指导员给人以热情开朗、充满朝气的印象，课堂气氛好，容易沟通。其他风格的指导员也一样能吸引学员，关键是要有自己的特色与风格。每一个指导员都是一个独立的个体，他们把各自不同的风格带到课堂上，充分展现其魅力与能力，都一样能振奋人心。

（二）具有充沛的精力和健美的形体

健美操指导员应体形健美、气质高雅、精力充沛，具有良好的体能。因为健美操指导员是健康的楷模，是青春与活力的代表，甚至是学员的偶像，具有充沛的精力和健美的形体能吸引更多的学员来健身，树立学员参与锻炼的信心和决心。另外，健美操教学是一个强度高、体力消耗大的工作，指导员具有较好的体能也是教学工作本身的需要。

三、刻苦钻研，有过硬的教学本领

（一）扎实的专业基本功

健美操指导员的专业技术直接关系示范动作的质量。在实践活动中，学员会通过直观感觉不自觉地模仿指导员的动作，对学员来讲，这是他们学习的第一步，指导员正确规范的技术动作至关重要，因为错误的技术动作不仅看起来不美观，而且还可能导致关节和肌肉的损伤。专业技术知识的运用一定要在专业理论

知识的指导下进行，因此必须有扎实的专业理论基础知识，如《运动解剖学》《运动生理学》《运动医学》《体育保健》等相关学科的知识。将这些知识有效地运用到实践中去，这样才能保证指导的科学性，为学员提供安全、有效的健身服务。

（二）高度的敬业精神

为了保证和提高指导的质量，必须投入大量的时间、精力做好每一堂课的准备工作。每一堂课都要有计划、有针对性地设计动作及音乐。如，在发达城市，上午和下午到俱乐部锻炼的学员可能是居家主妇或工作不忙地女士，她们到俱乐部健身、会友、做美容以打发时光，因此设计有氧操时不要太难，音乐速度应适中，尽量体现趣味性；而傍晚来的多是上班族，她们是时代女性，追求完美且精力充沛，在动作设计上应体现动作的多变性、节奏性，运动强度与音乐速度都应加强。同时，还要有计划地更新课程的内容，为课程注入新鲜血液。

另外，要做好教授不同水平学员的准备。通常同一堂课中学员的水平差别大，计划中要有处理好同堂不同水平学员学习的方法。如将高冲击力动作降低强度完成；降低手臂动作的高度或不加手臂动作。总之，要尽量让每一个学员跟得上课程的内容。

（三）较强的教学能力

健身健美操练习对象的年龄、性别、职业不同，流动性强，体能差异大，技术参差不齐，这给健美操课的组织带来了一定难度；再者，组织一堂课并不是想象中那么简单，指导员要将理论与实践结合，动作的设计要合理有效、音乐的选配要恰到好处、课堂的组织要生动有序。这便要求指导员有较强的课堂组织能力与随机应变能力，任何一个方面的疏忽都会导致教学的失败，甚至造成损伤事故，影响教学质量。

四、广泛了解，掌握相关领域知识

健美操项目需要指导员不仅具有良好的专业功底，还必须深入了解相关领域的知识，掌握多种知识与技能，并能熟练地运用到实践中去。相对于其他项目，这对健美操指导员提出了更高的要求。

（一）具备一定的音乐常识

健美操离不开节奏，离不开音乐伴奏，通过音乐节奏的快慢，可调节运动强度和负荷，通过选择不同风格的音乐，可增强练习的趣味性，甚至改变有氧操的风格。

指导员必须了解音乐的基础知识，会利用音乐的某种风格，创造出有特点的动作。在实践中，要熟练地把握音乐节拍，在边示范、边讲解的同时，准确地提示学员进入下一个动作的训练。

（二）熟悉相关学科知识

健美操发展到今天，早已超出了原来单调的有氧操和垫上简单的力量练习，人们开始尝试将更多的有氧运动项目与健美操相结合，派生出了许多新的课种。如健美操与舞蹈结合就产生了 funky 健美操，与台阶训练结合就产生了踏板操，与拉丁舞蹈结合就产生了拉丁健美操，与拳击结合就产生了拳击健美操，与爵士舞结合就产生了爵士健美操，与力量训练结合就产生了 BODYPUMP 等。因此，指导员的知识结构仅仅停留在原来的专业基础上是不够的，必须不断学习，不断提高。

（三）懂得人体测量评价与健康营养基本知识

健康与营养已经成了现代人生活方式中最为关注的一个方面，人们健身的目的已不再是单纯为了减肥或增加肌肉，通过健身保持健康、防病于未然，是小康社会人们健身的新理念，因此，健身指导员还应具备人体测量与评价以及健康与营养知识。健美操指导员要对新学员进行身体测试，并结合其身体状况制定相应的、有效的运动处方；要了解学员的饮食习惯，并能指导学员建立正确的营养膳食结构；要教授学员采用正确的姿势和方法进行训练；要能简单处理由于意外引起的运动损伤等。以上这些都需要指导员掌握《人体测量与评价学》《运动营养学》《运动损伤》及《体育保健学》等相关学科知识，用科学的理论知识来指导实践。

五、主动交流沟通，为学员排忧解难

交流与沟通是现代社会人们互相了解、建立友谊和信任的桥梁。在健身活动中，参加锻炼的人来自社会各界，健美操指导员要经常与各类学员进行交流，通过交流加强了解与沟通，获得信任与支持，从而更好地为学员服务。

（一）为学员提供可靠的信息

由于学员的身体情况和健身知识程度不一，且健身知识获取途径也不同，所以学员在健身时总是会有很多问题、疑虑和误区。如一些学员担心参加一段时间健身运动后，突然停止会发胖；还有一些女学员害怕肌肉线条生硬而不敢做力量练习。因此，指导员有责任为学员提供正确的信息，帮助他们建立正确的观念和掌握基本的健身知识，用科学、正确的理念来指导实践。

（二）为学员导入正确的健身理念

目前，大多数人通常只有在身体健康状况和体形出现问题时才想起来锻炼身体。到俱乐部参加健身的大部分人都想在短短的几个月内达到目标。如春天来健身的学员比其他季节多，因为他们急于在短期内减掉冬天积蓄在体内的脂肪。这时，我们的指导员就应该与学员进行沟通，耐心地讲解脂肪堆积的原理，根据学员的身体状况制订相应的训练计划，并结合膳食调整来达到最佳的减脂效果。与此同时，还应介绍常年锻炼的益处，鼓励他们持之以恒，使他们树立正确的健身观。

沟通可通过语言和非语言两种形式进行。非语言指的是身体和面部的反应。指导员要学会耐心、认真地听对方倾诉，眼睛要注视着对方，面带微笑，不要打断对方的谈话、脑子里不要想别的事情，要认真回答所有的问题。课堂上指导员的示范动作、身体姿势及手势、眼神等都是非常重要的沟通方式。

六、更新知识理念，做一名与时俱进的健美操指导员

健美操在国际上已发展了几十年，已形成主流化和正规化。我国健美操的发展和发达国家相比还有一定的差距，大众健身领域在许多方面都存在着一定的误区，作为健美操指导员应该看到差距，要注重知识更新，不断努力学习，了解掌握领域的发展新动态、新成果，以新的知识指导实践活动。只有这样，才有可能成为一名与时俱进的优秀健美操指导员。

第二章 健美操术语与基本动作

第一节 健美操术语基本理论

一、健美操术语的创立原则及特征

（一）健美操术语的创立原则

术语是指各门学科的专门用语。健美操术语是描述健美操动作的专门用语，它是用来表达健美操动作名称以及描述动作、技术过程的专门用语和专有词汇。

依据健美操项目的自身特点，对健美操术语创立原则进行阐述。

1. 简练性

指所形成概念或动作名称的词语应简短，是健美操术语最本质的特征。

2. 准确性

指用词力求准确，能明确反映动作及动作过程。

3. 易懂性

指健美操术语要通俗易懂，便于理解，便于记录，易为人们所接受。由于健美操术语的口语性、形象性和可代替性存在，确定了健美操术语的运用在适合具体情况的前提下，可有针对性地灵活使用，同时，应做到通俗易懂，便于理解，便于记录。

4. 组合性

指基本健美操术语要能按规定的形式和顺序进行组合，形成各种动作名称。

5. 适用性

指所用的概念和动作名称既要符合我国当前的习惯，又必须与国际用语接轨，以利于新健美操术语的推广应用和进行国际交流。

6. 稳定性

指所使用的概念和动作名称要经得起时间的考验，不会因为时间和地区的改变而改变，这样更有利于新健美操术语的推广。

（二）健美操术语的特性

健美操术语：是参加专业理论与实践活动的统一技术用语，便于书写、学习、交流和推广。因此要求被运用的健美操术语具有以下特性：

1. 统一性

健美操术语作为一种交流专业思想的工具，无论是讲述动作要领、交流训练体会、制定训练计划，还是编写大纲、教材以及科研等一切健美操活动，都需要运用健美操术语。这就要求所用的健美操术语必须是统一且规范的。

2. 科学性

正确的健美操术语应能反映动作的基本形态，抽象动作的基本特征，是对所述动作技术的一种理解。这就要求所使用的健美操术语应具有较严格的逻辑性及科学性。科学的健美操术语能加深对动作技术的理解，有利于动作技能的形成，因而能在教学、训练中起到积极作用。

3. 实践性

健美操术语的运用者有广大的教练员、运动员，也有众多健美操爱好者，因而健美操术语的选词就必须通顺达意，以利于运动的开展，更好地为教学训练服务。

健美操活动中，除了正规健美操术语外，在口语运用时还借用其他运动项目的健美操术语。如，依柳辛、科萨克、托马斯等等。

二、健美操术语的发展及趋势

（一）健美操术语的发展

健美操属于体操项目，是体操徒手动作的演化，是从人体自然动作的运动规律形式中派生出来的。因此，在谈及健美操发展历程的过程中也可借鉴体操在我国的发展现状，通过对体操项目的发展研究，从而对健美操术语的研究起到参考作用。

1. 古代健美操术语的起源

健美操在我国并非无源之水、无本之木，它起源于生活及人们对人体健美的追求，是体操、彩绘着舞蹈、音乐逐步发展和结合的产物。早在两千多年前，中国古代导引图上，就描绘着44个不同性别、不同年龄、做着各种不同姿势、栩栩如生的人物，有站、立、蹲、坐等基本姿势，臂屈伸、方步、转体、跳跃等动作，几乎和当今健美操动作相仿。虽然这一时期出现了健美操术语并且也有动作名称的运用，但是总体来说这一时期只能算是体操术语的起源阶段。

2. 现代健美操术语的初步发展

现代健美操在我国兴起的时间应该是20世纪70年代末80年代初。从那之后健美操运动在我国兴盛发展，由于我国健美操竞技水平的提高，在外开始参加各类国际健美操比赛，在内也开始举办各式各样的健美操比赛，这就要求相关健美操术语的同步发展，为健美操的进一步提高和发展提供理论依据。而这一时期，我国也开始有部分健美操人士涉及健美操术语的研究，根据健美操国际竞赛规则并结合我国语言习惯进行分类汇总，而都是一些比较常用的健美操术语，这些术语内容在那个时期的健美操教程中可以得到很好的体现。

3. 健美操术语的快速发展

1992年2月，我国在北京成立了中国大学生体育健美操协会、艺术健美操协会。1992年9月，中国健美操协会在北京的正式成立，标志着我国健美操运动进入一个崭新的发展阶段。

1994年，FIG（国际健美操联合会）这个资格最老的体育单项联合会成立了专门健美操委员会，并于1995年12月在法国巴黎举办了首次比赛，中国代表队也首次走出门，迈出了历史性的第一步。从此之后，我国的健美操代表队成了健美操世界比赛中的常客，并且随着竞技水平的提高和项目的快速发展，我国竞技健美操代表队取得的成绩也越来越受世人瞩目，男子六人操、三人操甚至不止一次地取得世界冠军，男单和女单也取得过世界前五的好成绩，我国开始向健美操世界强国迈入，在国际上的影响力也越来越大。

特别是2012年12月1～7日，由国际体操联合会主办，捷克体操协会承办的2013～2016年新周期洲际裁判员培训班在美丽的城市布拉格举行，洲际裁判员培训班课程是为在国际比赛：世界杯、世界锦标赛和奥运会上执裁的裁判员开设的，每四年举办一次。我国由国家体育总局体操运动管理中心、中国健美操协会派出了3名裁判参加了本次洲际培训班的学习，王宏博士作为国际体联健美操技委会副主席及授课专家也前往布拉格。国际健美操竞赛规则第一次有中国人参与撰写，第一次中国人在制定国际健美操竞赛规则上有话语权，第一次有中国人在国际体联健美操洲际裁判员培训班讲台上担任专家进行授课，而且在今后的健美操国际比赛中，中国人也可以出现在裁判席上，也有一定的话语权了。这些都促进了健美操术语的快速发展和形成一定的规范，为我国健美操事业的发展提供更广阔的前景，并为我国的健美操国际化发展提供平台。

（二）健美操术语的发展趋势

1. 国际化

国际化是大多数术语的发展趋势，健美操术语也会向国际化的方向发展。随着经济全球化的快速发展和英语作为国际官方语言的推广，通过电视、网络等媒体向世界各地的人们传输信息量越来越多，传播速度也越来越快捷，英语接触多了对于常用的一些术语单词也就耳熟能详了，而健美操术语也是如此。这样一来，不但能避免健美操术语翻译版本不一致所造成的混乱，而且利于健美操术语的统一和健美操项目的发展。同时，也能提高人们的知识文化水平，更好地与世界接轨，更方便快捷的掌握英语术语。因此，健美操术语会随着世界经济、社会的发展也会向国际化方向发展。

2. 标准化

一种项目术语的成熟标志是该术语是否形成自己独有的术语标准体系，这样的术语才能更加准确的表达出所涵盖的意义，也更加有利于该项目术语的规范化和统一化。健美操术语想要形成自己的术语体系，不仅要掌握健美操术语英文体系，而且还要包括世界各地不同语言不同种族的健美操术语体系，只有这样高度的包容性才能创建出标准的术语体系，也才能避免术语的混乱。

3. 两极化

任何一个运动项目发展到一定程度都会出现两极分化，健美操运动也不例外，当今社会大众健美操和竞技健美操之间的分水岭已经越来越明显了。因此，针对运动项目的两极化，运动项目术语也应随之两极化发展。健美操术语目前就有大众健美操术语和竞技健美操术语两个不同标准的术语。大众健美操术语是一些基本的健美操术语，这种术语的发展是符合当今社会发展潮流的。随着社会文明的发展，越来越多的人开始追求健康的生活方式，而健美操由于自身的运动特点和所能产生的健身效果，正被越来越多的人所熟悉、热爱，因此，简单的大众健美操术语就更容易被大众所接受并传播，促进健美操运动的普及和发展。而随着体育强国的召唤，我国的竞技健美操也处于快速发展的阶段，随着技术水平的提高，越来越多的新元素被加入竞技健美操编排中，从而创造出更多的难度动作，这些都是需要相应的术语来支撑完善和发展，也会有越来越多的专业术语名词比文森支撑之类的特定难度动作更加抽象化，这就需要专业的人士才能了解与掌握，因此，竞技健美操术语会更加的专业化。

三、健美操术语的作用

无论是俱乐部的健美操课还是学校的健美操教学课，各种术语被大量使用。术语的使用可规范教师的课堂语言，使学生准确理解教练或教师所想表达的意思；正确使用术语描述动作时可使学生大脑接受的动作信息达到尽可能精确，加深对动作的理解；教练或教师使用术语进行教学活动可大大节省课上的时间，因为健美操课的特点是以练习动作为主，讲解占用的时间越多，练习的时间就会减少；健身俱乐部的有氧健美操课的特点决定了课的整个过程中，教练几乎没有停下来讲解的时间，因此，教练会在带领大家练习的同时加入语言讲解，所用术语必须简短而准确。

术语的另一个作用是用于记录动作，编写教案、教材及专业书籍时准确的书面用语。由于书面的文字必须精确和专业，因此术语就显得尤为重要了。

四、健美操术语的分类

（一）描述运动基本术语

1. 基本方向术语

为了提供人体在场地上或运动时的方向参考，我们一般借鉴体操项目中基本方向术语，以人体面向场地正前方站立时为基础参考点。

（1）前（Front）：胸部所对的方向。向此方向发生位移为向前。

（2）后（Back）：背部所对的方向。向此方向发生位移为向后。

（3）侧（Side）：一侧肩所对的方向。向此方向发生位移为向侧，有左侧、右侧。

（4）上（Up）：头顶所对的方向。向此方向发生位移为向上。

（5）下（Down）：脚底所对的方向。向此方向发生位移为向下。

（6）左前（Left diagonal front）：前和左侧的中间 45 度的方向。反方向为右前。

（7）左后（Left diagonal back）：后和左侧的中间 45 度的方向。反方向为右后。

(8) 顺时针（Clockwise）：转动过程与时针运动方向相同。

(9) 逆时针（Anticlockwise）：转动过程与时针运动方向相反。

2. 运动方向术语

指身体各部位运动的方向，运动方向一般是根据人体直立时基本方位来确定。以上基本方向术语中提到的 9 个方向都适用于身体部位运动的方向。补充如下：

(1) 中间方向和斜方向：指两个基本方向之间 45 度的方向。例如，侧上、前下。

(2) 向内：指肢体由两侧向身体正中线的运动。

(3) 向外：指肢体由身体正中线向两侧的运动。

(4) 同向：指上肢和下肢向同一方向运动。

(5) 异向：指上肢和下肢向相反方向运动。

3. 动作连接过程术语

在描述一个连续动作过程时，我们可借鉴体操中的术语，用于表达动作之间的连接关系及动作顺序。

(1) 由：指动作开始的方位。

(2) 经：指动作过程经过的位置。

(3) 成：指动作完成后的结束动作。

(4) 至：指动作必须达到某一指定位置。

(5) 接：两个单独动作的连接。

4. 动作之间相互关系术语

(1) 同时：不同部位的动作在同一时间完成。

(2) 依次：肢体或不同个体相继做同样性质的动作。

(3) 交替：不同肢体或不同动作反复进行。

(4) 同侧：与最初开始动作的肢体同一方向的上下肢动作配合。

(5) 异侧：与最初开始动作的肢体不同方向上的上下肢动作配合。

(6) 对称：左右肢体做相同动作但方向相反。

(7) 不对称：左右肢体做不相同的动作。

5. 移动术语

指身体根据参考点所产生的移位。

(1) 原地（On the spot）：无位移，指健美操运动中完成一个步伐后回到原地。

（2）移动（Travel）：身体向某参考点运动所产生的位移。

（3）转体（Turn）：身体绕垂直轴转动一定的度数。如：转体 90 度、180 度。

（4）绕圈（Circle）：以某一点为轴心以一定距离为半径所形成的圆圈。

6. 运动轴与面关系术语

人体运动时包含了轴与面的关系，如单臂体侧大绕环就是手臂围绕额状轴（肩轴）在矢状面上的运动。

（1）矢状轴（Sagital Axis）：俗称前后轴。是前后平伸与水平面平行，与额状面垂直的轴。

（2）额状轴（Frontal Axis）：俗称横轴。是左右平伸与水平面平行，与矢状面垂直的轴。

（3）垂直轴（Vertical Axis）：俗称纵轴。是与人体长轴平行，与水平面垂直的轴。

（4）矢壮面（Sagital Plane）：沿身体前后径所作的与水平面垂直的切面。矢状面将人体分为左右两半。

（5）额状面（Frontal Plane）：沿身体左右径所作的与水平面垂直的切面。额状面将人体分为前后两半。

（6）水平面（Horizontal Plane）：横切直立人体与地面平行的切面。水平面将人体分为上下两半。

（二）健美操专门术语

1. 健美操概念术语

（1）有氧练习（Aerobic Exercise）：以人体有氧系统供能的、运用大肌肉群的、持续的和有节奏的练习。有氧健美操是有氧练习的一种。

（2）冲击力（Impact）：人体运动时对地面产生一定的作用力的同时，地面也给予人体相应的反作用力，即“冲击力”。这种冲击力随着每一个动作自下而上通过人体向上传递并逐渐消失。

（3）无冲击动作（Non－impact moves）：两只脚都接触地面的动作或不支撑体重的动作。如半蹲（squat）、弓步（lunge）、提踵（heel raise）等等。

（4）低冲击动作（Low－impact moves）：总有一只脚接触地面的动作。如踏步（march）、漫步（mambo）、点地（tap，touch）、V 字步（V—step）、后屈腿（leg curl）、交叉步（grapevine）、并步（step touch）等等。

（5）高冲击动作（high—impact moves）：两只脚都离开地面，即有腾空姿势的动作。如开合跳（jump jack）、弹踢腿跳（flick jump）、点跳（pony）等等。

（6）核心部位：指腰腹部位，保持身体稳定主要肌群，包括腹直肌、腹外斜肌、腹内斜肌、腹横机和竖脊肌。

2. 健美操基本步伐术语

健美操的基本步伐分类方式有多种，按其冲击力的大小可分为低冲击、高冲击和无冲击动作；按其动作完成形式的不同又可以分为五类，见表 2-1。

表 2-1 健美操动作分类表

类别	低冲击动作	高冲击动作	无冲击动作
踏步类	踏步（march） 走步（walk） 一字步（easy walk） V 字步（V—step） 曼巴步（mambo） 桑巴步（samba） 恰恰步（cha cha）	跑步（jog） 小马跳（pony）	
迈步类	并步（step touch） 交叉步（grapevine） 迈步点地（step tap） 迈步吸腿（step knee） 迈步后屈腿（step curl） 迈步踢腿（step kick） 滑步（slide）	迈步吸腿跳（step knee） 踏步跳（leap）	
点地类	脚尖点地（touch，tap） 脚跟点地（heel）		
抬起类	踢腿（kick） 摆腿（leg lift） 吸腿（knee up）	弹踢腿跳（kick jump） 摆腿跳（leg lift） 吸腿跳（knee up） 钟摆跳（swing）	
双腿类		并腿跳（jump） 开合跳（jumping jack） 弓步跳（lunge jump）	弹动（spring） 半蹲（squat） 弓步（lunge） 提踵（calf raise） 箭步蹲（lunge）

目前健美操已经从原来单纯的、传统的有氧操逐渐发展为吸收越来越多其他项目风格的有氧运动项目，所以其他项目的术语也就自然而然的被采用。如果按照术语的不同来源我们也可以把术语这样分类：

健美操中的许多术语就是来源于生活中的一些基本运动，如踏步（march）、走步（walk）、跑（jog）等。

还有许多术语是采用了体育舞蹈中的一些术语，如曼步（mambo）、恰恰步（cha cha）等。

虽然健美操运动来源于国外，但是我们在学习和锻炼过程中也加入了一些我们中国传统舞蹈的动作如秧歌步，也就是十字步（cross step）等。

另外也还有一些来自搏击、跆拳道中的一些术语，如侧踹（side kick）等。

在竞技健美操中许多的难度动作术语都是来源于体操，如俯卧撑（Push up）、托马斯全旋（Flair）、科萨克跳（Cossack jump）等。

还有一些来源于武术难度动作，如旋风腿（kick）、体育舞蹈中的剪踢（Scissors kick）、跆拳道中的一些跳起的踢、踹等。

3. 基本上肢动作术语

健美操的上肢动作一部分来源于体操动作，如屈臂（bicep curl）、伸臂（tricep kickback）、绕（scoop）等；一部分来自健身运动的器械练习，如下拉（put down）、肩上推（shoulder press）等；还有一些来自其他运动项目的动作，如搏击中的冲拳（punch）、武术中的剑指（falchion finger），以及体育舞蹈中的西班牙手型等。

4. 身体其他部位的动作术语

（1）胸部主要动作有含胸、展胸、振胸。

（2）腰部主要动作有腰部的屈、转、绕和绕环等。

（3）髋部动作主要有顶髋、摆髋、绕髋等。

（4）躯干部动作主要有向前、向后、向侧的波浪动作。

这些动作也主要是来源于体操和体育舞蹈。

5. 地面动作术语

在健美操课中有一部分内容是在地面上进行的局部力量练习。例如：练习腹部和背部的肌肉，都可通过不同的姿势来实现。

（1）坐姿：以臀部着地的姿势，有屈腿坐、并腿坐、分腿坐、半劈腿坐、盘腿坐等。

（2）跪姿：屈膝并以膝着地的姿势，有跪立、单腿跪立、跪坐等。

(3) 卧姿：身体躺在地上的姿势，有仰卧、侧卧、俯卧等。

(4) 撑：手着地并承担身体重量的姿势，有俯撑、跪撑、蹲撑、仰撑等。

6. 竞技健美操难度动作术语

2013～2016年版《竞技健美操竞赛规则》中，将难度动作分为四组，即：A——动力性力量、B——静力性力量、C——跳与跃、D——平衡与柔韧四组。现列举部分难度动作术语的中英文对照。

1) A组——动力性力量

A组难度动作术语见表2-2。

表2-2 A组——动力性力量

难度动作根命名	难度动作术语
俯卧撑类 Push up family	单腿俯卧撑 I leg push up 单臂俯卧撑 I Arm push up
文森俯卧撑类 Wenson push up family	后举腿文森俯卧撑 Lifted wenson push up 后举腿文森侧或后倒俯卧撑 Wenson hinge push up or lateral push up
俯卧撑腾起类 Plio push up	俯撑腾空转体360度成俯撑 Push up l/ Twist airborne to push up
提臀起类 A frame family	提臀腾起 Explosive a frame 提臀起成文森 Explosive a frame to wenson 提臀起转体180度 Explosive a frame 1/2 turn
旋腿类 Leg circle family	双腿半旋 Double leg 1/2 circle 双腿全旋 Double leg 1/1 circle 托马斯全旋 Flair 托马斯转体180度成文森 Flair 1/1 turn to wenson
分切类 Cuts family	分切成直角支撑 Straddle out to L—support 分切转体180度成俯撑 Straddle out 1/2 twist to push up 高锐角成仰撑 High V—support to back support
直升飞机类 Helicopter family	直升飞机成劈腿 Helicopter to split or frontal split 直升飞机成文森 Helicopter to wenson
开普类 Capoeira family	开普交换腿成纵劈腿 Capoeira to split 开普转体360度成俯撑 Capoeira 1/1 twist to split

2) B组——静力性力量

B组难度动作术语见表2-3。

表 2-3　B 组——静力性力量

难度动作根命名	难度动作术语
分腿支撑类 Straddle support family	分腿支撑转体 180 度 Straddle Support 1/2 Turn 分腿支撑转体 360 度 Straddle Support 1/1 Turn
直角支撑类 L—support family	直角支撑转体 540 度 L—support 1 1/2 Turn
高直角支撑类 V—support family	分腿高直角支撑 Straddle V—support 高直角支撑转体 720 度 V—support 2/1 Turn
水平肘支撑类 Lever support family	分腿水平肘撑 Full Support Straddle Lever 水平肘撑转体 180 度 Full Support Lever 1/2 Turn
水平支撑类 Planche family	水平成控腿文森 Planche to Lifted Wenson 水平支撑俯卧撑 Planche to Push Up

3）C 组——跳与跃

C 组难度动作术语见表 2-4。

表 2-4　C 组——跳与跃

难度动作根命名	难度动作术语
跳转类 Air turn family	跳转 360 度 1/1 Air Turn 跳转 360 度成纵劈腿 1/1 Air Turn to Split 自由倒地前跳成俯撑 Free Fall Airborne
给纳类 Gainer family	给纳 180 度成俯撑 Gainer 1/2 Twist 给纳 540 度成横劈腿 Gainer 1 1/2 Twist to Fronal Split
燕式平衡类 Sagital scale family	燕式平衡跳成俯撑 Sagital Scale Airborne to Push Up 燕式平衡跳转 360 度成俯撑 Sagital Scale Airborne 1/1 Turn to Push Up
团身跳类 Tuck family	转体 360 度团身跳 1/1 Turn Tuck Jump 团身跳成俯撑 Tuck Jump to Push Up
屈体分腿类 Straddle family	屈体分腿跳成俯撑 Straddle Jump to Push Up 转体 180 度屈体分腿跳 1/2 Turn Tuck Straddle Jump
科萨克跳类 Cossack family	科萨克跳成俯撑 Cossack Jump to Push Up
屈体跳类 Pike jump family	屈体跳 Pike Jump 屈体跳转体 180 度成俯撑 Pike Jump 1/2 Twist to Push Up

续表

难度动作根命名	难度动作术语
纵劈腿跳类 Split jump family	纵劈腿跳 Split Jump 转体 360 度纵劈腿跳 1/1 Turn Split Jump
横劈腿跳类 Frontal split family	侧跨跳 Frontal Split Leap 转体 180 度横劈腿跳 1/2 Turn Frontal Split Jump
交换腿跳类 Switch jump family	交换劈腿跳 Switch Split Leap 交换劈腿跳成纵劈腿 Switch Split Leap to Split
踢腿跳类 Kick jump family	剪踢转体 180 度成俯撑 Scissors Kick 1/2 Twist to Push Up 旋风腿 Double Fan Kick
剪式变身跳类 Scissors leap family	剪式变身跳 Scissors Leap 剪式变身跳成纵劈腿 Scissors Leap to Split

4）D 组——平衡与柔韧。

D 组难度动作术语见表 2-5。

表 2-5　D 组——平衡与柔韧

难度动作根命名	难度动作术语
转体类 Turn family	转体 360 度 1/1 Turn
平衡类 Balance family	前搬腿平衡 Sagital Balance 搬腿平衡转体 360 度 Balance 1/1 Turn
高踢腿类 High leg kick family	四次连续垂地高踢腿 Four（4）Consecutive Sagital High Leg Kick Vertical
劈腿类 Split family	纵劈腿 Split 横劈腿 Frontal Split
依柳辛类 Illusion family	无支撑依柳辛 Free Support Illusion 依柳辛成垂地劈腿 Illusion to Vertical Split

第二节　健美操术语的正确运用

一、动作的记写方法和要求

(1) 在描述一个完整的动作时，一般由下列几个因素构成：开始（预备）姿势、动作方向、动作形式、动作之间的关系、动作连接过程和结束姿势。

(2) 注意应按照动作的节拍顺序记写每个动作的做法。

(3) 注意用词的顺序，一般先下肢、后上肢。

(4) 在记写时要注意指出方向的变化，动作的重复次数。

(5) 只记写第一个动作的开始姿势，后一个动作的开始姿势可以省略，因为下一个动作的开始姿势就是上一个动作的结束姿势。

(6) 后若干拍与前若干拍动作完全相同，记写时可以省略，但要注明。动作方向相反时也要注明。

以下是一个 8 拍动作的记写举例。

1～2 拍：由站立开始左脚向侧迈出一步成左弓步，同时两臂经后绕至体前，身体前屈，双手撑地。

3～4 拍：右腿前摆，同时身体向左转 90 度，两臂至体后成屈膝坐撑。

5 拍：左脚前伸，同时向前上方挺髋，成一腿伸直一腿屈膝的仰撑。

6 拍：收腿收髋还原成屈膝坐撑。

7～8 拍：动作同 5～6 拍，方向相反。

二、健美操成套（组）动作记写形式

（一）文字记写法

文字记写法通常用于编写书籍、专业教材等，它是指根据以上介绍的对术语记写的要求，详细、准确地写明具体动作和过程。文字记写法较为复杂，但具有描述准确性高的特点。尤其作为竞赛、考核、测验等的规定动作，为力求统一、不产生误解，在书写时必须完全按照规范术语的要求。

文字记写法通常和照片或动作插图一起使用，达到直观、准确的目的。

（二）缩写法

大部分健美操动作在上肢动作的变化上比较复杂也比较灵活，同时可认为是步法的配合动作，因此通常省略上肢动作不写，而以健美操基本步法名称本身直接记写，只用两三个字就可以表明该动作。如：曼步、一字步等，动作之间连接过程用加号“＋”表示。这种方法简便实用，但无法准确描述具体的动作过程细节，一般较多用于快速记录、编写教案等。以下是一组4 个8 拍动作记写举例。

1×8：4 个侧并步；

1×8：2 个交叉步；

1×8：2 个一字步；

1×8：2 个开合跳＋4 个踏步。

注：每一行代表 1 个 8 拍，动作名称之前的数字表示动作重复的次数。

(三) 图解法

图解法可分为双线条影像绘图法和单线条简图法。双线条影像绘图法能像照片一样清晰地、立体地勾画出动作的外部形态、服饰及头部的具体形态。但这种绘图方法要求绘图者具有一定的美术基础和专业技术基础，因此不普及，只有在书籍和专业教材中使用。单线条简图法能比较简单、直观地再现动作及过程，它的特点是运用方便、快捷，这种方法较多用于记录动作和编写教案。

单线条简图法在健美操的教学、训练中应用非常广泛，是一项必备技术。

单线条简图法是指用简单的线条勾画出人体的大致形态，或按动作节拍将一个个动作形象地勾画出来，起到记录和再现动作的作用。这种单线条图虽然只用简单的弧线、曲线和椭圆组合而成，但同样能表现人的外形特点和身体结构。人体活动的方式、方法是有规律的，不仅在一定的面和方位上，也在一定的范围内活动。为了更好地让读者掌握单线条简图技法，首先应掌握以下几个方面的知识。

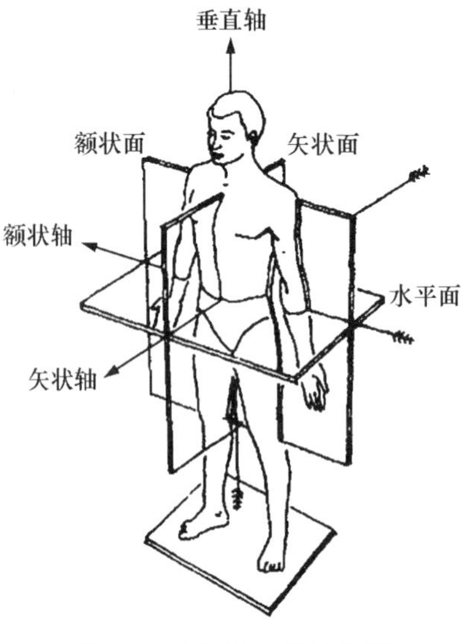

图 2-1 人体运动的轴和面

1. 人体运动的轴和面

人体的运动均围绕着某个轴在某个面内进行，即矢状轴、额状轴和垂直轴；矢状面、额状面和垂直面，如图 2-1 所示。

矢状轴是穿过人体前后的轴。如：直立时人体向左或右做侧屈动作就是绕着矢状轴运动。

额状轴是平行于身体的轴。如：人体

直立时做体前屈或体后屈动作就是绕着额状轴运动。

垂直轴是上下垂直于地面的轴。如：人体直立时向左或右做转体动作就是绕着垂直轴运动。

人体运动不仅是围绕着轴运动，而且也是在某一个面上运动，稍复杂的动作都是在不同轴和不同面上进行的。

2. 单线条人体图的解剖结构

单线条人体图的对象是人体和千姿百态的动作造型，而动作的变化是由于肌肉作用于关节，使肢体产生了不同的位移。因此，我们把影响人体运动的肢体分为五大部分和八大关节。

五大部分是：头部、胸部、髋部、上肢、下肢，这五大部分都有其各自不同的结构和特点，如图 2-2 所示。

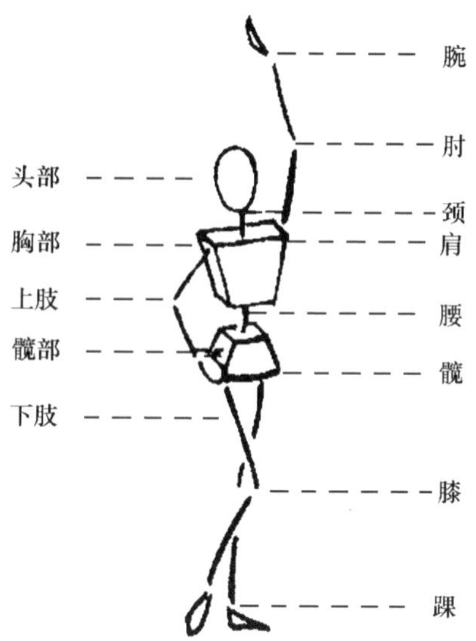

图 2-2　单线条人体图的解剖结构

八大关节是：颈、腰、髋、膝、踝、肩、肘、腕。在人体运动中，各关节活动规律和动作幅度能直接反映出动作的风格及专业特点。单线条简图侧重于表现头、躯干和上肢特有的动作意向，用下肢的线条表现健美的肌肉形态和空间位移的变化。

3. 单线条简图的人体比例及各部位的画法

我国从古代作画就有立七、坐五、盘三之说，随着时代的进步，人类物质和文化生活水平不断提高，人体比例也随之改变，现在人们理想的身高比例是七个半到八个头高，身体各部分也有不同的比例。那么，单线条简图的比例又如何呢？我们称它为 4 格人体比例，即在 4 个格子里完成动作绘图。

头在第 1 格的中间，躯干占 1 格，腿占 2 格，手臂占 1.5 格，单线条四格人体比例具体如图 2-3 所示。

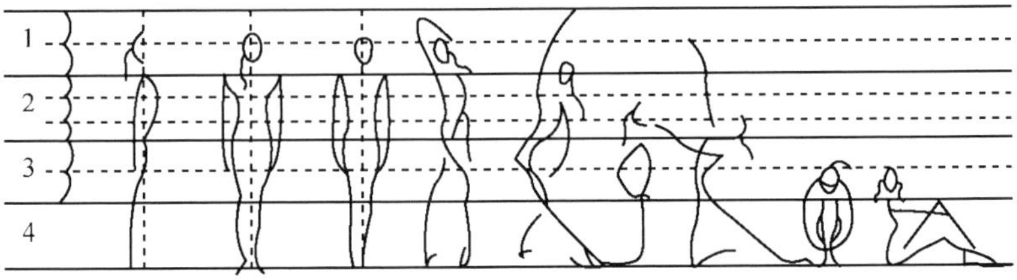

图 2-3　单线条简图的人体比例及各部位的画法

这些图都是采用椭圆、弧形和曲线完成的。人体千变万化的姿态都可以用这三种线来表示。

1）头部

头部所采用的线条是椭圆、半弧和代表发型的曲线，头部方位具体表示见图 2-4。

项目	正面	背面	侧面	半侧面
平视				
俯视				
仰视				

图 2-4　头部方位具体表示图

在画头部线条时，用笔要流畅，每一个椭圆形的大小要一样，表示侧面的半弧形不要超过半圆，同时要注意头部的方向，下笔即成，不要涂改。

2）躯干

躯干是用两条对称或不对称的曲线来表示，如图 2-5 所示：

在练习时要掌握好两肩、腰和髋的宽度比例，大致是 3∶1.5∶2，所画的线条一定要反映出性别特征。如：画女性半侧面时，一侧要表现出腰的曲线，一侧要表现出胸的曲线；画女性正面时，两肩胸前不用连线，留出想象的空间；画背面时，两肩背后要用一条连线来区别于正面。

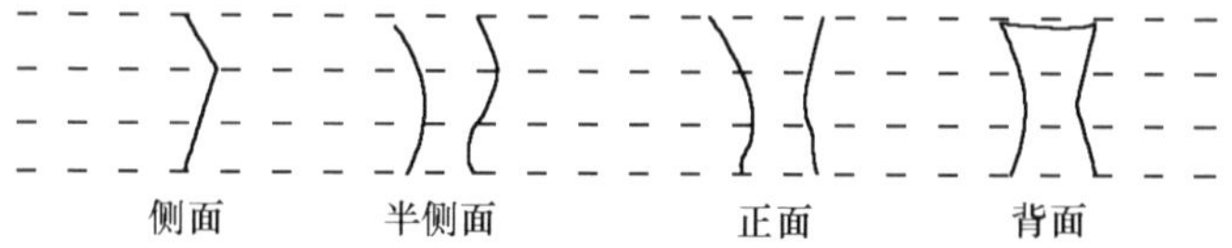

图 2-5　躯干的线条表示图

3）下肢

下肢的线条主要根据腿部的肌肉形态和脚的方向来表现，如图 2-6 所示：

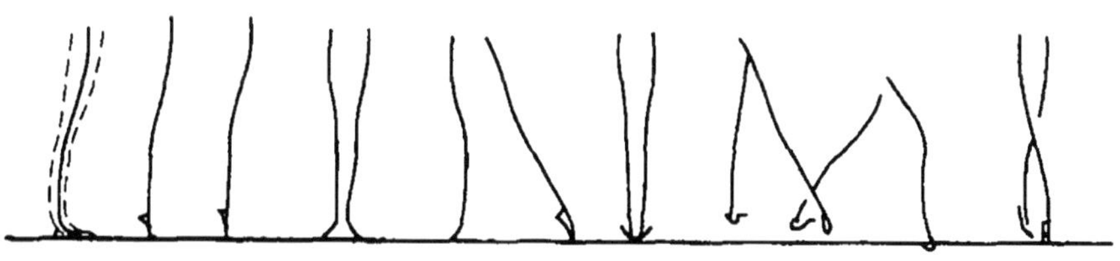

图 2-6　下肢的线条表示图

在练习画腿部至脚尖的线条时，要注意腿部肌肉的外形特点和脚的形态变化。要分别掌握以下几个方面。

①站位时腿的不同形态的表示方法。

②屈腿时不同形态的表示方法。

③脚的不同形态的表示方法。

4）上肢

上肢的线条较短，采用较微弱曲线和简单的手的变化。通常手的变化有掌、拳、五指型，如图 2-7 所示。

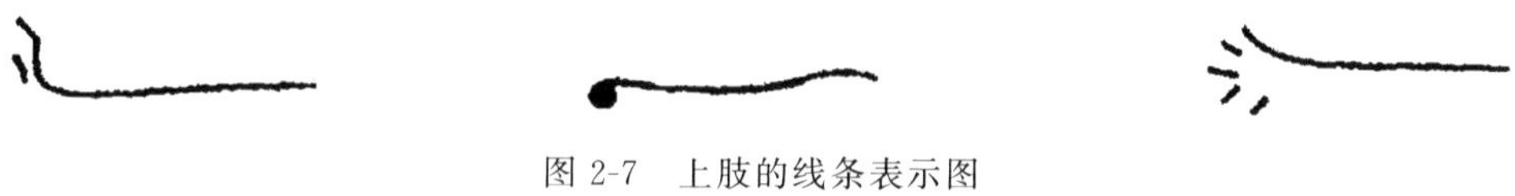

图 2-7　上肢的线条表示图

5）辅助线条和符号

为使单线条简图记录的动作更清晰，必须在动作中加上一些辅助线条和符号以此来表明肢体运动的路线和用力方向等。这些符号要求既简单又清楚，但不能单独使用，必须配合简图一起才能起到很好的效果，如图 2-8 所示。

6）绘制单线条简图的基本步骤

当了解有关单线条简图的基本知识后，我们将如何通过手中的笔使这些线条各到其位呢？首先，不论画什么，都要留心去观察，通过大量的观察、分析和思考，将大量的动作形象储存在大脑中。其次，注意观察动作的外形特点，把看到的人变成线条，再通过这些线条反映出内在的情感，这就是单线条组合的关键，即赋予它们生命力。

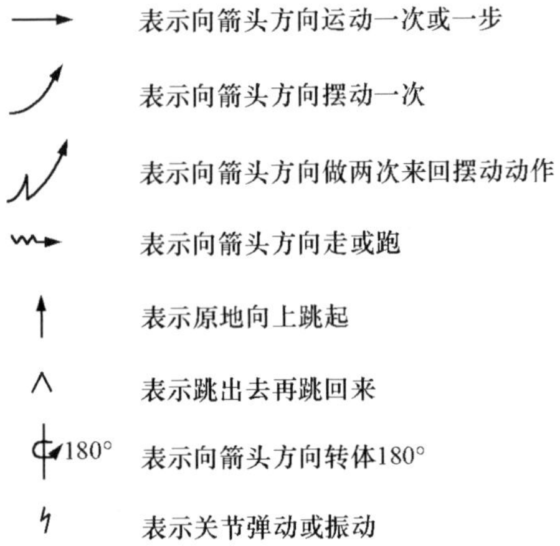

图 2-8　辅助线条和符号表示图

绘制简图的五个基本步骤如下。

①初学者一定要在横格本子上绘图。先要确定地平线和简图的高度，一般要占用 6 行格子，下面一行写节拍，上面一行留出手或跳起的空间。

②选择绘制简图的画面。为了表现准确，一般按动作本身的面来画，即画出来的动作和你所看到的动作应一样。有些不容易表示清楚的动作，也可以选择容易画的面来画，但要在图的右上角表明动作方位。

③开始作画时，先找出在格子中的位置，画出离你最近的线条，并勾画出躯干的形态。

④先画出离你近的线条，再画出远端的线条；近处的线条要长，远处的线条要短；近处的线条要连起来，远处的线条要在交叉处断开；决定重心的线条要后画，使重心落在两脚之间；最后画出头的位置，并留出颈部的位置，如图 2-9 所示。

⑤动作形态勾画出来后，加上手、脚的具体形态和辅助线条。画组合动作时要在动作下方标明节拍。

7）绘制单线条简图的注意事项

①初学者在绘制简图时应该使用铅笔和橡皮，以便修改。

②运笔要流畅，连接的线条最好一笔画下来，尤其是在画一个部位时不要反复描。

③在绘制简图过程中，当改变身体角度或改变绘图的面时，应及时在图的右上角注明身体方位，即通常所指的面向的几个点（共有 8 个点），并在图的旁边标明转体的角度。

④在运动中，人体的重心只有在支撑面内才能保持身体平衡，因此，在绘图时一定要注意重心是否在支撑面内。单腿站立时支撑面和支撑点基本上是重叠的，如图 2-9 所示。

图 2-9 健美操动作简图的绘制流程

⑤绘图时，利用线条的长短和“连”与“断”来体现人体的透视关系，如图 2-10 所示。

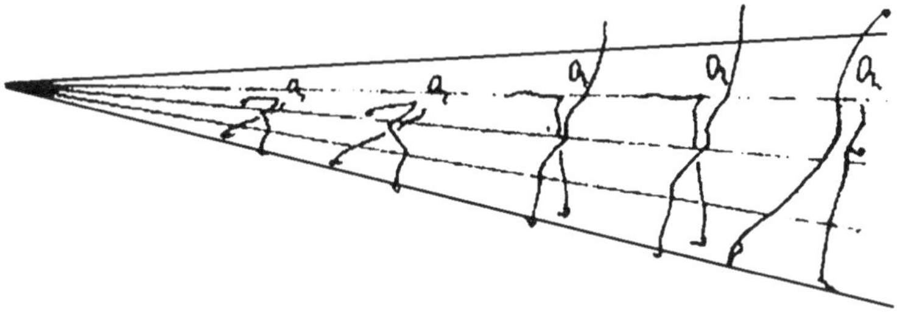

图 2-10 人体的透视关系

第三节 健美操的基本动作

健美操的基本动作是健美操中具有代表性的动作，它是创编所有健美操动作的基础，是健美操教学的核心内容。

一、健美操基本动作的概念

健美操的基本动作是健美操运动的基础，是最小单元的元素动作。千姿百态的健美操动作都是在基本动作的基础上变化和发展起来的。将健美操的基本动作按一定的需要进行不同组合和编排，则会产生不同强度、不同难度、不同风格及不同视觉效果的动作。健美操的基本动作并不复杂，只要掌握基本元素动作及其变化规律，其学习过程就会变得简单。

二、健美操基本动作的特点

（1）健美操的基本动作是健美操中最核心的部分。健美操所有的动作变化和创编都是在基本动作的基础上产生和发展的，身体每个部位的基本动作都具有各部位的共性特征，都具有其典型性和代表性。

（2）健美操的基本动作是健美操动作中最重要的部分。健美操的基本动作不仅代表了健美操的特点，而且是健美操基本的组成部分，在基本动作的基础上加以变化、组合，同时加以节奏、方向、路线等变化，达到流畅、动感以及优美的动作组合。因此，健美操的基本动作是健美操的动作中最重要的部分。

（3）健美操任何组合动作都以基本动作为元素进行创编，它内容丰富，动作相对比较简单，易学易掌握。

三、健美操基本动作的作用

（1）学习健美操的基本动作，可以掌握正确的动作规格，建立正确的基本动作技术概念。

（2）练习健美操的基本动作，是建立良好基本姿态的有效方法。只有正确的动作才会给人美的感觉，良好的基本姿态能反映练习者的精神面貌及艺术造诣，是美的意识的直接反映。

（3）熟悉掌握健美操动作的基本动作，才能使练习者更好地体会发力、用力和控制动作的过程，达到更好地理解组合、掌握组合。

（4）熟练掌握健美操基本动作的动作规格及所用拍数，有助于更好地编排动作组合。

四、健美操基本动作的主要内容

健美操的基本动作主要由下肢动作、上肢动作及躯干动作组成。通过学习，能够使练习者掌握健美操的基础技术。

（一）下肢动作

健美操的下肢动作包括基本步伐、肌肉的伸展和力量练习。

1. 基本步伐

基本步伐是健美操动作最小的单位，是健美操练习的重要部分，通过基本步伐的练习，能够培养练习者的协调性和韵律感。

健美操的基本步伐根据人体运动时对地面的冲击力大小，分为低冲击步伐、高冲击步伐和无冲击步伐三大类。

1）低冲击力步伐。

第一类：踏步类 March family。

动作描述：此类动作两脚依次抬起，在下落时膝，踝关节有弹性地缓冲。

动作变化：

①踏步 March；

②走步 Walk；

③一字步 Easy Walk；

④“V”字步 V－Step；

⑤曼波步 Mambo；

⑥小曼波步 Baby Mambo；

⑦恰恰步 Cha Cha；

⑧十字步 Cross Step；

⑨桑巴步 Samba。

第二类：点地类 Touch step or tap together family。

动作描述：此类动作两腿有弹性地屈伸，点地时，一腿稍屈膝，另一腿伸直(脚尖或脚跟点地)。

动作变化：

①脚尖前点地 Tap forward；

②脚跟前点地 Heel forward；

③脚尖侧点地 Tap side；

④脚尖后点地 Tap back。

第三类：迈步类 Step or step together family。

动作描述：此类动作是指一脚先迈出，同时移动身体重心，另一脚点地，并步或抬起的动作。

动作变化：

①并步 Step touch；

②迈步点地 Step tap；

③迈步后屈腿 Step curl；

④迈步吸腿 Step knee；

⑤迈步弹踢 Step flick；

⑥交叉步 Grapevine。

第四类：弹腿抬起类 Lift step or lift together family。

动作描述：此类动作是指支撑腿有控制地稍屈膝弹动，另一腿以各种形式抬起，同时收腹立腰。

动作变化：

①吸腿 Knee lift；

②踢腿 Kick；

③弹踢腿 Flick；

④后屈腿 Leg curl；

2）高冲击力步伐

第一类：迈步跳起类 Step jump（hop）or scoop family。

动作描述：此类动作是指一脚迈出，重心移动，跳起，单脚或双脚落地。

动作变化：

①并步跳 Step Jump；

②迈步吸腿跳 Step knee Jump；

③迈步后屈腿跳 Step curl Jump。

第二类：双脚起跳类 Jumping or jumping jack family。

动作描述：此类动作是指双脚起跳、双脚落地。

动作变化：

①并步纵跳 Jump；

②分腿半蹲跳 Squat jack；

③开合跳 Jack jump；

④并腿滑雪跳 Ski jump；

⑤弓步跳 Lunge jump。

第三类：弹腿抬起类 Lift jump or leap family。

动作描述：此类动作是指先抬起一条腿，另一条腿跳起的动作。

动作变化：

①吸腿跳 Knee lift jump；

②后屈腿跳 Leg curl jump；

③弹踢腿跳 Flick jump；

④摆腿跳 Leg lift jump。

第四类：后踢腿跑类 Jogging family。

动作描述：此类动作是指两腿依次蹬地离开地面，轻快跑跳。

动作变化：

①后踢腿跑 Jogging；

②小马跳 Pony。

3）无冲击力步伐

动作描述：此类动作是指两腿始终接触地面的动作。

动作变化：

①弹动 Spring；

②半蹲 Squat；

③弓步 Lunge；

④提踵 Calf raise。

2. 下肢伸展动作

下肢伸展动作是指在健美操练习的开始、结束及练习中，为了活动及缓解肌肉紧张所采取的拉长下肢主要肌肉的动作。

（1）股四头肌伸展。

单腿站立，另一小腿后屈，同侧手抓同侧脚踝，两腿膝关节伸直并拢。

两脚前后平行站立，重心在两腿之间，半蹲，髋关节后倾。

（2）股二头肌伸展。

①一腿屈膝站立，一腿勾脚前点地，上体前倾，腰背挺直。

②屈膝仰卧，一腿抬起，双手抱膝后，拉向胸部。

（3）腓肠肌伸展。

①弓步，两脚前后平行站立，两脚尖向前，后退用力蹬伸，脚跟落地，上体前倾与后腿成一条直线。

②直立，两脚前脚掌站于台阶上，脚跟下压。

3. 下肢力量练习动作

下肢力量练习动作是指在健美操练习中，利用自身重量和轻器械进行的针对主要肌群练习的一些动作。肌群主要有臀大肌、股四头肌、肱二头肌及腓肠肌。下面介绍几个常用基本动作，见表 2-6。

表 2-6　下肢力量练习基本的动作

常用基本动作	动作做法
蹲起	下蹲，髋关节屈，股四头肌收缩，站起时，膝关节伸，肱二头肌和臀大肌收缩
提踵	单脚或双脚站立，脚跟提起，小腿腓肠肌收缩
摆腿	身体固定，一侧髋关节外展，大腿外侧肌肉收紧

（二）上肢动作

健美操的上肢动作是由手臂的自然摆动、力量练习及基本体操的徒手动作和舞蹈组成，其目的是丰富健美操的动作。在前面的术语中，已经介绍了一些上肢的基本动作，这里介绍部分常用的上肢动作，见表 2-7。

表 2-7　上肢动作

常用上肢基本动作	动作做法
摆动	直臂、屈肘同时或依次摆动
屈	关节角度减小，如：肘关节屈，肱二头肌收缩
伸	关节角度增大，如：肘关节伸，肱三头肌收缩
上提	屈臂或直臂的由下举提至胸前或体侧，三角肌收缩
下拉	屈臂或直臂的由上或侧上举拉至胸前或体侧
绕、绕环	以肩关节、肘关节、腕关节为轴，手臂运动 180 度～360 度称为绕，大于 360 度的运动称为绕环
推	手掌由肩侧、腰间同时或依次推至某位置
冲拳	屈臂，握拳，由肩侧、腰间同时或依次冲至某位置
交叉	两臂重叠成“×”型

（三）躯干动作

躯干是指腰部以上、颈部以下的身体部位，在健美操运动中，躯干通常起到连接、稳定和保护的作用。躯干中部只有脊椎和腰腹部周围的肌肉、软组织链接并且支撑着身体的上下部分，躯干部位的练习是为了发展和平衡躯干前后的肌肉来设计的。因此，在健美操练习时，保持肌肉力量的平衡尤为重要。发展躯干肌肉的方法很多，可徒手或使用轻器械或固定器械，有负荷的肌肉练习效果会更好。下面只介绍一些发展胸部（胸大肌）、背部（背阔肌、斜方肌、菱形肌、圆肌）、腰腹部（腹直肌、腹内外斜肌、腹横肌、竖脊肌）的躯干肌肉的基本动作和方法，见表 2-8。

表 2-8　发展躯干肌肉的基本动作

常用基本动作		动作做法
胸部	含挺胸	直臂或屈臂做内收和外展动作
	左右移胸	两臂侧平举，胸部左右水平移动
背部	外展	屈臂或直臂做外展动作，通常与臂的内收结合进行
	提肩、沉肩	两臂用力上提、下拉
	上举、下拉	两臂由侧上举下拉至髋侧
腰腹部	仰卧起坐	仰卧，屈膝同肩宽，腹部收缩，上体抬起，腰部始终保持与地面接触
	侧卧抬起	屈膝侧卧，腰部肌肉收缩，上提抬起，腰部始终保持与地面接触
	仰卧提髋	仰卧，两腿稍屈膝上举，腹肌收缩，髋关节向上抬起
	俯卧两头起	俯卧，两手臂和腿同时抬起

五、基本动作练习时应注意的问题

（一）动作的规范性

动作的规范建立在动作的准确性上，用正确规范的动作进行练习。如反常规的关节活动、肌肉突发性强力拉伸、长时间的单关节重复活动等都应该避免出现。因此从人体运动力学和人体生理的动作中，总结出符合人体运动的动作。归根到底就是要进行安全、有效的锻炼。如开合跳，跳开落地时在足跟着地前稍屈膝缓冲，双脚经前脚掌迅速过渡到全脚掌的动作是正确的，而足跟不着地的动作是错误的。再如屈膝时膝关节的方向还要同脚尖的方向一致，才会更能保证安全，屈膝时的角度范围应该是膝关节不超过支撑脚的脚尖，才能保证躯干直的位置，而当膝关节弯曲太大时，就会塌腰或者上体前俯、翘臀。练习时肢体的位置、方向及运动路线一定要准确，注意动作的速度、肌肉力度和动作幅度，使肌肉充分拉伸与收缩。基本动作技术训练重点应放在动作规格上。

（二）动作的弹性

动作富有弹性是健美操的特点之一，动作的弹性所涉及的身体部位有踝关节、膝关节、髋关节、肘关节、肩关节以及脊柱。在练习时，应注意肌肉的收缩与放松要有控制，使动作富有弹性，节奏均匀，避免动作过分僵硬和关节的过度伸展。在练习过程中，应注意调整好呼吸，使健美操运动达到更加完美的效果。

(三) 动作的节奏感

节奏是掌握健美操动作的重要条件。练习者要想表现出较好的动作节奏感，必须具有一定的肌肉控制能力、音乐节奏感及动作的完成能力。所以在进行基本动作练习时，要注意开发、训练动作的节奏感，而在教学中对音乐的熟悉和感知必须从认识节拍开始，注意练习者乐感的培养，在听懂音乐节奏的基础上慢慢地掌握动作的节奏感。

(四) 动作的表现力与激情

动作的表现力与激情是建立在动作技术规格、动作的熟练程度之上的。健美操是由身体各部位的协调运动所组成的富有节奏感、表现力和优美造型的动作。加强技术训练，重视动作的规格，能提高动作的到位率，使动作准确舒展，而对技术训练还能增强动作的感染力和节奏感。如果练习者基本技术扎实、动作规格高，在练习动作时，就会收放自如，使动作的紧张与松弛相互交替，达到动作幅度与完成速度之间的协调。所有的动作必须要用全身心的运动来完成（不仅仅包括头部与手臂等身体局部的动作），要以全身各部位最大幅度的运动来完成动作；不但要用肢体、肌肉来做动作，更要以内心作导向，以扎实的基本技术作基础来完成高规格的动作，使表现力体现在身体的每一个部位。高规格的动作可增强练习者的自信心，能增强动作的感染力，使运动员更易于表现自我，并通过心理感觉使动作更加富于激情。

第四节　健美操的基本技术

健身健美操的基本技术主要有落地技术、弹动技术、半蹲技术和身体控制技术。这些技术不能完全分开论述，它们彼此有很深的联系，相互支撑、相互渗透。每一个动作的构成、动作与动作的转换、连接都要流畅、自然、合理，动作的路线、位置、位移都是通过上述技术完成的一种展示。

一、落地技术

落地缓冲的主要目的是使身体尽可能地保持稳定，同时减少地面对关节、肌肉的冲击力，以避免造成运动损伤与动作的失败。

健身健美操的落地技术：落地主要由腿支撑与缓冲，落地时，由脚跟过渡到全脚掌或由前脚掌过渡到全脚掌，然后迅速屈膝、屈髋缓冲，所有动作在瞬间依次完成，用以分解地面对人体的冲击力，同时躯干与手臂保持良好的姿态，肌肉用力以保持动作的稳定与控制。

竞技健美操基本步伐的落地技术同健身健美操的技术相同，这里主要介绍难度动作落地技术，有以下几类：

（1）双腿同时落地，单腿落地。这类落地技术也同健身健美操的技术相同。

（2）落地成俯撑。这类动作在落地时，必须手脚同时落地用以加大支撑面，同时手臂从手、肘、肩弯曲缓冲，特别值得注意的是胸、背肌的用力收缩在缓冲中的作用是不容忽视的。

（3）落地成叉，这类动作在落地时，双腿由脚带动向两侧快速分开，要注意腿必须伸直，以免对膝关节造成损伤。绷脚减少摩擦力，手臂可以辅助支撑加大支撑面。

二、弹动技术

健美操基本步伐的弹性是影响基本步伐完成质量的主要因素，是练习者或运动员完成动作时在三维空间中交替进行动力性和静力性的肌肉运动。它是通过踝关节、膝关节、髋关节的屈伸缓冲而产生的，主要作用是减少运动对关节的冲击力，从而减少运动对人体造成的损伤。在关节屈伸的过程之中，腿部的肌肉要协调用力才能有效地防止损伤与产生流畅的弹动动作。

三、半蹲技术

半蹲技术对健美操动作的完成质量具有重大影响，因为大多数动作（如开合跳、弓步等一些力量练习）都和半蹲动作有很大关系，而半蹲技术和落地、弹动技术实际上又紧密联系在一起，共同构成健美操的基本动作。

半蹲时，身体重心下降，臀部向后下方 45 度用力，膝关节不应超过脚尖，腰腹、臀部和大腿肌肉收缩，上体保持正直，重心在两腿之间，起落要有控制。分腿半蹲时，脚尖自然外开，应特别注意膝关节弯曲的方向要与脚尖的方向一致，保持自然关节的正确位置，避免脚尖或膝关节内扣或过度外开，以及膝关节角度小于 90 度的“深蹲”。

半蹲又有“宽蹲”和“窄蹲”之分。“宽蹲”即两腿开度大于肩，一般在有氧健美操练习时采用，有助于加大动作幅度，使动作更加大方、流畅。“窄蹲”既两腿开度同肩宽，一般在负重练习时采用，有利于负重状态下的练习效果，同时避免运动损伤。

四、身体控制技术

身体正确姿态的控制技术是指在完成练习动作的过程中，要求始终保持正确的身体姿态，无论是开始、动作过程甚至结束动作均要求保持正确的身体姿态。它是根据现代人的人体与行为美的标准而建立的，包括上肢：头、颈、肩、上臂、前臂相对于脊柱的位置，重要的是脊柱本身的正确位置；下肢：髋、膝、踝的位置；身体的上下、左右、前后的状态相对于脊柱的合理分配。它是在整个动作练习过程中，人体保持的一种合理的准确的具有平衡性的姿态，身体的三个轴与面的控制技术。

第三章　健美操教学基本理论透析

第一节　健美操教学理论综述

一、健美操教学的概述

（一）健美操教学的阐述

健美操教学是体育教学的重要内容之一，是在教师科学指导和学生主动参与下，依据教学大纲和培养方案的目的要求，使学生系统地获取健美操的基本理论、基本技术、基本技能的同时，使其增进健康，提高身体素质，培养、提高学生综合素质和能力的教育过程。在这一过程中，学生的身心得到健康发展，审美意识得到提高，在陶冶情操的同时，形成培养出良好的思想品德。健美操教学必须遵循体育教学方法的规律和原则，根据健美操的教学特点，采用有效的教学方法和手段。

随着社会的进步，改革开放的不断深入，现代学生在参加体育锻炼过程中所表现出来的“求新心理”以及求趣、求知、求动的心理活动，昔日的传统体育运动项目及教学已不能满足他们的要求，他们要求呼吸新的时代气息，需要尝试新的体育活动方式，而健美操作为一项正在我国蓬勃兴起的新兴体育运动项目，它以丰富的内涵以及运动性与艺术性的有机结合，加上鲜明的节奏、多变化的动作，顺应了当今学生求新求异的心理特点及精神要求。

从我国教育改革提出教育要从“应试教育”向“素质教育”转轨以来，作为素质教育重要组成部分的学校体育，随之进行了多层次、全方位的改革，体育教学改革也因此围绕着素质教育全面展开。

素质教育是一种全新的教育思想和教育观念，是针对应试教育而言的，是以培养学生综合素质能力为目标的教育模式；而健美操教学是体育教育推进学校素质教育的一个重要的基本内容和手段，是融体操、音乐、舞蹈、美学于一体，通过徒手或手持轻器械和用于专门器械的操化练习，达到健身、健美和健心的一种新兴体育项目，并在学校体育实施素质教育中充分显示其强大的生命力和作用。

（二）健美操教学的目的

健美操教学是教与学相结合的双边活动，教师按照教学大纲的要求，科学合理地传授，使学生有效地掌握健美操的知识、技术、技能，全面发展身体素质，增强体质，同时对学生进行思想、道德、意志品质和美育的教育。

健美操教学是一个有目的、有计划、有组织地开发智力、培养技能的教育过程。教学中，通过把健美操运动与健康和终身体育密切联系，培养学生良好的体育锻炼习惯和终身体育意识，实现学生身体、心理健康的同时，使其更快地适应社会发展的需要。

（三）健美操教学的任务

健美操教学的任务是指为实现健美操的教学目的所提出的不同层次的具体要求。

1. 掌握健美操的知识、技术、技能

健美操知识的快速更新、技术的快速发展以及学科的交叉和渗透，对健美操的教学提出了更高的要求。健美操教学是教师有计划地传授，学生循序掌握健美操的知识、技术、技能并系统领会的一个教育过程。在教学中，不仅要求学生掌握知识、技术、技能，还要求学生能够把相关的知识引用到教学中，使学生学会发现、学会运用、学会创新。

2. 提高身体素质，提高身体机能

身体素质是指人体肌肉活动的基本能力，是人体各器官系统的机能在肌肉工作中的综合反映。健美操教学中，通过健美操动作在提高力量素质、耐力素质、速度、柔韧和协调等方面的作用，使身体机能得到相应的提高；并利用健美操各种因素，结合保健学、营养学等诸多知识进行科学锻炼，促使学生的身体素质得到全面发展。

3. 培养高尚的道德品质

健美操教学过程中，贯穿品德教育，培养学生团结合作、勇于拼搏、富于创新的精神和朝气蓬勃的体育道德作风，养成经常参加健美操锻炼的习惯。

4. 培养教学能力

教学能力的培养是体育教学的重要目标之一。要顺应社会发展的需要，培养学生的能力就显得尤为重要。健美操教学目标的培养，要体现既把健美操理论知识、技术、技能的传授与发展学生的能力相结合，又使学生在学习中发挥潜能，进一步更好地掌握所学知识，学会科学的合理运用。因此，健美操教学应注重以下几方面能力的培养：

（1）掌握健美操知识与运用的能力；

（2）健美操教学的组织能力；

（3）健美操训练的能力；

（4）健美操创编的能力。

（四）健美操教学的原则

健美操教学的原则遵循体育教学原则，是体育教学原则在健美操教学中的运用。教学原则是教学过程客观规律的反映，是在长期的教学实践中积累起来的，具有普遍意义的经验总结和概括。体育教学所要遵循的规律，同样也是健美操教学所要遵循的规律。所以，健美操教学中，应遵循的原则有：教师主导作用与学生自觉积极性原则、直观性原则、从实际出发原则、循序渐进原则、巩固提高原则和身体全面发展原则。

1. 教师主导作用与学生自觉积极性原则

在健美操教学中，教师要起到主导作用，要热爱教育事业，深入理解培养目标，精通业务，熟练运用教学方法，努力提高自身的素养和职业道德，做到教书育人。

在健美操教学中，教师要努力寻找教学对象和教学内容之间的结合点，使教学内容、教学方法和教学要求符合学生的实际，既不过宜过低，又不过难过高，运用科学合理的教学方法激发学生的学习兴趣，提高学生学习健美操的自觉积极性。

2. 直观性原则

直观性原则是指教师通过语言讲解、示范动作、图片以及视频帮助学生建立完整、正确的动作概念。在教学中，教师的教学组织要体现连续性，条理清晰、示范准确、语言精练。指导过程中，还要将直观与练习紧密结合起来，通过身体练习，使肌肉感知动作要领、动作节奏、用力方法等更加准确，建立正确的技术表象和概念，达到良好的教学效果。

3. 从实际出发原则

从实际出发原则是指教学任务、内容、组织教法和运动负荷等要符合学生的特点和具体条件。在健美操教学中，因学生的体育知识、技能、身体素质和接受能力的不同，必须采取从实际出发、分别对待的教学方法。

首先，按学生的基础、接受能力将其分成若干个小组进行分类教学，包括同类水平的分组和优差穿插的分组，逐步形成传、帮、带的教学氛围，以达到100％的学生都能完全掌握学习内容。

其次，坚持个别对待的教学方式。加强个别辅导是完成教育任务的主要手段之一，教学中的重点是加强对较差学生的重点辅导，让他们树立信心，完成教学任务；同时对优秀的学生进行培养，使之在教学中起到骨干带头作用，以便其课外对较差和中等水平学生进行辅导，也为将来健美操竞技水平的提高打下人才基础。

4. 循序渐进原则

健美操教学从教学内容、教学方法、运动负荷的安排都要遵循从简到繁、从易到难，从单个动作到成套动作的循序渐进原则。教学中，应从基本功、基本姿态抓起，因为正确优美的身体姿态是表现健美操“健”“力”“美”的关键，基本功的练习应包括柔韧、力量和对肌肉的控制等。

在健美操教学内容中，首先，要学习单个动作，熟练掌握后，再学习新的单个动作，这样由单个动作，组合动作到成套动作，由初级组合、中级组合到高级组合，不断地深入，使学生循序渐进地掌握相关知识、技术、技能。其次，在运动负荷的安排上，要符合学生的身心特点，由小到大，逐步提高，做到循序渐进。

5. 巩固提高原则

巩固提高原则是指在教学中，教师根据遗忘规律和条件反射建立与消退的理论，引导学生牢固掌握所学的健美操知识、技术、技能，同时，使动作和技能在大脑皮层建立动力定型，而且不断地强化与提高，并能在实践中熟练运用。最重要的一点就是，要在课堂教学的基础上，布置课外作业，使课后练习成为课程的延续，达到巩固与提高教学内容的效果。

6. 身体全面发展原则

身体全面发展原则是指在健美操教学中，选择丰富的教学内容和多样的组织教法，使学生身体的各个部位、各个器官系统的机能，以及各项身体素质和基本活动能力得到全面协调的发展。

健美操是一项有一定强度和速度的动作项目，易受伤的部分多集中在膝、踝、脚弓和腰部，如果没有较全面的身体素质，很难完成教学任务。人体的各个部位、各器官系统的机能、各种身体素质和基本活动能力之间，既相互联系，又互相制约。局部的发展，会影响其他方面的发展；如果全面发展，处理调节得好，就能相互促进、共同提高，使身体均衡发展，体态匀称优美，各器官系统机能的活动协调，避免运动创伤。

在健美操的教学中，教材的安排要考虑到既有上下肢、腰腹、身体各部位的伸展练习，又要有发展身体素质的练习内容，以达到身体的全面发展。

二、健美操教学内容选择的基本原则

（一）循序渐进原则

针对学生的特点，为了使学生尽快掌握教学内容，且不会因为突然强度过大而造成的运动损伤，在编排健美操教学套路时，动作的结构、强度、节奏等等，都应该遵循循序渐进的原则。尤其是对于那些未接受过专门的身体素质练习的学生而言，一开始就进行幅度和强度过大练习，会造成身体负荷过大，体力不支，影响接下来的健美操教学，在健美操教学时更不能一开始就进行复杂的动作练习，在这方面缺乏训练的学生来说，反复学习同一个动作都没法学会，这样直接影响了学生的学习兴趣，从而影响到了教学质量，因此，在健美操套路设计过程中，应该遵循着动作幅度由小到大、节奏由慢到快、动作由简单到复杂等循序渐进的原则，让每一个技术动作的完成都能为下一个动作的完成奠定坚实的基础。

（二）科学合理性原则

一般健身性健美操的动作创编都是根据人体的解剖结构，由下至上或由上至下、由外至内或由内至外、由局部到整体或由整体到局部都有序的安排，这样不仅便于记忆，而且遵循人体的活动规律，因此，整个健美操练习都应讲究一个科学合理性。在动作的编排上要遵循左右对称和均衡发展，使学生的各个关节和肌肉都能得到充分的锻炼，防止存在部分肌肉或关节得不到锻炼而另一部分肌肉和关节负荷过大的情况。动作编排次序中还要遵循循序渐进原则，幅度应从小到大、节奏由慢到快、动作由简单到复杂，每一个技术动作作为下一个技术动作来完成。大家都知道每个阶段都会呈现不同的生理特点，从难度系数来看，应要符合学生的特点，对于那些没有体育基础的他们来说，健美操练习的设计整体难度系数不应太大，以简单大方的动作为主，在节奏上要呈现一定的规律，方便他们记忆。

另外，在健美操课堂当中，一节课正常情况下为90分钟，健美操练习是一项全身性有氧练习，在课堂中，必然有一定的强度，对从未经过专门体育锻炼的学生的来说，全身肌肉、关节、韧带都有一定的负荷，因此在健美操练习设计中，则根据学生运动特征，且遵循强度适中原则，时间安排时间约为15～20分钟，使学生在正式练习健美操时做好充分热身准备，不会为突然练习带有强度的健美操造成关节扭伤以及肌肉、韧带拉伤，同时还使学生的基本肌肉力量、柔韧、协调性得到了练习，为接下来的竞技健美操做好铺垫。

（三）针对性原则

所有的健美操套路的编排要围绕着健美操的特点，每个健美操套路甚至到每个节、每个动作的设计都应该以健美操技术特征为基础，为帮助学生深入体会健美操练习做准备，整个健美操套路的内容的编排还要考虑到学生的体育基础，根据学生在练习健美操时存在的一些不足，来设计专门的技术动作和技术组合来解决这些不足，强度和难度的大小、幅度的大小、节奏的快慢应该符合普通学生的接受程度，在音乐的选择上和编排技巧上要符合学生的心理特点。

（四）创新性原则

从宏观上来看，本书主要对健美操教学和健美操内容做了一个系统的研究，在健美操练习上调整创编思路，细化练习内容，构建理论框架，弥补了目前学界理论阐述的缺乏，有助于提高今后健美操练习理论的规范化、全面化和科学化，给健美操课堂增添了新元素，并对今后的健美操练习理论研究具有一定的借鉴意义。

另外，本书给健美操老师提供了一套行之有效的教学内容，给老师们提供了参考，提高了课堂教学质量，健美操教学内容具有较强的应用价值，可以为健美操练习提供参考，或者在普通人群中也可以推广，它还丰富了健美操教学内容，这样会吸引更多的学生加入健美操课堂和锻炼中来，拓展了学生参与锻炼的渠道。

从微观上来看，根据学生特征，引进了各种风格的流行性元素，创编了若干行之有效的健美操练习套路。

例如，垫上练习增添了瑜伽舞的元素；利用波浪练习柔软的发力与健美操完全相反的发力来练习学生健美操远心端的发力，再者将健美操项目中的跳跃与转体技术动作与舞蹈元素融合在一起等等，使健美操练习在内容上和形式上都有了创新。

三、健美操教学内容设计的注意事项

（一）健美操内容设计要源自健美操技术特征

健美操是以健身为基础，根据人体解剖学、运动生理学、体育学等多学科理论，为使人体健康健美地发展而编排的，鲜明的时代感和高度的艺术性是健美操项目的特点。健美操是一种必须在音乐的伴奏下进行的身体练习，富有一种鲜明的现代韵律感，这种韵律感源自练习者在进行健美操练习时的弹动技术，因此，在健美操编排中，脚踝、膝关节以及髋关节是练习的重要部分，学生在进行的弹性技术练习时，腿部各关节灵活性、肌肉以及韧带的练习至关重要，在针对学生关节灵活性和韧带软开度练习的同时，还要加强对学生脚尖、脚背进行小腿和跟腱的力量练习，提高学生在练习健美操时的跳起与落地技术，防止发生运动损伤，再结合下蹲、提膝、弹踢、控腿以及踢腿等进行大腿肌肉感觉练习，不仅提高了学生腿部柔韧素质、力量素质，还美化了腿部线条。再者健美操还呈现出一种高度的艺术感，这种艺术感要求加强腿部感觉的同时，还有头颈、躯干、胸腰、手臂的配合，因此，在健美操设计时要考虑到身体方向的变化、空间的转换、位置的移动再结合头颈、手臂动作和各种舞步练习，显得整个练习不会那么单调。

（二）要充分结合学生特点

对普通学生来说，体育基础较差，表现力量、耐力、柔韧以及协调性差，大多数都是第一次接触健美操练习，对健美操练习感觉并不深，在健美操编排中应加强对学生的综合素质练习，从强度方面来说，整个练习是为健美操课堂的基本部分做准备的，因此不仅考虑到学生特点还要考虑到课堂特点，强度不应过大，同时又能为接下来的健美操练习做好准备。

对于正在生长发育期的学生们来说，好奇心强，比较容易接受新鲜的事物，其心理过程相当活跃，很难坚持对于一个动作进行重复的练习，甚至产生厌倦的情绪，引起适得其反的效果，这就造成了许多学生喜欢体育课却不喜欢上体育课的原因，所以在健美操练习编排上一定要有创新，内容要考虑学生生理和心理的各种细节，活跃课堂气氛，引起学生的学习兴趣，提高教学质量。

（三）引进新型的流行性因素

现代健美操练习与传统健美操练习相比，在内容和形式上都有了创新，例如：在健美操人数较多的情况下难以保证每个学生都能进行扶杆练习，若是引进现代流行的体育运动或是舞蹈运动形式进行练习，不仅能使学生脱离把杆进行练习，活跃课堂气氛，还可以取得同样的效果；瑜伽源自古印度，很多人都是利用瑜伽体式的前屈、后屈和扭转等各种运动来均衡地矫正脊柱、骨盆、股关节等部位上的畸变，通过瑜伽体式的练习不仅可以提高练习者的柔韧性，促进血液循环和淋巴流畅，还可以提高练习者的免疫能力，垫上练习也打破了以往以比较单一的力量和柔韧练习，结合现在流行的瑜伽舞的元素，在与动感的音乐节奏下，提高了学生学习的积极性；爵士舞的动作，能直接把内心的感受用身体的颠、抖、扭表达出来，就像我们听到喜欢的音乐，能从内心自然地流露出感情，身体就不由自主地随着音乐节奏而活动，如弹响手指、摆首顿足，时而兴奋激烈，时而缓慢优柔地融入音乐之中，正符合当代学生的特征，正因为有了爵士和现代舞元素的引进，不仅提高了学生的兴趣，还提高了对音乐节奏的掌握。

第二节　健美操教学课的基本理论

一、健美操课特点与类型

健美操课是教师和学生有计划、有组织、有目的的教与学的过程，是教学的基本组织形式。通过课堂教学，可以使学生获得健美操的基本知识、技术、技能；提高身体机能、身体素质，改善身体形态；培养审美意识和综合能力；进行思想品德教育。健美操课分为学校健美操课和健身房健美操课。

（一）学校健美操课

学校健美操课根据其内容、性质分为健美操理论课和健美操实践课。

1. 理论课

健美操理论课主要是通过讲授、课堂讨论、电化教学等方式，使学生掌握健美操的基本知识、原理、方法、竞赛组织及裁判等方面的系统理论。其教学内容可以根据各院校教学计划、教学大纲来确定。健美操理论课内容一般包括下面几点。

（1）健美操概述。健美操的定义、健美操的分类、健美操的特点、健美操运动的意义和功能、健美操发展简况。

（2）健美操术语。术语的概念、术语的内容、术语的构成和记写方法、术语的运用及运用时应注意的问题。

（3）健美操基本动作。基本动作概念、基本动作特点与作用、基本动作的主要内容。

（4）健美操动作绘图技法。绘图的意义和作用、绘图的种类和学习表现形式、单线条图的绘画方法、动作的完整记写方法。

（5）音乐知识及欣赏。音乐知识简述、音乐的基本表现手段、常用的音乐种类、音乐的选择与剪接、音乐欣赏。

（6）健美操教学法。教学的任务、特点、常用的教学方法、手段及运用。

（7）健美操训练法。训练原则、训练内容、训练方法、训练过程、训练安排及注意事项。

（8）健美操的科学理论基础。生理学基础、心理学基础、美学基础。

（9）健美操的创编。创编健美操的因素、创编的目的，健身健美操的创编、竞技健美操的创编、表演性健美操的创编。

（10）健美操的裁判方法。裁判总则、评分内容、标准与方法、裁判员的组成与职责。

（11）健美操竞赛的组织。竞赛的意义及特点、竞赛的种类及内容、竞赛的组织、比赛的进行。

（12）健美操运动的科学研究方法。科学研究的基本方法、科学研究的程序、科研论文的写作方法。

（13）健美操教学课。健美操课的类型、结构、准备、组织及注意事项。

2. 实践课

健美操实践课是通过身体练习，使学生掌握健美操动作的方法与要领；培养学生正确的身体姿态、塑造健美形体；增强学生身体素质，等等。在实践课教学中，贯穿理论知识的讲解，并将理论与实践结合，让学生能快速掌握动作技术与技能，要采用各种方法来培养学生的综合能力。

根据健美操课所要解决的具体任务，可将课分为：引导课、新授课、综合课、复习课和考核课。

（1）引导课。引导课一般指开课的第一堂课，主要任务是讲授健美操的特点、锻炼价值及有关的基本知识，健美操的教学任务、内容、要求、考核标准及有关规章制度等，还可适当安排一些健美操练习内容。

①引导课中教师对讲授的不同内容应预先进行归纳，讲解时注意层次清楚、突出重点，使学生对健美操项目形成正确的、完整的认识，明确学习目的和学习要求，端正学习态度，这样学生才能积极投入到健美操学习中去。

②讲课形式要多种多样，最好能结合电视、录像等进行直观教学，提高学生

学习的兴趣。

(2) 新授课。新授课是以学习新教材为主的课，主要任务是使学生学习和初步掌握健美操的新授内容。在新授课教学时应注意以下几点。

①教师要遵循教学规律，善于正确运用讲解、示范以及练习过程中的各种教法措施等，使学生正确地感知动作，建立正确的肌肉感觉，形成正确的概念。

②对于多关节、多部位的复合性动作，通常采用分解法和带领法，使学生更加清楚地了解和掌握身体部位、动作方向、动作路线、身体姿势等变化。

③教授新动作后，应进行反复练习，使学生承受一定的负荷，但负荷量不宜过大，应侧重于动作技能的掌握。

④教授新动作时，一般先采用口令节拍指挥练习，由慢速到正常速度，待动作基本掌握后，再配合音乐进行练习。

⑤教师应对新授动作可能出现的错误制订预防措施，一旦出现错误，要有针对性地纠正。

(3) 综合课。综合课指既要复习已学过的内容，又要学习新内容的课，它是健美操教学中常用的一种课的形式。在综合课教学时应注意以下几点。

①应科学合理地安排新旧教材的教学顺序。一般先复习旧教材，再学习新教材。

②在复习已学内容时，教师应通过提问、讨论、默想默练等手段引导学生对上次课所学的内容，如完成动作的方法、动作的规格、技术要点、动作之间的连接等进行回忆和复习，使教师了解学生对上次课所学内容的掌握情况，为进一步教学做好准备。

③在复习已学内容时，应进一步强化动作的技术要点及规格，对复习中出现的动作方向、路线或姿势等错误，教师应采用慢动作领做或固定姿势等方法加以纠正。

④根据新旧内容的教学任务、特点和难易程度，合理分配教学时间、确定运动负荷。一般新授内容的时间多于复习时间，复习时的运动负荷大于学习时的运动负荷。

(4) 复习课。复习课指以复习已经学习的某些内容为主的课，主要任务是在教师的安排和指导下，复习并逐步提高动作的规格和质量。在复习课教学时应注意以下几点。

①教师应根据新授课学生掌握动作的情况提出复习课的目标要求，采取相应措施，达到要求。

②在集体指导的基础上加强区别对待。在进行练习时，对于基础差的学生要

加强指导，帮助他们改进动作，树立信心；对基础好的学生要注意适当提高要求。

③可采用分组教学的形式进行练习，可分组轮换也可以“一助一”地进行练习，这样易调动学生的练习积极性，提高学生分析动作和纠正错误的能力，同时还有利于教师实施个别指导，检查学生掌握动作的情况。

④复习课上要注意精讲多练，增大练习的密度，以强化动作的熟练程度，提高动作规格和提高机体的有氧代谢功能。

⑤在课中可采用一个同学或一组同学进行表演、相互观摩、评比，以激发学生的练习积极性，进一步提高和改进动作技能。

（5）考核课。考核课是以检查学生成绩为主的课，主要任务是检查学生健美操学习情况和教学成果。在进行考核时应注意以下几点。

①教师要使学生明确考核的目的、考核时的要求和评分标准。

②考核前要对考核的内容进行复习，做好准备活动，使学生充分发挥水平。

③为提高考核的准确性和提高考核效率，一个教师可以同时考核两个学生。

（二）健身房健美操课

健身房健美操课通常根据学员的能力和水平来划分。

1. 初级课

初级课适用于初学者，锻炼内容以基本动作和基本技术为主，动作简单，重复次数多，速度较慢，对身体协调性要求较低，并以低冲击力动作为主。

在初级课教学时应注意以下几点。

（1）要让学员了解每个动作的名称及指导员提示的方式。

（2）指导员的示范要准确，每个示范环节都应使学员清楚地看到。

（3）指导员应教给学员有关健身与健康、运动与安全、饮食与营养等方面的知识。

（4）设计的动作应以基本动作为主，一个动作组合（32 拍组成）最多不超过四个动作。

（5）可适当加入前、后、左、右的移动路线和 90 度的方向变化。

（6）音乐的速度以 130～140 拍/分钟为宜。

（7）教学方法多采用线性渐进法、金字塔法和递加循环法等。

2. 中级课

中级课适用于有一定锻炼基础和技术基础的学员，在初级课锻炼内容的基础上进行，其健美操动作变化较多、速度较快，对身体协调性的要求有所提高，并以低冲击力和高冲击力相结合的动作为主。

在中级课教学时应注意以下几点。

(1) 动作的设计要富有变化，可感受一些个性化的动作风格，增加课的趣味性，但不能过于复杂，不能使学员感到有压力。

(2) 低冲击力与高冲击力动作组合时，高冲击力动作不宜过多。

(3) 可适当加入“L”形、“之”字形、转体等较复杂的路线变化，还可在前、后、左、右的移动路线中加入面的变化。

(4) 音乐的速度以134～148拍/分钟为宜。

(5) 教学方法多采用金字塔法、递加循环法和固定动作法。

3. 高级课

高级课适用于锻炼水平和技术水平较高的学员，高级课中不仅锻炼内容比较复杂，而且健美操动作变化比较多，速度也比较快，对身体协调性要求比较高，并以高冲击力和低冲击力相结合动作或以高冲击力动作为主。在高级课教学时应注意以下几点。

(1) 设计的动作应多样化，方向路线更复杂，并具有挑战性。

(2) 动作复杂、变化多，因此可将动作先分解教学，然后组合在一起进行练习。

(3) 由于高冲击力动作的不断加入，易造成下肢关节的损伤，因此要特别注意安全。

(4) 音乐速度以134～154拍/分钟为宜。

(5) 教学方法多采用递加循环法、层层变换法、固定动作法等。

4. 特殊课型

目前国内外健身房健美操课程有根据动作风格、器械和设备、特殊人群等来设置的。此种课程仍需按照学员的能力和水平分为初级课、中级课和高级课。

(1) 根据动作的风格划分：搏击操课、爵士操课、拉丁操课、肌肉伸拉课、街舞课等。

(2) 根据所使用的器械和设备划分：踏板课、哑铃课、杠铃课、皮筋课、健身球课、自行车课、水中课等。

(3) 根据特殊人群的需求划分：儿童课、母子课、孕妇课、产后课、老年人课等。

二、健美操课的组织和实施

(一) 课前准备

1. 课程设计

针对学员不同的情况和自己的特长，在进行健身课准备工作时，首先进行课程的构想，其中包括课程强度的安排和课程种类的选择等。选择自己擅长的课程种类，尽量将自己的长处展现出来，上好每一节健身课。课前准备最重要的一点是了解学员的情况，合理安排课程的内容和强度。对初学者和健身课的参与者，课程内容应为基本动作，动作变化简单，重复动作较多，要求身体协调性较低，并以冲击力低强度动作为主。对有一定技术基础、身体协调性较好、健康的参与者，应以动作变化较多，高低冲击力混合，动作强度中等课程内容为主。对于技术水平较高、身体素质好的参与者，则应选择较复杂、变化较多、运动强度较高的动作。

2. 音乐的选择

在确定课程种类后，再根据课程种类的要求及自己对音乐的把握选择音乐。不同的课程所要求的音乐是不一样的。拉丁舞健身所采用的音乐是以拉丁风格的音乐为主，如恰恰、桑巴等风格的音乐；街舞健身所采用的音乐则是动感十足的 HIP－HOP 音乐；而传统健美操音乐一般采用 Disco 音乐。因此，不同的课程种类决定采用不同的音乐。

在确定课程种类后要做的第一件事就是要进行音乐的选择。同一种风格的音乐表现手法也不一样，决定着动作设计的变化手法也不一样。因此，在选择音乐时必须根据自己对音乐的把握程度进行筛选，尽量选择自己能够很好把握并能通过自身动作很好表现的音乐。在做完以上工作后，最后根据课程的构思整理音乐。例如，课的热身部分用多长时间，采用什么样的音乐；课的基本部分有多少内容，各用多少时间，采用什么样的音乐；课的放松部分用多长时间，采用什么样的音乐等，在进行音乐选择的时候必须选择课程的构思将各部分音乐整理好。

3. 动作的设计与编排

在做完以上各个环节的工作后，开始进行动作的设计和编排，这是课前准备工作中最重要的一部分。在运动生理学有“用进废退”的原理，健身锻炼是利用这一原理，以身体各个关节的灵活性、肌肉的弹性、韧带的伸展性作为基础，在身体各部分的参与下的一种健身活动。

因为动作是各种健身项目当中的首要因素，所以只有具有良好的、符合科学要求的动作会更容易接近乃至达到目标，反之则会事与愿违，甚至对人造成伤害。优美大方的动作可以使人赏心悦目，并给人们带来欢乐，从而延缓疲劳现象的产生，反之则使人产生厌恶的心理。

人体的运动从解剖的角度看是围绕着各个关节而进行，并由神经系统指挥肌肉收缩与伸张而产生运动，运动行驶主要有屈、伸、举、绕、弹、踢、摆。由躯干、上肢动作与下肢动作配合而产生的各种姿态、步伐、跳动、旋转。健身操的动作是以步伐为基础，通过步伐练习提高心血管系统的功能、培养灵活性、协调性、节奏感等。动作本身有很多的要素，其中三点非常重要：第一，位置，包括人体相对空间的位置，四肢相对躯干的位置等；第二，节奏，主要指动作和动作串联之后的彼此之间的时间关系；第三，过程，包括路线与方向，是指动作与动作连接过程中肢体的运动轨迹，其次是时间，即在连接过程中时所用的时间。

健身操当中采用的动作应该是那些有利（益）于健康、遵循人体的自然发展规律、安全可靠的动作，而易造成损伤的动作是被禁止使用的，如头的 360 度转、背弓等。目前健身操的形式是多种多样的，良好的、科学地采用这些动作，可以有效地促进人体的健康。因为动作是健身操的核心，所以一名优秀的创编者必须掌握这些动作的规律、了解它们的功能。健身操动作的设计与编排应遵循以下指导思想及创编原则。

1）健身操的指导思想

健身操的宗旨是提高人的健康水平，在进行创编时除了把握具体的操作外，还要明确总体的指导思想：

①健身性。健身性是在创编中首先应具有的思想，也就是一切动作与设计都应围绕这一思想进行的。健身健美操的目的在于提高人的健康水平、人的运动基本素质，改善形体。健身操属于有氧运动范畴，有氧运动可以使人体的各循环系统得到很好的锻炼，同时有氧运动又能有效地消耗脂肪。

要想保证人体健康，就必须使人体的各个部分都得到充分的锻炼。根据人体解剖特征，人的头颈、躯干和四肢要想得到充分的锻炼，应有意识地使各个关节进行各种运动，如屈伸、摆动及绕环等，从而促进肌力的增加，提高关节的灵活性，以及通过改变运动的位置、方向、节奏、路线来影响不同的肌群。通过动作路线、节奏、位置、方向与单一动作、复合性动作的变化来培养人的协调性。同一动作重复越多对同一肌肉机关节影响越大，但也并非越多越好。因此恰当地运用才能达到促进健康的目的。

作为一名健身运动的指导者应该知道每一个动作对哪些肌肉或肌群产生影响，以及肌肉做功的基本原理。例如，通过手臂胸前屈肘对二头肌施加的影响，通过提膝对腹直肌及股四头肌的影响等。

②安全性。安全性是保证健康的前提条件，同时也是为大多数人服务与发展有力保障的条件之一。因此在创编中必须坚持以有益于健康为基础，避免那些容易造成伤害的方法与手段，发展那些有益于身心健康的方法与手段。必须做到：第一，确保有氧练习，避免无氧运动的出现；第二，遵循人体自然运动规律，杜绝违反人体自然活动的动作出现；第三，减少运动对关节的冲击力，保护关节；第四，避免肌肉的过度牵拉，防止对肌肉造成伤害；第五，确保积极向上的精神，以及充分反映人体朝气蓬勃、轻松愉快、积极向上的精神状态。

③身体全面发展是健身操创编活动中重要思想之一，也是保证人体健康特别是均衡发展的重要条件之一。

④娱乐性与艺术性。健身操不同于其他运动项目，在于它有很强的娱乐性与艺术性。人们在锻炼身体的同时，身心也可得到愉悦。世界卫生组织（WHO）发表的健康定义为："健康是一种在身体上、精神上的完满状态，以及良好的适应力，而不仅仅是没有疾病和衰弱的状态"。依据这一定义把健康理解为第一生理健康，第二心理健康，第三良好的道德与适应能力。优美动听的音乐可以陶冶人的情操，舒展大方的动作给人以美的享受，人们在音乐和动作的作用下，释放了压抑的情绪，从而获得良好的情绪与状态。

2）健身操创编的技术性原则

在创编活动中遵循特定的规律与原则是保障成套动作的科学性、时效性的必要条件，是通向设想目标的桥梁。

①合理的成套动作结构。健身操课的结构基本上分为三个部分，即热身部分、基本活动部分、放松调整部分。热身部分主要目的是使身体从相对静止状态，开始活动至关节与肌肉得到一般性活动，加深呼吸为进入应有的运动强度做准备，防止运动损伤，同时为基本活动部分做好思想准备。这一部分可根据整套操的目的与结构而定，有呼吸与动作协调配合、一般性伸拉与关节活动等内容。

基本活动部分是锻炼的主要部分。主要练习有关节的活动，肌肉的练习，以达到消耗热能的目的，多以操化动作、垫上练习、步伐、跑跳等形式完成。其目的是加强运动负荷，通过耗能减脂，提高人体运动的基本素质，提高内脏器官的功能。在创编肌肉练习时，应注意练习与伸拉交替进行，以防止肌肉变得僵硬。

放松调整部分主要以放松、伸拉为主要内容。目的是放松肌体，注意逐渐降低运动负荷，从而尽可能地恢复与达到锻炼前的状态。每个部分运动强度不要忽然加大或减少，注意连接动作的设计，使运动强度逐渐变化。

②鲜明的针对性。在健身操的创编中，创编者首先要对接受者的具体情况进行分析，最基本的是身体有无严重的疾病，特别是不适合运动的疾病，如严重的心血管疾病，运动功能上的疾病与缺陷等，身体素质（力量、耐力、速度、柔韧、灵敏）情况如何，运动经历、心理状态和周围环境等因素都应予以考虑。

③动作的有序性及流畅性。在健身俱乐部练习及集体练习健身操时，锻炼者流动性强，业余练习者居多，一般的教练常常采用连续的教学方法带领学员练习健身操。在创编这类操时应注意有顺序地安排动作，使动作与动作之间形成一定的规律及连贯性，便于锻炼者快捷而顺利地接受和掌握动作。特别是步伐的流畅，因为流畅而符合规律的步伐是锻炼顺利进行的有利保证，同时也可以减少运动损伤的出现，从而更好地达到锻炼的目的。所谓有序流畅是指活动部位的有序流畅以及动作与动作间连接的规律有序流畅。例如，按解剖的位置由上至下或由下至上，由外向内或由内向外，从一种步伐合理连接至另一种步伐，由局部至全部和由单一至综合与复杂。为了有利于教学的顺利进行及学习者的掌握，在创编中可以有意识地分解复合性动作并作分析，使动作有序流畅。健身操的动作是由步伐配以上肢、躯干的运动而成，在形成一个复合性动作时可以把它分成若干个单一动作再逐步加以组合，如先做下肢动作再做上肢动作最后组合成一个完整的动作，或先做动作原形再在原形动作上加以变化等。

要使动作连贯合理，首先要了解动作中包含的类型。第一，步伐。步伐的流畅主要是保证运动中的身体重心，如果能够在运动中使身体重心平稳，做到流畅就不难了。步伐的主要形式有：双脚同时运动、双脚依次运动、同脚多次运动。在步伐与步伐的转换中重心的变化是关键所在，首先重心在双脚中间同时运动如双脚弹动、开合跳等，这类步伐在连接下一步伐时可以任意的选择。其次重心偏离人体中心，倒向某一边时如果接下一步伐则使用另一只脚（有意多次使用同一侧脚除外）。第二，手臂动作。手臂动作的运动形式与运动范围比较复杂与多样，但归纳起来有对称性运动、不对称运动、单手运动（单手依次、单手单边多次）、双手运动，运动形式有伸、举、摆、绕、振等。一般来讲，对称运动比不对称运动容易接受，如果上下之间与左右之间在胸前停留一下更容易接受。要有规律、有目的地使用这些形式。

当整套操形成一定的规律时，可以使锻炼者尽快地掌握动作，加强锻炼的实效。

④合理的运动负荷。创编一套健身操，控制运动负荷是非常重要的。健身操要严格地把运动负荷控制在中小强度，使之确保运动中的呼吸供氧。为有效地达到最佳锻炼价值，应把负荷控制在健身所需要的负荷之内。日本神户女子大学补园一仁教授在《关于长寿与健身，增强体质新理论》一文中把心率作为衡量运动负荷的一种方法。他把同年龄组运动最高心率和实际运动心率进行比较，把运动强度划分为35个区。他认为，“当运动者的平均心率达到此运动者最高心率的60%～80%时为健身区，此时心率越高对身体的影响越大，锻炼的效果越明显。高于80%为强化训练区，这表明不但运动强度大，且影响身体更剧烈。当低于60%，为消遣区，只起到一般性活动的作用”。在健身操中常用的控制最高心率办法为：220－年龄＝最高心率。

通常运动负荷受动作速度、重复次数、时间、动作幅度、肌肉用力因素影响。相同的时间内，动用速度越快、重复次数越多、幅度越大，肌肉用力越大，强度就越大；反之则小。如果保持动作速度、幅度、肌肉用力，则时间越长、重复次数越多，强度也越大；反之则小。

在设计健身操运动负荷时应注意负荷应逐渐上升与下降，并在过程中呈波浪式曲线上升与下降，总体上呈正向曲线。在一套健身操中可出现1～3次高峰值，在出现多次峰值时每次的强度应有所区别不应相同。锻炼时间越长出现多次高峰的可能性越大，相反则少。国际上通常将俱乐部锻炼时间控制在45～60分钟左右，在我国有些俱乐部为60～90分钟。例如，步伐的强度受主力腿的腾空高度、动力腿的动作幅度、肌肉的控制力度和动作的速度等因素影响；手臂动作强度则以肩为点由下至上逐渐增强，动作幅度及速度也是控制强度的主要因素。

⑤动作风格与音乐风格的统一性。强调创编中的艺术性与创新，并在创编中遵循动作风格与音乐风格的统一性。健身操是一项结合了体操、舞蹈、音乐等项目特点的综合性体育锻炼项目，它的重要特点之一是带有强烈的娱乐性与表现力。因此，有目的的吸收舞蹈动作与其他运动项目的动作，以及独特的动作创造是在创编中必不可少的环节。

现代健身操起源于20世纪60年代末、70年代初的美国，20世纪70年代迪斯科舞蹈盛行于美国，后风靡全球。健身操最初把迪斯科与体操动作融为一体，并运用有氧运动的锻炼原则独树一帜，赢得众多人的钟爱，主要原因在于它独有的娱乐性与健身的实效性。尔后健身操融合了越来越多的舞蹈动作与独创动作，形成了风格各异，形式多样的健身操。例如，爵士健身操、拉丁健身操、搏击健身操等，使锻炼者从中得到了无比的乐趣与益处。健身操是一项包容性很强的体育运动项目，能够很快地吸收新的舞种与新动作，只要对身体锻炼有益都可以被接纳。这是和健身市场与人们的需要分不开的，也是健身操向前发展的原动力。因此，创编者在创编过程中采用舞蹈素材和其他运动项目的动作与独创性是衡量一个创编者优劣的重要标志。

创编者要想很好地运用上述动作素材，应注意以下几个方面。

第一，在一套操中舞蹈或运动项目的风格尽可能地统一，以便形成独特、鲜明的风格。舞蹈是一种艺术形式，往往与时代、文化等有着密不可分的联系，一个时期往往有着其代表性的文化特征。因此在采用舞蹈素材时应考虑接受对象的文化背景，只有尽可能被人们所接受才能达到最佳效果与影响力。如果把过多的舞种混杂其中会使人感到杂乱无章，特别要把地域跨度过大的文化形式区别开来，如要采用一定要经过吸收—消化—改变的过程。

第二，采用舞蹈或其他的运动项目动作应与健美操的特点相结合。任何一个来自其他形式与舞蹈的动作，都应经过改造再使用。健身操的特点之一是节奏强烈、奔放与热情，同时要求有一定的节奏及频率，也就是说它应保持一定的韵律性。特点是步伐保持弹性，动作清晰有力，动作与动作连接快。创编中要避免使用那些被证实了的易造成损伤及违反人体自然形体与运动规律的动作出现。

第三，音乐的风格与动作风格应该统一。因为往往一个舞种都伴有相应风格的音乐，只有这样才能使人们去接受和谐完整的文化熏陶，从而达到身心的完美统一。

（二）教案的撰写

每次课前编写教案使课前准备更充分，上课更自信。一个健美操指导员有时可能同时教授几种不同的课程，进行教案的撰写，记录每一次课的教学内容，将会给教学提供更大的方便。另外，长期记录动作的组合编排也有益于进一步提高健美操指导员的创编能力和提高授课的质量。

（三）设施的准备

课前应提前 10 分钟到场。首先检查音响设备和场地状况是否正常，如有问题应及时解决。其次准备好上课要用的器材，如哑铃、踏板、垫子等，并布置在不影响其他课的进行又便于取放的地方。

（四）沟通

在课前准备中要做到指导员与学员的沟通，了解学员的一些基本健身史、伤病史等，以及学员喜好的课的类型，以保证授课质量。

(五)课堂组织

1. 课前交流

在正式上课之前，应简要介绍本堂课的主要内容、特点和目的，同时进行自我介绍等，增进与学员的感情为后续教学奠定基础。

2. 练习队形与示范位置

练习的队形应根据参加练习的人数和场地的具体情况来确定。学员之间的间隔和距离要适宜，每人应有大约 2 米的空间，左右以学员两臂侧举不会相碰、前后以适当插空排列为准。这样不仅学员有足够的活动空间，而且能有效地观察到指导员的示范动作和面部表情，有利于相互间的沟通。在进行器械练习时，应根据器械的特点和大小适当增加练习队形的间隔距离。在取放器械时，指导员要进行一定的指导与组织，使练习有效率，同时减少事故的发生。

目前，有些健身房有示范台，为指导员上课提供了良好的条件。在没有示范台的情况下，应通过调整队形使每一个学员都能观察到指导员，这是保证练习效果的一个至关重要的因素。

目前，国外有一些流行的课程，如循环练习课、力量练习课等等，需要指导员走到学员中间去进行交流与指导，这时对指导员来说要处理好个别与集体的关系。

3. 教学形式

健身健美操课多采用集体练习的形式，因为有氧练习要求中低强度、长时间的运动。在课程进行过程中，主要要求保持学员的心率在一定的时间内不下降，使之稳定在最佳心率范围内。因此，集体练习就成为一种最有效并被广泛采用的健身健美操课练习形式。

集体练习又分为两种不同的练习形式：集体同时练习和集体分组练习。集体同时练习即所有的学员同时做同样的动作，其优点是比较简单、便于指导员的指挥，容易达到练习的强度和密度要求；其不足之处是形式比较单一，容易使学员感到枯燥，从而失去对练习的兴趣，需要指导员特别重视与学员的沟通和激励方法的运用。集体分组练习即把学员分成若干个组，同时或依次做不同的动作。这种练习包括目前在国外非常流行的循环练习，以及加入各种队形变化的练习方式。集体分组练习既加强学员之间的配合与联系，又增加练习的乐趣，同时还将指导员的主要工作从单纯的领操中转移至课堂的组织，也对指导员提出更高的要求。

在一堂健身健美操课中，可结合运用集体同时练习和集体分组练习两种不同的组织形式。例如，在热身和整理练习时采用集体同时练习形式，在中间的主要练习阶段采用集体分组练习的形式。这样可使课程的组织更加丰富多彩，提高学员的兴趣和锻炼的效果。

4. 观察与调整

虽然每一个指导员在课前都有一定的设想，甚至一些人已写好教案，但在课程进行的过程中，仍然需要指导员随时观察学员的练习情况，并根据实际情况对动作的难度、教法等进行及时的调整。因为学员每天的身体状况和情绪都有一定的变化，也可能指导员原先的信息来源与事实有出入，设想不一定符合当时的实际情况，也许个别人有特殊情况需要特别的照顾，总之应使课堂上所有的学员都感觉良好，没有人跟不上你的动作，也没有人感到枯燥，这样才能保证课程的效果。因此细心地观察和及时地调整对一堂成功的健身健美操课是非常必要的。

5. 激励

采用各种各样的方法及时对学员进行激励是健身健美操指导员应具备的意识。激励在一堂课中应贯彻始终，包括对学员的每一点进步都及时进行表扬，使学员明确自己的进步，增强其锻炼的信心，并鼓励其向更高的目标努力。

(六) 课后交流与总结

1. 交流与反馈

在授课结束后，指导员不应马上离开场地，而应留有一定的时间与学员进行交流，及时了解他们的感受和想法。

2. 总结与改进

结合自己的感受和学员的反馈信息，指导员应对自己的上课情况进行及时的评估和总结，肯定优点并明确不足，找出存在的问题和解决办法，为下次授课的改进提供依据，从而不断提高自己的能力和指导的质量。

三、健身健美操课的基本要求

健身健美操课是由多种要素构成的系统，缺一不可。在这一系统中，起主要作用的是教师和学生。此外，教学的物质装备也是上好健身健美操课的重要条件。

（一）教师应具备的条件

（1）教师要具有高度的责任感和事业心。教师要认真履行自己的职责，对教学工作要精益求精，要把健身健美操教学与培养社会主义建设人才紧密地结合起来。要站在历史的高度，审视自己所从事的工作，苦练基本功：认真对待教学工作的各个环节，认真备课，精心设计，全身心投入传授健身健美操知识、技术和技能中去。

（2）教师要热爱和了解学生。在教学中，教师要把自己全部的心血灌注到学生身上，既要关心、信任、尊重学生，又要向学生提出严格的要求，循循善诱地引导学生不断进步。热爱学生就必须要了解学生，比如了解学生的兴趣爱好、对健身健美操课的认识、学习能力、个性心理特点、对健身健美操课的要求和建议等，有利于教师在设计和实施健身健美操课的过程中进行调节与控制。

（3）教师要精通业务。教师要不断学习，要具有扎实的健身健美操理论知识，较高的运动技术水平，了解本专业最前沿的研究成果和相关知识，并能及时将这些新的思想、新的成果引入到教学中去，使健美操教学既符合时代发展，又具有科学的依据，从而不断提高健美操课的教学质量。

（4）要有求新意识和独创精神。不断创新是健身健美操课取得良好效果的条件。教师不能满足已有的成绩和经验，不能墨守成规，要敢于在实践中提出新的观点、新的技术、新的动作、新的方法和手段。要善于吸取不同意见，不断完善和优化教学内容、教学方法和教学手段，探索新的教学途径。

（5）教师要有健美的体形和充沛的体力。健身健美操是一项艺术性较强的运动项目。教师的体态、体力、仪表等在教学中具有重要的作用。因为教师是学生心目中的楷模，教师的一举一动都会对学生产生吸引力。因此，教师不仅示范动作要美，而且体形也应保持健美。健身健美操课的教学特点是教师的示范运动量大，许多练习需要教师的带领，体力消耗较多。不仅如此，教师还要以表情、情绪来感染学生，如果没有好的体力，将不能胜任健身健美操的教学工作。由此看出，健美的体形、充沛的体力是顺利进行健身健美操教学、吸引学生积极参加健身健美操锻炼的一种无形力量，是完成好教学任务的重要条件。

（二）对学生的基本要求

（1）学生应把所学习的健美操内容作为自己的知识和能力储备，为从事健身健美操教学工作和以健身健美操为手段进行锻炼打下坚实的基础。在学习中要有明确的学习目的和端正的态度，自觉、积极地学习健身健美操的知识、技术、技能，培养自己的能力。

（2）由于学生的身体素质基础不同，在学习健身健美操技术动作时会产生差异。因此，基础较差的学生应积极主动地学习，刻苦进行练习，使自己跟上教师的进度，保证课的整体质量。

（3）学习能力上的差异是造成学习成绩出现差距的原因。对待能力差的学生，一方面教师应采取适当的策略，另一方面学生要对自己的思维方式、学习方法等进行分析，找出不足，提出改进方案。无论在学习健身健美操的技术动作中，还是在学习理论知识中，都要求自己多看、多想、多分析，并用文字将其记录下来，结合实际加以运用，以此来培养自己分析问题和解决问题的能力。在学习方法上，可以变换方式进行学习，最终找出适合于自己学习的方法，使自己的水平不断提高。

（4）教学中学生要互帮互学，取长补短。基础较差的学生应主动地向基础好的学生学习和请教，基础好的学生应耐心地辅导同学，使他们和自己共同进步。课堂上学生要积极思考，敢于提问，并对教师提出的问题积极讨论，发表自己的意见，活跃课堂气氛，提高学习热情。

（三）场地、装备是上好健身健美操课的保证

健身健美操课的教学目的、任务的实现和教学内容的实施，必然要求具备最基本的物资设备条件。为了更好地从事身体练习，学生也应做好自身的物质准备。

（1）健身健美操课最好在木质地板或地毯上进行，尽量不要直接在水泥地面上进行，否则长期的练习可能对身体的关节、软组织等造成冲击，导致损伤。

（2）练习健身健美操应在光线明亮的场地进行，以利于调动学生的情绪。

（3）健身健美操通常都是伴随着节奏感很强的音乐进行，所以需要良好的音响设备。一般要求声音纯正、效果好，并应配备便携式无线麦克风。

（4）有条件的学校和健身场所最好配备录、放像设备，供播放健身健美操教学影碟或闭路电视节目，也可在锻炼者练习时同步播放教师和学生的练习动作。

（5）进行健身健美操练习时，应具有良好的通风和采暖条件，并保持一定的湿度和温度。湿度应保持在50%～60%，温度要保持在18～25℃之间。要保持室内环境的清洁卫生。

（6）健身健美操课可以根据需要配备垫子、哑铃、橡皮筋、实心球、踏板及联合练习器，并保证一定的数量，便于组织教学。

（7）健身健美操课上学生要穿运动服，最好穿健身健美操服，同时要穿健身适宜的运动鞋、运动袜。

（8）健身健美操练习场所应配备领操台。领操台的面积和高度应根据场地的大小和形状来确定。一般来说，领操台的面积应以教师自如完成动作为原则；领操台的高度应以教师能清楚地观察到练习区域内每一位学生的动作，以及不同位置的每一位学生能清楚地看到教师所做的每一个动作为原则。

（9）镜子是练习场所必须具备的基本设备，主要用于教师观察学生练习情况和学生自己观察动作。一般来讲，壁镜的高度应在 2 米以上，宽度最好能贴满一面墙。镜像要清晰、不变形。

总之，教师、学生、场地装备是上好健身健美操课的不可缺少的三个基本条件。

第三节　健美操教学能力的培养

能力是指完成一定活动的本领。健美操教学能力是以健美操技术教学为中心，带有综合性，表现为多种能力的协调活动。它包括教学设计的能力、动作技术的演示能力、教学口头表达的能力、技能观察分析的能力、运用教法的能力、教案编写的能力等。这些均属于健美操专业教学要求的特殊能力，只有通过严格的训练才能获得。教学能力是健美操教师必备的基本功。

一、教学设计的能力

（一）健美操教学设计的要求

健美操教师为了保证教学课的顺利进行，达到预期的教学效果，往往先进行教学设计，就像工程师造房先要有蓝图一样。教学设计，就是按照教学科学化、最优化的要求，对教学过程的各个方面做出合理的安排。具体地说，就是要确定某一教学阶段某些动作技术的教学目的，并围绕完成教学目的这个中心来安排教学内容、组织教学过程和选择教学方法，制订出完整的教学方案。

教学设计的项目一般包括教学目的、教学内容、教学过程和教学方法。

1. 确定适宜的教学目的

健美操的教学目的要符合教学序列的要求，明确教学内容在教学序列中所占的位置，要考虑到基本动作、组合动作和成套动作的特点与学生的实际，使基本动作、组合动作和成套动作的教学目的成为教学序列中的一个点。健美操教材应以技术动作为主体，是健美操知识、技能的综合体现，并为学生学习健美操课程提供范例。根据健美操项目的教学特点和学生的实际，建立有条不紊的序列，既使教学有的放矢、落实任务，更可避免教学的随意性和盲目性，增强科学性，给健美操教学最优化创造基本条件。

2. 精选教学内容

安排教学内容，要主次有序，轻重有节，突出重点。教学计划中，由于教学时数有限，必须在一定限量内确定教学内容的主次、轻重环节，才能有利于教材内容的完成。为此，教师对教学内容要进行加工处理。首先，必须深入钻研教学内容，包括教学计划、教学大纲、教科书。钻研教学计划就是要了解健美操课程的目的任务、教学时数和周学时的安排，领会健美操课安排的统一性与灵活性。钻研教学大纲，就是要弄清健美操课程的教学目的，了解健美操课程的教材体系和基本内容，明确健美操课程教学法上的基本要求。钻研教科书是指教师要熟练掌握教科书的全部内容，包括教科书的编写意图、组织结构、重点章节以及各章节的重点、难点和关键。总之，加工处理教学内容，其目的是依据学生接受的可能性，分析判断教学内容的可传递性，使教师的教能主动地适应学生的学，以有效地实现知识、技术和技能的传授。其次，教师对教学内容进行选择、组织、调整、安排。选择组织教学内容，就是教师在深入了解教学对象、掌握学生学习规律的基础上，对教学内容作教学方法的加工，使所教的内容转换成学生易于掌握、乐意接受的形式。同时还应按照预定的内容，围绕重点，适当补充，必要时还应适当删减。调整安排教学内容，是根据联合动作或成套动作的编排原则重新组合教学的内容。以利于进行综合性的技术训练。

3. 组织合理的教学过程

要使教师的教学活动适应学生掌握动作技能的特殊规律。组织合理的教学过程，是研究教学问题的一个重要方面。健美操教学过程，离不开教师与教材内容、学生与教材内容、教师的教与学生的学三个方面。其中学生和教材内容又是学生领会教学内容和培养实践能力的主体。学生的思想是“活”的，教材的体系是“死”的，怎样使教材内容为学生获得知识、技能服务？又怎样使学生在获得知识、技能的同时发展能力？这就需要教师认真探究学生的学习规律，组织合理的教学过程，促进学生对知识、技能的获得，做到既循序渐进，又不断突破。

设计教学过程，目的在于使动作技能教学科学化、合理化。因此，教师要根据教学的主要任务来确定健美操课的类型和结构。课型有新授课、复习课、综合课和考核课等。其中每一种类型的课都有一定结构，课型不同，其结构也不同，教师要根据本节课的目的、方法、教学对象和教学内容的特点设计课的结构。对于课的结构的安排设计，要从实际出发，既要有模式，又要避免模式化。任何有价值的教学模式，如果把它绝对化，一味套用，就不会有好的教学效果。

4. 选用有效的教学方法

有效的教学方法是教师得以传递信息、提高教学效率的保证。教师选择教学方法要考虑选用的指导思想、选择的标准、选择的程序。教学方法选用的指导思想有：①启发式教学是运用任何教学方法的指导思想。具体的教学方法由于指导思想不同，既可能产生启发的作用，也可能出现“填鸭式”的情况。衡量一种教学方法是否具有启发性，关键在于教师能否促进学生积极主动地去学习。②选用教学方法必须服务于目的任务，必须注意教学的启发性；强调在教师主导作用下，教会学生善于学习。

教学方法选择的标准，应适合教学的具体任务、教学内容的特点和学生的实际。另外，教学手段、教学环节、教师本身的具体条件，场地设备条件等因素，也影响教学方法的选择。

教学方法选择的程序有：①明确选择的标准；②结合教学的具体任务，对教学方法作最优选择；③考虑教学方法的综合效用，选用教学方法要注意多样性。

“教学有法，但无定法”，任何好的教学方法都是相对的，并且是在不断发展的。教师在选用教学方法时，要充分发挥自己的能动性和自己的特长，进行创造性的实践。

健美操教学方法的丰富多彩和各种教学方法的有机结合，是健美操教学的重要特点之一。这一特点可以作为教学方法优化的重要标志，它以提高教学效果为前提，不搞形式主义。

进行教学设计，应以上述四个方面的要求出发，其目的是要充分体现健美操教学的各项原则，并保持贯彻教学原则的有机统一，寻求最合理途径，以利于促进教学过程的优化程度。

（二）健美操教学设计能力的培养

1. 钻研教材内容

钻研教材内容是课堂教学设计的基本环节。钻研教材内容，第一步应了解教材内容体系及特点，掌握全部内容，理清教学系列；第二步确定教学重点、难点和关键；第三步确定处理方法，哪些方面需补充，哪些方面需调整，哪些方面要加以探讨，都要心中有数。钻研教材内容在进入健美操教学课时就可进行初步训练，为教学设计打下基础。

2. 教学综合设计

综合设计是对一次课的各个教学环节进行设计。设计的内容包括教学目的任务，教学重点、难点，课型，课的结构，教学方法，直观教具，器械配备及保护设施等。综合设计前，应让学生取得感性经验和理性认识，可以组织他们去教学观摩或看教学录像，分析教案或对优秀教师的课堂教学设计进行评析。经过这样的学习过程再进行教学设计，就会获得更多的实际效益。

教师可根据大纲的一般要求确定一次课的教材内容，指导学生进行教学设计。其目的在于提高学生课堂教学整体设计的初步能力。设计前，把握教材内容的重点，准确地确定该课的教学目的和教学内容。在此基础上，设计好每个教学环节。设计中要特别注意各个教学环节之间的联系，使课型结构形成一个协调的整体。综合设计通过教案体现出来，能力训练主要结合编写教案进行。健美操课程教学期间，要有计划地组织学生编写教案，并通过班级试教、印发他们中的优秀教案等方式，促使学生互相交流、共同提高。

为了逐步提高设计水平，还可以选择典型教材内容的教学进行最佳设计。这种设计教师应根据教学设计的标准，从教学目的、教学内容、教学过程和教学方法等方面提出优化要求，让学生按要求进行设计练习。优化教学设计难度较大的课，对于学生的训练不能操之过急，应从教学目的出发，教学方法由易至难，逐一要求，学生若能达到某些优化标准则应充分肯定。如此遵守由易到难的顺序，达到教学设计标准化就不难实现。

二、直观演示能力

健美操教学中，直观演示的形式是多种多样的，包括示范动作的演示和电教手段的演示等。这些演示形式各有特点和要求，需要进行有计划、有针对性的训练，才能达到预期的效果。

(一) 健美操直观演示的要求

1. 明确直观演示的目的性

健美操教学的直观性是教师在教学中有目的地组织学生的感知觉，通过动作示范和各种直观手段的演示，丰富学生的直接经验和感性知识，使其获得正确动作的生动表象，并使学生从这个直观的认识环节开始，结合实际的练习活动，把动作概念的掌握建立在感觉、知觉的基础上。

健美操教学基于这个基础，其目的在于使具体动作的整体形象及其结构成分在最大程度上为感性知觉所接受，作为它引出的结果，是要达到对所学动作有机地结合相应的肌肉运动表象，以及加快形成动作技能和技巧。所以，在实际运作直观演示法时，应从它的目的性出发，必须把直观性建立在能为学生直接感知的具体形象之上，才有可能在获取知识和形成动作技能的过程中，以最佳方式保证具体与抽象之间的联系，促进教学任务的顺利完成。

2. 讲求直观演示的科学性

具体表现在：

（1）示范动作的正确优美性。示范动作是学生模仿练习的蓝本，是学生借以形成动作映像的重要来源，因此示范动作的正确优美性是非常重要的。示范动作不正确优美，会导致学生产生不正确的运动表象，以致形成错误的动力定型，这对以后“改错、纠正”将十分困难。

示范动作的正确优美性还在于教师做示范动作或运用直观手段时的熟练程度。示范得当，能引发学生自觉、主动地去感知所示动作，但示范方法不妥，学生就不易获得正确的视觉形象。所以，示范动作的正确优美性是教师进行健美操教学时最能调动和激发学生自觉投入学习的积极因素。

（2）整体示范和分解示范相结合。整体示范和分解示范在直观教学中具有不同的作用。整体示范有助于学生了解完整动作的一般特征，培养学生掌握整体动作是教学的（出发点）目的；分解示范有助于学生明察动作的细节的特点。分解不是目的，而是手段，其目的是为了更好地掌握整体。教师有意地把直观演示由整体引向分解，易于使学生区分动作的内容、表象或表象的要素。这样，学生的知觉就有了计划性和层次性。

整体示范与分解示范的结合使用，对于扩大学生的注意范围和知觉广度，以及建立清晰而较完整的动作映像是非常必要的。但是，运用分解示范，并不是所有健美操动作的固化模式，而是要根据具体动作的结构特点而定。

（3）示范与讲解相结合。在示范与讲解过程中，加强两种信号系统的协调活动，是促进感知更精确而富有理解性的一个重要环节。

健美操教学活动的智力化，体现在示范与讲解相结合的过程中，语言功能具有重要的作用。教学中，运动表象的形成，不仅要通过示范、利用直观感知来调节，而且要结合讲解动作的要领，借助语言来思维。在直观感知中，单凭动作及其细节的示范演示，通常不能知觉动作的要领，只能机械地知觉动作。这会导致学生的练习活动变成单纯模仿和机械重复。“百闻不如一见”是强调示范的重要性，但示范只有结合语言讲解才能发挥直观感知的作用。

健美操动作技术的讲解是在深刻理解和体会动作正确技术要领的基础上，所具备的一种语言表述能力。教师在示范时，应使用语言或专门术语，准确地、有条理地指导学生“感知什么、怎样感知”，使学生在掌握直观教学内容时能应用语言形式来记忆学习内容的方法。因此，在示范过程中简明扼要地进行讲解，不仅使学生在完成动作时能够准确地掌握身体各部位的方向、路线、幅度、速度、节奏和肌肉用力顺序等，而且也能掌握动作的重点和难点。

示范与讲解相结合的形式是多种多样的，如何结合应根据教学目的、任务、内容和学生已有经验灵活运用。

（二）健美操直观演示能力的培养

1. 动作绘画的训练

动作绘画基本功的形成需要较长时间。学生在专业学习期间要利用零星时间，结合教材内容进行绘画练习，有条件的可以通过健美操绘图课进行系统训练。平时应布置课堂作业，要求学生联系学习内容，进行绘画练习。练习要多从动作的基本线条画起，为绘画技能奠定基础。对学生的绘画作业练习，要加强督促，认真批阅，并对练习结果及时做出评价和指导。

2. 动作示范能力的训练

动作示范能力训练主要的目的是培养学生正确、优美、独立地完成动作的能力。其训练的途径从以下几方面着手：

（1）组织学生观看即将学习的成套健美操和各国现代健美操竞赛与表演的录像，使他们对内容和健美操发展进程有初步的印象。

（2）学习并强化健美操基本动作的练习。

（3）反复练习成套动作，并尽力使学生完成得正确、熟练、优美。

（4）组织相互观察、相互评比。

（5）组织分组轮换表演。

（6）一个或几个同学在队前带领练习。

3. 配合讲解演示的训练

配合讲解演示的训练目的是使学生能恰当地安排演示中的内容、程序和时机的同时，复述动作名称、术语。教师提出问题，让学生在示范中讲述完成动作的要领、要求和注意事项，并根据教学进度和课的任务，让学生评议完成情况。

三、教学口头表达能力

口头讲解是健美操教师传授知识、技能的基本手段。口头表达能力的高低，是衡量一个健美操教师教学能力的重要标准。对健美操动作技术来说，教师的口头表达对学生学习讲解技能是一种示范，有着特殊的意义。

由于受传统教学思想的影响，健美操教学往往注重技术训练，而不重视能力培养。口头表达能力方面所存在的问题是上课唯有教师讲、学生练，课内课外唯练是从，学生动得了手却动不了口，缺少语言环境，得不到口头表达能力的应有训练。这样，久而久之，就会造成学生学习上的畸形发展，思维不敏捷，会做不会讲，口头表达能力受到压抑。因此，健美操教学中应根据学生能力培养的途径，加强教学口头表达能力的训练。

（一）健美操教学口头表达的要求

教学口头表达除了必须符合一般口语的规范外，还应具备以下要求：

1. 表达准确、明白、生动

（1）准确。指语言符合现代汉语规范。健美操教学的口语要特别注意讲解动作技术原理时的逻辑性，要做到概念清楚、判断恰当、推理正确。

（2）明白。教学口语的明白，主要指讲解动作要领要深入浅出。教师要善于化繁为简，把抽象的东西讲得具体，把难懂的东西讲得通俗。

（3）生动。指语言讲解富有表现力，能引人入胜。教师要努力借助于自然协调的教态，包括手势、表情、姿势等，以增强口头表达的效果。

准确、明白、生动，这三者应该统一，首先力求准确，在准确的基础上再求明白、生动。

2. 适度地调节教学节奏

口头讲解应有适当的节奏，教师说话的快慢、停顿要与学生的练习活动协调一致，使练习强度、密度大小得宜，错落有序。教师讲解动作要领，要让学生边听、边练、边思考，充分理解语意。遇到教学重点、难点，语速应稍慢，顾及学生领会的效果；一般的提示语速可略快。讲解的音频如果一律是低调，会使学习空气沉闷，分散注意力；如一律是高调，会使学生大脑抑制，影响听力效果。讲解的语调只有高低相宜，才能有利于控制教学节奏。要提高口头表达的自我调节能力，除了积累课堂教学经验以外，最重要的是教师在讲解时要做到心中有学生，注意观察学生听讲的表情，及时发现他们听讲中的问题，从而自觉地调整语言节奏。

3. 教学语言要具有启发性

动作技能教学，要求教师的讲解要具有启发性、鼓励性，用语言调动学生的积极思考，使他们在掌握动作技能中开动脑筋独立地去获取知识。启发性的讲解应符合以下要求：

（1）从学生实际出发。要使讲解具有启发性，就必须了解学生，针对他们的实际情况，有的放矢，才能收到预期的效果。如果言之无物，尽管把动作技术要领讲得“头头是道”，也不可能有启发性。

(2) 讲解要体现“少而精”。教学中启发式讲解与“少而精”是不可分的。“少而精”要求教师要研究“讲”的内容，确定“讲”的重点、难点，要组织“讲”的程序，使之符合学生掌握动作技能的实践规律；要注重讲的方法，“讲”的语言要明确、简洁、生动。讲解是一种教学艺术。不重视“讲”，或蜻蜓点水，或喧宾夺主地讲过算数，或不注重“讲、练”的有机结合，都是不符合启发性要求的。

(3) 讲解要引发学生的学习兴趣。兴趣是直接推动学生主动学习的内在动力。学生对学习的兴趣，又往往取决于教师有目的地培养。教师在讲解过程中要善于“寓教于乐”，教学有方，“开窍”有术。教师在教学中精炼、生动形象的讲解，是诱发和培养学生学习兴趣的重要条件，所以，教师要根据健美操的教学特点，采取相应的措施，努力提高讲解的艺术性、趣味性。

(二) 教学口头表达能力的培养步骤和形式

口头表达能力的训练可采用以下几种形式：

1. “讲、练”中的提问训练

提问是语言口头表达的形式之一。在健美操教学的讲、练过程中，适当、灵活地进行一些必要的课堂提问，对巩固学生所学的知识、技能以及学生口头表达能力的训练是一种行之有效的方法。提问，从其有效运用方面而言，它可以有机地贯穿于动作技能的讲、练之中，“教师问，学生讲、练”，课堂教学生动、活泼，学生掌握知识和技能主动、积极，能获得良好的教学效果。

要使提问有利于口头表达能力的训练，教师应设法下功夫去训练，做到“课课练，人人讲”，要把提问列入备课计划，作为教学活动的一个基本环节，贯彻始终。健美操教学课堂提问，一般采用以下几种方式：

(1) 巩固性提问。这主要通过复习教材内容进行。教师提问时，要从具体问题出发，明确要求，让学生回忆和复习已学过的动作，并启发他们深入实际练习，进一步思索概念，改进技术，以期达到“练中有疑，以求其解”。

(2) 强化性提问。在动作技能教学中，为了使学生顺利地掌握所学动作的概念，把一时难于理解的技术问题，加以强调，突出重点。

(3) 检查性提问。在讲解过程中，教师为了随时检查学生的听讲效果，可抓住有利时机，提出一些概念性的问题，让学生回答，从而可以了解学生的知识水平、表达能力和理解能力。这种提问，先由教师向全班同学发起，引导学生共同思考，接着再指定学生回答，必要时进行连续性的追问、反诘，以督促更多的学生仔细倾听别人的答话，养成他们自觉听讲、分析问题和判断问题的习惯。

2. 课堂试教训练

课堂试教是采取正规的课堂教学形式，力求把预讲搞得和正式上课一样。课堂试教要求在预定的技能练习房里进行，听讲的对象由班级学生组成，“教师”和“学生”都必须进入“角色”，尽可能造成课堂教学的气氛；预讲内容是一节完整的课，要严格按教案执行。这种综合训练，除了应符合教学口语的一般要求外，要考虑口语形式与教学进程、教学方法协调一致，使教学语言成为提高教学质量的有效手段。综合训练难度较大。训练前，应组织学生到有关专业学校听课，观看优秀教师的课堂教学视频，以便充分取得应用教学口语的感性经验。

四、技术观察能力

健美操教学中，为了配合教学任务的需要，教师结合示范动作或直观演示，组织学生有意识、有目的、有计划地感知某一特定动作的技术，并力求去认识它，这种根据教学要求按教学程序所获得的知觉，称为观察。所谓技术观察就是通过观察，对动作技术进行分析综合。

技术观察方法是健美操教学研究中十分重要的认识方法。它是学生学习健美操知识和技能的一条捷径，也是检查健美操教学方法的实践基础。因此，重视技术观察能力训练，是健美操课中不容忽视的一项基本任务。

（一）健美操技能观察的要求

技术观察是根据技术动作的教学目的与要求，通过各种教学媒介以视频信息和声频信息刺激学生的感官，使学生得到感知，引起心理活动，促进学生积极思考，帮助学生理解和掌握动作技能。教学实践表明，技能观察只有在遵循学习心理学的原则，符合学习行为的心理学规律的前提下，才会获得良好的效果。技术观察要注意以下几点：

（1）根据知觉的整体性的特点，进行技术观察应做到重点突出。知觉的整体性是复合刺激物总是被感知为一个统一的整体，但一个相同的复合刺激物，由于突出的重点不同，作为感知的结果的“统一的整体”也是不相同的。因此，在技术观察中，注意运用知觉的整体性的特点，突出重点，对于获得正确的感知结构是很重要的。

（2）根据知觉选择性的特点，应提高技术观察的生动性。技术观察的生动性与教材内容的生动性直接相关。教材内容直观中重视感知活动规律的运用，是影响教材内容生动性的重要条件。这条规律说明，在静止不变的背景下，运动变化的对象容易被感知。因为活动的对象比静止的对象具有更大的吸引力，更能增强感知效果。

（3）根据感知理解性的特点，进行技术观察要充分了解学生已有的知识经验，并注意词与形象的结合。知觉理解性的特点，表现在学生感知对象的时候，总是根据过去的知识经验来理解它。在技术观察中，学生感知的内容与已有的知识、经验越是接近，就越是易于理解。因此，了解学生已有的知识、经验水平对于保证学生充分理解教材内容是很必要的。

词与形象的结合，是观察过程中促进理解、形成感性知识的重要条件。研究表明，在模仿与直观看动作中，如果形象与词分离，仅有示范动作的形象作用，而缺乏词的作用，则难以使学生获得确切的感性知识。

（二）健美操技术观察能力的培养

1. 指导学生观察的方法

“善于教人者，教人以方法”。训练学生的技术观察能力，就是要指导学生学会如何观察，把观察的方法教给学生。这些方法主要有：

（1）整体观察法。整体观察是伴随示范动作完整形象，指示学生从建立动作的完整概念出发，去感知动作的全过程。教学中，学生认识动作技术的规律，通常都是从认识动作的名称、术语和动作的完整形象开始的。因此，整体观察法的运用，在动作概念形成的最初阶段，对于学生认识动作，即形成视觉表象的完整性有其重要意义。

在各个教学阶段，教师根据教学任务的需要，经常地、适当地组织学生进行整体观察训练，有助于培养学生“通过现象窥本质”的观察力。

（2）分解观察法。分解观察应以分解练习法的原则为依据，教师从完整动作的结构中分解出相应的部分，指示学生对分解部分的技术进行有意观察。分解观察法的运用，是按照教学任务的转移，由完整动作转向动作的分解，即从完整动作中突出其分解部分，目的是为了通过观察活动加以强化。教学经验表明，在实际教学中，整体观察与分解观察都有不同的特点和要求，但从分解综合的效果来看，在一定条件下，两者结合运用，不仅可以提高观察效率，而且更有利于观察能力的训练。

（3）对比观察法。直观教学中，通过对比观察提出和解决技术性问题，既可以引起学生的高度注意，促进积极思考，加深对动作概念的理解，又可训练学生进行对比分析和鉴别的能力。所以，用对比的方式边讲边观察是实现启发式教学的一种有效手段。

2. 发挥教师指导语的作用

为了确有成效地训练学生的技术观察能力，教师除进行方法指导外，必须充分发挥教师指导语的作用。从观察的功能来说，教师的指导语应符合以下三方面的作用。

（1）定向作用。在观察训练前，教师事先提出明确的观察目的和具体要求，指明观察的程序，引导学生有意识地了解自己所面临的观察任务是很重要的。

（2）加深作用。这表现在两个方面。其一，教师的指导语要考虑如何起加深理解的作用，引导学生提出他们仅在现象上不能得出的结论。其二，指出“到底是怎么样的”“为什么会这样”的问题，把抽象的观察结论引向具体化，也是观察深入的一个标志。

（3）提示作用。在观察前和观察中，教师提示或讲解有关观察对象的知识，有助于学生巩固所学的知识，并在观察中得到印证，同时也会起着开拓学生观察思路的作用。

五、教案编写能力

健美操教师书面表达能力的高低与上好课有着密切的关系。健美操教学的书面表达在这里主要指教案文字的表达形式。这种表达形式有一定的特点和要求。需要经过训练，才能熟练掌握。

（一）健美操教案的编写要求

1. 编写的目的性

所谓目的性，是指一节课要达到什么教学目的，这是写教案之前应首先明确的。如果教学目的不明确，教材内容的处理，课堂的结构等都会失去依据，其结果是教学内容不是面面俱到、多而不当，就是顾此失彼、少而不精，势必不能完成大纲所规定的教学任务。教案的目的性取决于大纲的要求、教材的内容和学生的实际。只有认真研究这三个方面，才能恰当地确定教学目的。学生初写教案，存在的主要问题是目的性不明确，因而教案内容往往重点不突出；有的教案虽写了教学目的，但教案的内容却文不对题；有的教案目的要求与大纲的规定不符。因此，训练学生编写教案，在确定教学目的性问题上，应特别注意加强指导。

2. 编写的计划性

教案，即课时计划。教案的计划性是十分重要的，它不仅关系到教案本身的质量，更重要的是关系到课堂教学的质量。计划性主要是指教学内容、教学过程的安排、教学方法的选择和现代化教学手段的配合运用，以及各教学环节时间分配等，都应完整有序。如果教材内容丰富，需要重复课时多，那就更要注意教案的计划性。例如，每节课的课型和结构怎样确定，课时任务怎样分配，课业练习怎样组合、怎样讲、怎样练等，都应精心设计、周密考虑。

3. 编写的科学性

所谓科学性，是指所写的教案，无论对知识内容或动作概念、原理的讲述，运动负荷的安排，图解的图形绘制，以及文字表达，都应当准确无误。科学性不仅是教学思想性的基础，而且也体现传授科学的运动知识、技能是教学的主要任务。因为健美操专业学生的学习还处于打基础的阶段，对知识技能的正误缺乏分辨能力，教师稍不注意，就会贻害他们。在保证教案的科学性上，首先应要求学生做到准确地掌握教材内容，不能一知半解；其次，所要叙述的动作概念要确切；另外，教案的语言必须简明通顺，条理清楚，书写正确、工整，如发现有文字表达上的概念性错误，应立即纠正。

(二) 健美操课教案的编写能力培养

(1) 教案基本写法训练，要着重练习教案编写的内容和一般格式，并能用准确、简明的文字、图表反映教学设计的成果。这种训练一般与教学的单项设计、综合设计一道进行，要求学生将有关的设计，按教案编写的基本要求转化为文字。从教学目的、教学过程，从讲练内容到教学手段的运用，都应分行书写，做到条理井然，纲目分明，行款规范。

(2) 教案中的“特写”，在行文款式上要讲究。编写教案时，对动作的技术要点、主要教学手段、重点课业练习，都要设法用方案加以“特写”，使教案清晰、醒目，便于进行课前预习。特写的方法有：①放大字体或变换字形；②用符号作标记；③用彩色笔作标记；④用图解表示动作的方向、路线；⑤在正文旁边作简要批注，如“重点”“要领”“关键”“重练”“略讲”……

(3) 教案编写要重在实用性训练，这是编写正式教案的训练，多在模拟教学或教学实习中进行。编写时应着眼于教案内容的和谐、编写的统一，能圆满地达到教学目的；表述简要清楚，便于施教。试教前，教师应审阅教案，并根据其教案的任务要求。有针对性地提出具体意见。对教案中存在的一些问题，要进行个别面谈，了解编写者教学意图和设计打算后再作指导。试教后，还可根据教案使用的情况，对编写工作提出意见。教案书面表达应着重进行以上训练。很显然，教案书写的形式是以一般书面表达为基础的，同时需有较强的教学书面表达能力。因此，学生应在平时加强一般文字的书写训练。

上述五种健美操教学的基本技能是相互联系的。在教学过程中，对每一种能力的训练，都要统筹兼顾、灵活安排。

第四节　多元智能理论在健美操教学中的应用

一、多元智能理论简介

多元智能理论（Theory of Multiple Intelligence）由哈佛大学著名心理学家霍华德·加德纳（Howard Gardner）于1983年在《智能的结构：多元智力理论》（Frames of the Mind：The Theory of Multiple Intelligences）一书中正式提出。该书出版后，在美国和世界多国家的教育工作者中间引起强烈反响，受到广泛的好评。多年来，“多元智能”理论已经成为一些国家和地区教育教学改革的重要指导思想……“多元智能”理论及相关的教育实验研究正在世界各地产生着越来越大的影响。所谓智力“是在某种社会或文化环境的价值标准下，个体用以解决自己遇到的真正难题或生产及创造出有效产品所需要的能力”。并非像人们以往认为的那样是以语言能力和数理逻辑能力为核心、以整合方式存在着的一种智力。加德纳经过多年对心理学、生理学、教育学、艺术教育的研究，证明人类思维和认识世界的方式是多元化的，至少存在八种彼此相互独立、以多元方式存在着的智力组成，它们互相联系却又各自独立。

虽然加德纳的多元智能理论只是对智能本质、智力本质的研究，但是，却从另一个角度展示应该怎样学习、应该怎样教学以及对学习该如何评价的全景。作为一种“舶来品”，多元智能理论在教育改革中引起了广泛的关注和普遍的认同，同时为我们重新审视传统的教学评价开启了智慧之门。多元智能理论观下的教学与学习的视野有了根本性的转向：教学过程的生成性；教学目标的全面性；学生角色的主动性等。与此相对应，评价者应把多元智能理论作为教学评价的基础之一，以多维的视角和民主、平等、对话的心态来理解被评价者，综合运用各种评价手段收集评价信息，包括评价主体的多元化、强调对教学过程评价、注重评价结果信息的多样性、注重评价标准的非预定性，真正发挥教学评价促进和改善教学活动的作用。

（一）多元智能理论的含义

霍华德·加德纳（Howard Gardner）博士是美国哈佛大学教育研究所发展心理学教授，于1979年参与哈佛大学教育研究学院“零点方案”的研究计划。该方案企图探讨一个伟大的问题：人类潜能的本质与实现。加德纳博士于1983年结集成一本书《智能的结构》。在这本书中，加德纳提出人类智能是多元的，每个人都至少拥有包括言语——语言智能、逻辑——数学智能、视觉——空间智能、肢体——动觉智能、音乐——节奏智能、交流——人际智能及自知——内省智能在内的七种智能。四年后，加德纳又提出了第八种智能，即自然观察的智能，拥有此智能的人通常在辨认以及分类自然界和人为的现象上特别杰出。他以“多元智能理论”（简称MI）荣获路易斯维里大学葛罗威麦耶奖，同时获麦克阿瑟基金会的天才奖。大多数人可以在加德纳多元智能的内涵中发现自己的多项长处，因此在美国社会广受欢迎。

加德纳反对把智能视为人人多少都拥有的一般能力或潜力这种约定俗成的想法。他把智能界定为：①在实际生活中解决所面临的实际问题的能力；②提出并解决新问题或制造新产品的能力；③对自己所属文化提供有价值的创造和服务的能力。加德纳在这一智能概述中强调了智能的社会文化性和现实创造性，并在此基础上建立起一个更为广泛的智能体系，其中所含的智能是全人类都能够使用的学习、解决问题和创造的工具。

（二）多元智能理论的主要内容

言语——语言智能，指一个人能有效地运用口头语言或书写文字的能力。这项智能表现为个人能够顺利而高效地利用语言描述事件、表达思想并与人交流的能力。

逻辑——数学智能，指一个人能有效地运用数字和推理能力。这项智能表现为个人对事物间各种关系如类比、对比、因果和逻辑等关系的敏感以及通过数理运算和逻辑推理等进行思维的能力。

视觉——空间智能，指一个人能准确地感觉视觉空间，并把所知觉的表现出来。这项智能表现为个人对线条、形状、结构、色彩空间关系的敏感以及通过平面图形和立体造型将它们表现出来的能力。

肢体——动觉智能，也称为身体运动智力，指一个人善于运用整个身体来表达想法和感觉，以及运用双手灵巧地生产或改造事物。这项智能表现为个体能够较好地控制身体动作、对事件能够做出恰当的反应以及善于利用身体语言等表达自己思想和情感的能力。

音乐——节奏智能，指一个人能察觉、辨别、改变和表达音乐的能力。这项智能表现为个人对音乐，包括节奏、音调、音色和旋律的敏感以及通过音乐表达自己思想和情感的能力。

交流——人际智能，指一个人能察觉并区分他人的情绪、意向、动机及感觉的能力。这项智能表现为察觉、体验他人情绪、情感和意图并能据此做出适宜反应的能力。

自知——内省智能，指一个人有自知之明，并据此做出适当行为的能力。这项智能表现为个体能够正确地意识和评价自身的情绪、动机、欲望、意志、个性，并在正确的自我意识和自我评价的基础上形成自尊、自律和自制的能力。

自然观察智能，指一个人观察自然界中的各种形态，对物体进行辨认和分类，能够洞察自然或人造系统的能力。

心理学有关研究证实，每个人都具备八项智能。只不过人们在每项认知领域里，以不同的熟练度来表现八项智能，有些人可能某些智能很发达，某些智能较不发达，但只要给予适当的鼓励、充实与指导，每个人八项智能都可以发展到适当的水准。加德纳的多元智能理论对教育，特别是基础教育有很深远的指导意义，他把承认学生间的智能差异和个体差异、学生自身发展的不均衡性和整体性以及学生智力的不同表现方式作为教育的着手点，进而把培养学生解决实际生活中的问题和创造出社会所需要的有效产品的能力作为教育的着眼点。

（三）多元智能理论的特点

1. 智能具有情景性和社会文化性

加德纳认为个体的智能是与一定的社会文化环境下人们的价值标准有关，文化的差异和环境的不同决定了人们对智能的看法不同，这种不同既包括对智能含义的理解差异，也表现为对智能表现形式的不同要求。

2. 智能的多元性

人的智能由多种要素构成。每个人都拥有不同程度的多种智能，这些智能要素是多维度、相对独立地表现出来的，不同的智能要素之间没有主次之分，应同等对待这些要素。智能的表现也是多样化的，在证实已有的多种主要智能之外，加德纳也探索了是否存在道德智能。事实上，智能到底有多少种并不是该理论关注的主要方面，我们应该关注的是智能的表现是多样化的，每个人都有自己的优势智能和弱势智能，允许个体运用自己的优势智能和独特的智能组合达到应有的平等、成功。

3. 智能的相对独立性

传统智力认为智力是以整合的方式存在的，而加德纳的研究表明，智能可以相对单独存在。这是因为大脑的皮层掌管某一领域的智能的发展，相应皮层区的受损会影响相关智能的发挥，但对其他智能没有实质性的影响。当然智能的这种特性并不排斥我们在现实生活中需要多种智能的有机组合来解决问题的要求。一般而言，问题总是包含多方面领域的知识，它需要我们充分发挥各种智能——达到解决问题的最有效途径，而且人本身就拥有各种智能存在的物质机体结构。

4. 智能的差异性特征

传统的智力观，是看待人的智力时采用一种一维的思维方式，用认为是适合任何年龄阶段的同一标准和单一的测试方式将人和智力划分等级，许多学生在还没有接受教育时就被贴上了“不能成功”的标签。而多元智能理论承认存在许多不同的、相互独立的能力，承认不同的人具有不同的认知能力和认知方式，承认学生的这种差异性，并在教育中尊重这种差异性。多元智能承认每个人的智能各具特点，每个人都有一种或数种适合自身特点的学习内容和方式。每个人都可以在自己适当的智力优势领域内发展一种或数种独特的才能。

5. 智能的实践开发性特征

加德纳把智能看作是个体解决实践问题的能力，是在实践中发现新知识和创新新产品的能力。人的多元智能和发展，关键在于开发。教学的目标应是开发各种智能和学生的潜能，促使学生全面发展。

（四）多元智能理论对教育观的影响

多元智能的核心教育思想是，人的才能是多元的，教育的起点不在于原先学生有多聪明，而在于教师如何让学生更聪明、在哪方面更聪明。这种思想对教育观念也产生了很大的影响，形成了乐观主义的学生观，富有个性化的课程观，因材施教的教学观和灵活多样的评价观。

1. 乐观的学生观

加德纳认为人生来具备潜在的种种智力，每个人的智力优势及其统整方式各有不同，有不同的心理倾向和不同的学习风格，但每个人会有自己的智力强项，自己的学习风格加果考虑这些差异，考虑学生的智力强项而不是轻视或忽视，教育如果以最大程度的个性化方式进行，教育会产生更大的功效。与传统的智商测试、学科成绩测验相比，多元智能理论使得教师以多元的观点看待学生，认识到每个学生都是最优秀的，都有其独特的智能特点和学习类型。因而，教师要由关注“你的智商有多高”转为“关注你的智能类型是什么”，以创造适合每一个学生的教育。

2. 个性化的课程现

通过对多元智能实验在美国的实践和效果分析，发现所有多元智能实验都力求将多元智能运用在课程和教学中，但具体做法存在很大的不同。加德纳通过设置“多元课程”实践其理论。该课程的实施包括：幼儿早期多元智能的确认和培养，进行“多彩光谱”式的学习，目的在于发现孩子的智力优势和强项；小学阶段实施的“重点学校”项目，这些学校每天都要激发每名学生的多元智能，除了开设读、写、算等一般学校标准的主课外，每名学生都参加计算机、音乐以及体育等活动；初中阶段实施的“学校实用智能”项目模式是建立在斯特恩伯格的智能三元论和加德纳的多元智能理论基础上的，重要的在于如何将学术智能与更实用的人际智能和自我认识智能相结合，以实现学业和事业的成功；高中阶段探索“艺术推进”模式，开发艺术对学生发展的促进功能。形成了多元模式课程、智能本位课程、发展本位的多元智能课程、艺术本位课程等个性课程模式。值得一提的是多元智能课程的两种途径：一是专题作业项目，试图通过学生在解决真实问题的学习中的智能展示，呈现其智力强项；二是“学徒制”认为有智力特长的学生不适合在教室中跟班学习，可以向导师带研究生一样进行“学徒制”学习。

3. 因材施教的教学观

由于学生的智力强项不同，教师要根据不同学生的智力特点，不同的教学内容，采用不同的教学手段、方法和策略，使学生能够在他人面前展示其所学、所理解的内容，以此方法去理解教材，并使学生得到最大限度的发展机会，基于多元智能理论的课程设计与教学实践扬弃传统的“学科本位”课程概念和“知识传授”的教学观，发扬“课程统整”和“知识建构”的教学理念，让学生的学习能够产生经验的统整！社会的统整及知识的统整，进而激发多元智能的发展。加德纳认为最好的学习是项目学习，他提出“以多元智能教与学”“为多元智能而教与学”的观点。“新课程”中综合实践课的实施就是秉承这一思想，旨在打破传统学科教学存在的课业间的无联系和与生活的脱节的现象，呈现出淡化学科题材的界限，拓宽合作教学范围的态势。

4. 灵活真实的评价观

多元智能理论所倡导的“真实评价”方式很少使用格式标准的或常模参照的

测验系统。加德纳提出的“个人为本”的评价以标准参照、基准的真实测验系统为主。他认为真实最重要，要把学生的观察记录、成果展示、录音、录像、图片、个人谈话记录、图表、月历表现记录等多种渠道收集来的反映学生学习情况的信息统统放进档案，用档案来评价学生，让所有学生都参与评价活动。多元智能理论认为，评价应当放在真实范围和社会环境的脉络中才能切实的反映人类智能的表现。“真实评价”可以让学生在适当的情境（一种期望学生表现出他们在实际生活中所学事物的情境）之下，表现出他们的学习成果。多元智能的智力评价强调情境化和社会化，超越了静态的传统评价，更加贴近真实。

二、多元智能理论对健美操教学的启示

(一) 教育理念的转变

加德纳认为每个人都同时拥有八种智能，只是各种智能在每个人身上以不同方式、不同程度组合存在。这就打破了传统智能观将语言智能和逻辑数理智能置于最重要地位，各智能学科教学彼此孤立的状态，将八种智能列为同等重要的地位。事实也早已证明仅具有语言文字和逻辑数理智能、学习成绩一流的书呆子型人才早已不适应社会发展的需要，更难以应对未来工作和生活的各种挑战。一个人不可能仅用优势智能去解决所有问题。对学生来说，多种智能尽可能全面的发展是十分必要的。

多元智能理论指导下的健美操教学，不应再单纯以发展练习者肌肉的力度与弹性、身体协调能力、形成正确的体态和健美的体型为唯一目的，而应充分利用健美操融音乐、体操、舞蹈于一体，在健身、健美、健心等多方面作用的优势，综合发展学生的身体运动、音乐节奏、人际交往、自我认识等多种智能。在思想上转变多数学生为修学分而选修，或是部分女生为了达到减肥美体目的而选修的观念，使学生通过学习逐渐认识健美操对发展多元智能的特殊作用。

(二) 教学模式的改变

1. 尊重智能差异，设立多层次的教学目标

多元智能理论告诉我们，每个学生都拥有八种基本智能，只是八种智能的结构及表现形式不同。也就是说每个学生都有自己的优势智能和弱势智能。教师必须全面了解学生，承认并尊重他们之间的差异，对不同的学生进行区别对待。

健美操教学中，教师应做到因材施教，针对不同学生的差异设定教学目标。比如可将一学期的教学内容，设定三个不同层次的目标。基本目标要求每

个学生必须掌握二套健美操的完整动作并能在音乐伴奏下准确地完成动作；二级教学目标可规定部分学生除完成基本学习目标外，还应自选音乐，创编一套健美操；三级教学目标要求少数有一定体育舞蹈基础、身体运动智能和音乐感觉较好的学生掌握健美操音乐的选配与编辑，并根据自己选配制作的音乐创编一套健美操。

多层次教学目标的设立，既能保证素质一般的学生顺利完成学习目标，保护他们的自尊心和自信心，又能保证素质较好的学生在更高标准的要求中获得能力的提升，同时还能促使不同层次的学生在完成基本目标要求的基础上进一步向更高层次的目标挑战，促进基本学习目标的达成和个体特长的发展。

2. 灵活多样的教学方法

（1）发挥学生的主观能动性。多元智能理论关注每一个生命个体，并使每一个生命个体都绽放出绚丽光彩。健美操教学中，应充分发挥学生的主观能动性，把学生从传统的师生关系中解放出来，还学生学习的主体地位。教师多为学生提供自我锻炼的机会，培养学生重视自我锻炼的习惯。如发挥优秀学生的动作示范作用。既能提高动作示范者的荣耀感和学习积极性，又能对其他学生起到激励带动作用。在热身动作阶段请 2～3 个学生自主带操，培养学生的主体性学习意识。指导鼓励学生进行简单的动作创编，从简单的手臂、脚步、肢体等单个动作到较复杂、连贯的一节操、一套操的整体动作创编。使学生在反复的思维、创想、探究过程中，提高创新意识，发展实践能力。

（2）实践课为主、理论课为辅的教学模式。改变传统健美操教学单纯进行动作教授的教学模式，采用以实践课为主，理论课为辅的教学模式。一学期可安排 2～3 次健美操理论课，教师运用多媒体讲授健美操的起源、发展、功能、创编以及选配剪辑音乐等理论知识，配合赏析一些大学生健美操比赛的录像实况，开阔学生的视野，提高学习兴趣，使学生从感性和理性上对健美操有更为全面而深刻的认识。

（3）运用诱导式、启发式、探讨式等多种教学方式。比如在聆听健美操音乐时，教师可引导学生一步步说出乐曲的拍子、速度、节奏特点、音乐的基本风格、高潮部分的位置，整首乐曲有无拍子的变化、风格的转变等要素，培养学生对健美操音乐的感受力。鼓励素质一般的学生大胆表现自己，克服畏惧和害羞心理，对他们一些小的进步及时发现、多加鼓励。采取“小组”组合的学习及练习方式，培养学生的合作意识等。

三、健美操教学中发展学生多元智能的措施

(一) 追求动作的“健、力、美”——发展学生身体运动智能

身体运动智能是指人灵巧地操纵物体和调整身体的技能。健美操是一项融体操、舞蹈、音乐为一体，经过再创造，按照全面协调发展身体的要求，组编成操，以有氧练习为基础，以健、力、美为特征的体育运动项目。

作为一项体育运动项目，健美操首要的功能就是健身美体。其动作包括了头颈部动作、上肢动作、腰臀部动作、腿部动作等全身各不同部位的动作。既有单独练习身体某个部位的简单动作，又有练习身体各部位相互配合的复杂动作。在每次健美操课上，通过热身动作、基本动作、分解动作、成套动作等一系列的动作练习，能使身体各部位都得到锻炼。经过一段时间的学习，不仅能促进身体直接参与活动的肌肉和力量的发展，而且还能促进内脏器官和神经系统功能的提高，改善身体各部位的协调运动能力。无论身体运动智能好或是差的学生，通过练习，不断克服身体动作的不协调、不自然、不舒展等现象，都能使身体运动智能获得发展或提高。

(二) 培养节奏感和乐感——发展学生音乐节奏智能

音乐节奏智能，是人们理解、欣赏、制作、表现音乐的能力，或是敏锐地感知音调、旋律、节奏和音色的能力。音乐是健美操的必要组成部分，节奏性是健美操的基本特点之一。健美操的每个动作都要符合音乐的节奏和韵律。教学中，应充分利用健美操与音乐的密切关系，有意识地培养学生的节奏感和乐感，发展学生的音乐节奏智能。

在准备活动和放松练习时教师可采用不同情绪类别的音乐作为伴奏，进行不同风格的热身、放松练习。并让学生注意聆听、体会不同音乐带来的不同感受。在成套动作的教学中，训练学生听音乐做动作的同时跟着喊节奏、打拍子，培养学生的节奏感。也可将音乐划分成几个段落，根据不同段落来进行练习。一个音乐段落选择一组恰当的动作进行反复练习，使学生充分熟悉每个八拍的动作及音乐，做到动作与音乐密切配合。

乐感的培养重要的是培养学生聆听音乐的习惯。在听的过程中注意引导学生把握音乐的基本风格，是优美抒情还是欢快活泼，整首乐曲风格有无改变。分辨音乐的节拍特点，是 2 拍子、3 拍子还是 4 拍子，整首乐曲中间拍子有无变化。乐曲的高潮在什么地方。高潮部分的动作是什么，不同音乐情绪段落转换处的

过渡动作是什么。在健美操乐感培养过程中，音乐的体验一定要与健美操动作紧密联系起来，在理解判断等理性要素的参与下反复聆听感受健美操动作与音乐的有机配合，鼓励学生用自然的动作表达出对不同音乐的体验。

（三）运用灵活多样的教学方式——发展学生人际交往智能

人际交往智能是观察并区分他人情绪、意向、动机及感觉的能力。意味着理解、认识他人、从而与人更好地合作。健美操教学中，通过组织小组练习、创编及竞赛等活动方式可以较好地发展学生的人际交往智能。

1. 采用小组练习方式发展人际交往智能

将学生以学号或系别为单位分成若干小组，每堂课学完新动作后，让学生分组进行练习。每组人数 5～6 人左右为宜，学生程度搭配要均衡，尽量将相同程度的学生分配在不同的组内，使组与组之间的学生素质总体相当。分组练习时，小组成员相互交流经验、取长补短，动作掌握快而好的学生可以起到小老师的作用，协助教师辅导组内其他学生掌握所学动作。无形中加强了学生之间的交流、沟通、合作，有助于达到精神上的愉悦、促进友谊，还能培养积极的生活态度。

2. 倡导分组创编的方式发展人际交往智能

在分组创编健美操动作的过程中，小组成员集思广益，充分发挥各自的聪明才智，成员之间反复交流沟通，不断切磋、商量动作、反复练习，通过动作配合和位置队形的变化体验到个人和团体的关系，最大限度地调动学生的积极性和组织协调能力。

3. 通过开展组间竞赛的方式发展人际交往智能

采用竞赛的方法能促进发展组间竞争与评比，促使优秀学生尽快提高组内成员的整体水平，增强成员的集体意识和团体荣誉感，形成小组学生积极进取的学习态度，使彼此之间的交流更加密切，使健美操成为培养成员之间良好的人际关系和调节心理行为的重要手段。

（四）实施多元多维的评价机制——发展言语语言和自我认识智能

采用自评、互评、师评的多元评价机制能够有效发展学生的言语智能和自知智能。首先，在健美操教学中，教师应注重发挥学生自我评价的作用，引导学生及时找出自己在练习中的优点和不足，保持优点、改进不足，也为其他同学反思自己的学习成果提供借鉴。其次，组织学生相互评价。互评的评价模式，评价主体间是战略伙伴关系。学生之间通过相互评价，使每个学生都能看到他人的优势，反思自己的不足，加快学习和进步。此外，教师也要及时对每个学生进行客观而公正的评价，使学生在健美操学习中时刻感受到自己的进步，激发学习的热情与自信，不断追求更大的进步。

实际上，在自评、他评、师评的多元评价机制下，学生善于反思自己，及时讲出自己对自己、自己对他人的评价，非常有利于学生语言智能和自我认识智能的发展。

（五）健美操对发展其他智能的潜在影响

健美操通过对学生身体运动智能、音乐节奏智能的开发，还能够对逻辑——数理、视觉空间、自然观察等智能的发展起间接的推动作用。

身体运动智能是人类一切认知的基础，与其他智能的发展有着密切的联系。其他智能的开发都离不开身体运动的参与。健美操是在中枢神经系统的支配调节下进行的，反过来也能提高中枢神经系统的机能水平。它能够提高神经过程的强度、集中能力、均衡能力和灵活性，使人的视野广阔、感觉敏锐，分析综合能力增强。同时由于健美操是多种类型动作的有序而不间断的运动，伴有大量的认知心理活动，可使参加者知觉敏锐、观察准确，记忆和判断能力得到提高。

健美操对学生音乐节奏智能的开发可以推动其空间推理能力的发展和创新能力的提高。关于前者在 1994 年洛杉矶召开的美国心理学会第 102 届年会上，弗朗西斯·罗斯彻的一项重要实验研究成果——《音乐与空间课题操作：一种因果关系》已经证明。对于后者，现代脑科学研究成果也已证明。21 世纪最富价值的才能——创造性、想象力和情绪表达能力，主要由主形象思维的大脑右半球掌控。这些能力对于理工科大学生来说常常是欠缺的，但却可以通过音乐来培养和发展。

伟大的物理学家爱因斯坦每当在面对一个复杂的科学公式百思不得其解时，就去拉小提琴，沉浸于贝多芬和莫扎特的奏鸣曲中，许多问题就迎刃而解。生物学家达尔文也曾说“每周至少听一次音乐。要是这样，我脑中那些已经衰弱的部分就可以保持它们的生命力。失去这些爱好，无疑就会失去一部分幸福，也许还会影响智力”。我国著名的导弹之父钱学森先生说过“在我对一件工作遇到困难而百思不得其解的时候，往往是蒋英（钱学森夫人）的歌声使我豁然开朗，得到启示”。

在健美操运动中，音乐始终贯穿其中，与动作成为密不可分的整体。明快的音乐给健美操带来活力，练习者会因节奏的感染而情不自禁地进入运动状态之中，在情绪上发挥出巨大的力量。对学生逻辑——数理智能、视觉空间智能等产生潜移默化的影响。

第四章 竞技健美操创编基本理论

第一节 竞技健美操创编的理论知识

一、竞技健美操创编的含义

竞技健美操的创编是依照竞技健美操的特点、规律以及创编目的、原则，将单个动作组织、串联成为竞技健美操竞赛套路的过程，是在了解其项目、特点的前提下，以竞赛规则为依据，以其审美构成因素为基础，以教练员的创新思维为依托进行的复杂的创作过程。

竞技健美操是一项综合性很强的体育运动项目，要达到竞赛获胜的目的，创编时简单地把动作串联起来是远远不够的，而应根据竞技健美操的竞赛规则和技术特点将竞技健美操的套路结构和时间、空间、背景、音乐等诸多因素有机地结合起来。

二、竞技健美操创编的分类

根据竞技健美操的不同目的、不同项目、不同阶级分类情况详见表 4-1。

表 4-1 竞技健美操创编的分类

<table>
<tr><th>依据</th><th colspan="2">训练课的类型</th><th>说明</th></tr>
<tr><td rowspan="4">不同目的</td><td rowspan="3">以训练为目的的竞技健美操创编</td><td>基本动作组合创编</td><td>为了提高对基本动作的能力而创编的动作，用于日常训练</td></tr>
<tr><td>基本动作与难度动作相结合的组合创编</td><td>为了进一步提高运动员对比赛过程的适应能力，将基本动作与难度动作相结合进行组合创编，一般以 8 个 8 拍为 1 个组合，包含 3 个难度动作，以便于运动员更好地适应成套动作的训练需要</td></tr>
<tr><td>过渡与连接动作创编</td><td>为了提高运动员对过渡与连接动作的完成质量，在训练中编排组合训练套路时着重这些动作的创编，突出练习过渡与连接动作</td></tr>
<tr><td>以竞赛为目的的竞技健美操创编</td><td colspan="2">将竞赛成套动作精心地编排，为参加比赛做好准备</td></tr>
</table>

续表

依据	训练课的类型	说明
不同项目	女子单人操创编	根据女子的特点和运动员的个人情况创编的成套动作
	男子单人操创编	根据男子的特点和运动员的个人情况创编的成套动作
	混合双人操创编	根据混合双人操特点编排的成套动作
	集体三人操创编	根据混合三人操特点编排的成套动作
	集体六人操创编	根据混合六人操特点编排的成套动作
不同阶段	训练初级阶段创编	一般以基本动作为主，可配以少量简单的难度动作
	训练中级阶段创编	一般以基本动作和难度动作相结合的组合动作为主
	训练高级阶段创编	一般以复杂的基本动作和较高的难度动作为主，并突出过渡与连接动作的编排

三、竞技健美操创编中的音乐运用

健美操的创编过程是一项复杂的创造性劳动，从立意到总体构思；从动作素材的选择到套路的布局和处理；从音乐的选择到剪接，每项工作都是非常重要的，而音乐在竞赛的实际效果中又显示出它突出的作用。在选配音乐之前，要加深理解音乐所表达的主题，认真聆听、思索，真切感受。通过音乐起伏的旋律、强烈的节奏变化、高潮迭起的联想，体验感受音乐的内在情感、事物与精神，并从乐曲的结构、高潮、风格、乐思及发展等元素进行分析。编排者应对健美操的结构、段落、运动强度、动作风格做出科学合理的选择。

竞技健美操的动作是竞技健美操的核心，基本动作是各种组合或复杂动作的基础和元素，也是创新的基础。在竞技健美操中可以将基本动作理解为操化动作，是由 7 种基本步伐配合手臂动作组成的。正确地掌握基本动作和基本动作技术，是完美完成成套动作、体现竞技健美操风格的主要内容，也是竞技健美操运动员把握竞技健美操的内涵、体现个性特征的前提。在成套动作的创编阶段，深入了解和掌握各种动作元素，是进行音乐选配时的必要步骤。

（一）操化组合与音乐

当论及竞技健美操操化动作特征时，《健身健美操竞赛规则》是这样阐述的：“健美操的操化组合必须包含许多步伐和手臂动作的多样形式，演绎基本步伐为复杂的组合形式；全套动作均能够表现出复杂的操化组合：健美操操化动作必须展示高水准的身体协调能力。”

依照竞技健美操竞赛规则，竞技健美操项目的技术操化动作组合为：“以健美操基本步伐组合手臂动作形式，伴随音乐，创造出动感的、有节奏的，不间断的包容高低不同运动强度的一串儿动作。”

“在创编中动作组合应是身体的各部位（头、手、上臂、前臂、躯干、腿和脚）协调配合共同参与，其参与的部位越多价值就越高。”规则要求成套动作中每四个八拍至少出现一次方向或面改变。在创编时结合规则要求，将基本步伐和丰富、新颖、多变的上肢动作创编出精彩纷呈的健美操操化组合。根据以上对操化组合动作的要求，与之配合的应该是速度平稳、节拍鲜明、富有朝气的音乐。

（二）难度动作与音乐

根据田麦久教授提出的项群理论，竞技健美操属于“技能类表现难美项群”。它和同群的竞技项目例如体操、花样滑冰、跳水等项目一样，竞赛中以运动员所完成动作的难度、新颖、稳定、优美等因素判定其技能水平的高低。在比赛时，难度水平的高低直接影响到运动员的比赛结果，有时就是难度制胜。难度动作向着多样化、高难度、高质量的方向发展。

难度动作与操化组合动作相间，从音乐配合的总体布局来看，应该将音量稍强并重音突出的节奏性旋律安排在有难度动作的位置，以强调并突出不同动作的区别。

（三）过渡连接与音乐

不同类型的动作在成套动作中体现出不同的功能和作用，完美的成套动作要求完整地展示一个优美的整体，包括每个动作的衔接，每次空间位置的转换，甚至与每个难度动作前的准备，都要求以动力性和生动新颖的方式相互连接在一起，而不能突然中断以免影响成套动作的连续性，成套动作中的各个组成部分之间的完美过渡就离不开巧妙的连接动作。

过渡与连接处的音乐，也需要一种音阶式的、分解和弦式的、短句式的旋律，将各个动作单元的配乐有机地组合起来。

（四）同伴的配合与音乐

在成套动作中，运动员之间有接触的交流配合，动作的设计与顺序的安排要体现项目的特征，体现主题思想，体现表演效果及同伴之间的相互助力。在完成动作的过程中，运动员之间要有默契，动作表现得整齐划一，神情一致，同时要通过动作表现出同伴之间的相互关系。

托举动作是体现与同伴配合的重要形式，是混双、三人及六人项目中非常重要的组成部分，在成套动作中必须要出现三次托举动作。“一次托举的定义：是指当一名或多名运动员被托、举、支撑或抬离地面。一次托举必须同时表现出不同的身体形态。”

在创编时要遵循规则要求，充分利用美学和力学原理，并根据运动员的身体素质状况进行设计、创新，达到造型扣人心弦、令人难忘的效果。与之相配合的音乐，应该是在此时出现比较突出的旋律或者具有色彩感的和声，并适当加入音效，力求达到视觉与听觉的最佳结合。

第二节　竞技健美操创编的原则与方法

一、竞技健美操的创编原则

我国的竞技健美操作为独立的体育竞赛项目，正日趋成熟并与国际同步。创编作为竞赛活动的先导环节，直接影响着竞技水平，动作及套路创编的优劣最终将在竞赛中直接关系到运动员的比赛成绩。所以明确创编的指导思想，研究并遵循竞技健美操的创编原则是至关重要的。

竞技健美操是一项艺术性很强的难美项群类运动项目，它可以给人们带来很高的艺术享受。就健美操项目特点而言，它的主要艺术特点是朝气蓬勃，欢乐向上。而，“艺术性”说的是“成套动作的艺术性要求充满活力，有创造性，以健美操特有的方式表现成套动作设计”。其中，“创造性”主要是指“成套动作必须是令人难忘的、与众不同的，它必须是展现音乐、动作设计和配合动作的独特的创造性的结合”。在艺术裁判指南中指出“不欣赏表现悲伤、痛苦、烦恼或不快乐的表演，因为健美操的特色之一是活力、动力、趣味相结合的外在表现”。“成套的主题不得体现暴力、色情与性爱”等，这些都成为竞技健美操创编时的指导思想。

在创编竞技健美操成套动作的过程中，首先必须了解竞技健美操的创编原则。

(一) 适应规则变化性原则

规则是竞技比赛中的法规，是每一个参赛者都必须遵守的。规则是衡量动作编排及完成情况的标尺，它判断成套动作艺术、完成、难度等各个方面的好坏与高低，规则又是指南针，它为创编者与参赛者都指明了方向。因此研究并执行规则不仅仅是运动员与教练员的天职，同时也是创编者创编动作的依据。

由于竞技健美操从诞生至今时间较短，国内外各地区发展情况各异。我国自1987年举行第一届“长城”杯健美操邀请赛至今已举办多届竞技健美操比赛，国内制订的规则已有五六个版本之多。目前，国际上具有影响力的健美操国际组织有3个，制订的规则也各异。1998年，健美操归属于世界奥林匹克会下属的国际体操联合会（以下简称国际体联）并在法国举行了第一届“世界健美操锦标赛”，之后，这一世界性比赛每两年举行一届。

1994～1996年竞技健美操规则要求，创编套路的时间为1分50秒至2分10秒，并取消其他国际组织当时通用的规定动作，即4次俯卧撑、4次仰卧起坐、4次大踢腿，取而代之的是两个8拍组合动作与6大类难度动作。两个规定组合是一组对称动作，另一组由5个基本步伐、3个连接步伐的动作组合。6大类难度为静力性力量、动力性力量、平衡、跳跃、踢腿、柔韧。

1997～2000年规则取消了对称及组合性动作，保留了6大类难度，发展为7个层次，并对难度数量加以限制，一个成套中最多出现16个难度，以12个最高难度计分，除此之外对动作的连接、操化动作的运用、场地空间的运用、艺术性、创新与动作变化都有具体的规定。

2001～2008年的规则，又把6类难度合并为4类难度，即A类：俯卧撑、倒地、旋腿与分切；B类：支撑与水平；C类：跳与跃；D类：柔韧与平衡。难度动作数量限制为12个、能出现两次腾空成俯撑动作、地上动作不得超过6次、取消艺术加分等。在竞赛过程中对成套动作的评判是依据规则进行的。

2009～2012年的规则，将单人项目再度缩短为1′30″±5″，不过整体依然保持在1′45″±5″的范围内，时间的缩短在一定程度上提升了健美操的竞技性。2009～2012年的规则还将单人难度动作数量降至10个（这与时间缩短相对应），难度动作的减少提高了成套动作的多样性，提升了其欣赏价值。因为竞技健美操成套动作包括难度动作，同时还兼容操化动作、过渡连接、托举等。难度动作的减少为其他类动作在成套动作中提供了更多的空间，成套动作内容更加丰富均衡，提高了美学价值。此外，2009～2012年的新规则还在艺术评分范围、难度评分、完成评分上做出了相应的调整，使得健美操的竞技性更加突出。

2013～2016年规则的主要变化体现在以下几点：

（1）较之2009～2012年版的规则，2013～2016年竞技健美操规则艺术评分最大的变化之一，就是将2009～2012年版“动作编排”“操化内容”“表现与音乐”3大评分内容进行重组。主要将2009年版规则中“动作编排”细化成“主体内容”和“空间运用”两个独立的内容，又使原“表现与音乐”分离成音乐与艺术表现两大单独的内容，形成了 2013～2016 年新规则的“音乐和乐感”“操化内容”“主体内容”“空间运用”“艺术表现力”5 大内容。

评分内容的改变使得 10 分艺术总分的分配比例随之进行了调整，由原来的“4∶3∶3”改为“五 2 制”——每一项评分都占有 2 分的比例，新规则将不再偏重某一项内容的评分，而是将 10 分艺术总分平铺给各项，有利于促进运动员的艺术性得到均衡的提高和发展。在每项评分内容之下又划分 3 个子评分标准，确保了裁判员评分的客观性。

(2) 2013～2016 年新周期在完成评分上主要对完成裁判减分方面进行了修改，增加了对于混双、三人和集体项目在托举动作和整套动作中的一致性减分内容。规则要求“完成所有动作的一致性，无论在混双、三人、集体项目中，全部动作的完成犹如一人，这项技术必须有相同的动作幅度，动作同时开始或结束，相同的动作完成质量。同时也包括手臂动作，每个动作组合必须精确、相同。”减分标准为每次减 0.1 分，成套动作最多减 2.0 分。此外，还明确了除难度动作外的其他成套内容减分细节的要求，同时对一般性减分细则和针对各组别难度的特殊减分细则做出了调整。

(3) 2013～2016 年新规则将 2009～2012 年规则的 36 个难度类别，调整为 22 个，其中包括 4 大类难度，即动力性力量、静力性力量、跳与跃、平衡与柔韧，还新增加水平旋类、旋子类。同时各组别难度数量和分值进行了大范围的调整，淘汰一些旧难度，增添新的难度，保证了竞技健美操项目的不断创新。

在成套动作编排上对难度动作有新的要求：将全部项目成套动作的难度数量统一为 10 个，这在动作编排、完成质量等方面给运动员提出了新的挑战。

综上，创编者在创编前首先必须明确的是要遵循规则。认真学习比赛规则，对规则中所规定的各项条款特定规则、补充规则的具体要求，都要逐条探讨。要符合规则要求来编排才能在竞赛中取得基本的成功。

(二) 提高竞技性原则

竞技健美操作为一项竞技体育运动，最终目的是要通过比赛区分优劣，运动员则是通过比赛来检验自己训练的水平，并在比赛中取得理想的成绩。如何体现竞技能力，对于成套动作的创编非常重要。

国际体联健美操委员会主席约翰·艾特肯森于国际体联会议上指出：“我们要严格维护健美操特色”。健美操的特色在于身体姿态的控制技术基础上的有节律的弹动控制技术。而它的竞技特征则表现为动作的难度与配合，动作形式的多样性与连续性，脉动负荷的高强度等。所有这些都是围绕着体现运动员的身体素质（力量、无氧耐力、速度柔韧、灵敏、协调、平衡能力）、独特的吸引力（动作设计、动作表现及表情气质）、智慧（战略战术、成套动作的不同层次表现）、心理素质（情绪的稳定性）而进行比较的。所有这些综合能力的优劣，直接反映出竞赛当中的竞技能力，因此在编排中体现竞技健美操的竞技能力是创编中的另一个十分突出的指导思想，也即是竞技性原则。

竞技性原则在竞技健美操编排中的运用主要表现在如何提高运动强度，简介如下：竞技健美操强度体现着竞技健美操运动员的竞技能力，要想在比赛中取得较好的成绩在竞技健美操编排中必须提高强度编排，从而体现运动员的竞技能力。首先，必须了解决定竞技健美操强度的因素：

（1）动作频率，即单位时间内完成动作的数量，以高速度完成动作，展示做复杂、快速动作的能力。

（2）动作速度，即完成单个动作的时间快慢，它同时也展示着动作力度。

（3）动作幅度，即要求运动员大幅度地成动作的能力。

（4）耐力，即成套动作中（无间隙）保持心血管系统运动强度的能力。

（5）抵抗重力的运动能力，即爆发力、腾空高度，特别是连续完成空中动作的能力。

以上决定竞技健美操强度的影响因素直接由运动员的竞技能力表现，在成套动作的编排中，根据这些影响因素在编排中实施这一原则可以按以下要求进行创编：

（1）下肢步伐一直处于弹动状态，即多采用高强度步伐，如后踢腿跑，弹踢腿、开合跳等，也可采用这些高强度步伐的变形步伐。

（2）上肢动作在1个8拍内必须出现一次最大极限的上肢伸展，即出现一次垂直方向的最高点。

（3）每个手臂都必须有动作，不能出现只有单臂运动的情况。

（4）在成套动作中，不能出现停顿性休息，即使只有两拍。

（5）在成套动作中，必须出现1个8拍的动作节奏变化，即提高动作频率的编排。

（6）比赛场地分为5块区域，在提高竞技健美操强度的编排中，应该增加区域移动的编排。

（7）集体项目中，减少配合、托举动作前的准备动作。

（8）增加身体运动的方向、面和转体。

值得注意的是，必须清楚竞技健美操要求运动员完美完成每一个动作，因此在进行竞技健美操编排时，必须考虑到运动员的能力，宁愿采用运动员能够完美完成的低强度动作，也不要强行采用运动员不能够完美完成的高强度动作。

（三）针对性原则

1. 要针对运动员的特点进行创编

创编者要根据运动员的特点创编不同风格的操，运动员与运动员之间存在着各种差异，除了个性上的差异，还有运动能力、身体素质、技术、外形等方面的差异，在创编中应充分掌握运动员的个体特性及各方面的情况，并充分挖掘个人的特点，结合上述原则进行创编才能达到预期的目的。例如有的运动员弹跳能力好，可适当多编排一些跳跃性强，难度大的动作，令其弹性的跳跃步伐、轻盈的空中姿态得到充分的展示；对于那些柔韧性好的运动员，编排难度较大的劈叉、平衡、多种方向的大踢腿等动作，展示其舒展优美的体型和健美高超的身手；为力量型运动员编排一些难度较高的俯卧撑、支撑等动作，有利于表现其力量和控制能力。

2. 要针对项目的特点进行编排

竞技健美操比赛一般设有男女单人操、混合双人操、三人操、六人操 5 个项目。单人项目没有配合问题和队形的变换，其动作语汇的丰富独创和特定动作设计的难度是创编的核心。集体性项目创编更强调整体性和一致性，讲究队形画面的对称或均衡，同步与配合动作的巧妙组合以及整套动作造型的全景效果。

（四）整体性原则

竞技健美操作为健美操的一种，也以全面整体健身为根本目的。但是在竞技健美操创编中坚持全面整体性与健身健美操不尽相同，它不一定按照由远而近、自上而下的顺序全面整体设计身体各部位的运动，而主要是全面发展人体整体的力量、柔韧、灵敏、耐力等身体素质。因此，在竞技健美操创编过程中，我们必须考虑到怎样的编排才能更好地展示运动员整体的身体素质。此原则的运用在创编过程中主要表现为对难度动作的选择方面。

整体性原则是指在成套动作中，各类难度动作能够达到一种最佳组合状态，不能使某一类难度动作过分地集中出现。难度动作分为 4 个组别（共 323 个难度动作）：俯卧撑、倒地、旋腿与分切。

每一类难度动作都体现着不同的人体的身体素质，所以在进行难度动作选择时，也应该考虑所选择难度动作组别的均衡性，以体现运动员整体的身体素质，使成套动作的难度动作数量比值基本与4个组别的比值接近。

（五）创新性原则

竞技健美操的竞赛日趋激烈，若想在群芳荟萃的竞赛中脱颖而出，动作的新颖、独创甚为重要。从某种角度说，创新是竞技健美操的生命，没有创新就没有竞技健美操的发展，创新可以从多方面着手，如动作的创新、队形的创新、连接的创新、音乐的创新等，但动作的创新是其他创新的基础，应该予以重视。

创新性原则体现在竞技健美操创编过程中是突出其编排的独特性。在创编一套动作前，我们要了解规则的规定，才能在创编中有目的有方向、有尺度，只有这样才能使成套的艺术性与艺术魅力展现得淋漓尽致。具体做法是：主题在成套中可选择一个表现的主要内容，如读书、欢聚等，在成套中恰当地加以描述，使成套动作产生戏剧性效果。但值得注意的是，不能过多地展现，每个动作必须为体现竞技能力服务，可通过短时间的两三个动作，也可在成套中反复出现同一主题（用不同的动作），但以不超过3次为宜，与此同时要使主题与其他因素有机地结合，主题的出现要能够突出独特性。

音乐优美完整及独特的音乐风格是展现动作与艺术性的动力，音乐具有完美的表现形式，它可以为创编者提供创造的源泉，并使创编者产生灵感。恰如其分地运用这些表现手段，可以突出艺术效果，并给动作带来生命。在创编中应对音乐的结构、节奏、旋律、配器等诸多因素进行分析，找出动作与音乐的结合点，特殊的音响效果会给动作带来意想不到的效果。值得注意的是，音乐的选择必须有利于体现竞技健美操的竞技能力。因此，在创编中音乐是不容忽视的。

国际规则有关艺术创造性中指出“表演是与众不同的、独特的和非凡的。”，并在完全新颖的音乐和独特的动作时指出“当所有的因素被编排和融合一起时（动作设计表现力、音乐、配合），才能形成一套与众不同的独特的和令人难忘的成套动作。动作设计、健美操组合的编排、过渡动作、不同的队形，这些都是新颖的、与众不同的、不可预见的。并且通过运动员的动作和表现与音乐风格完美地结合起来，再加入一些以前无人做过的具有特殊感觉的小动作细节。在一套动作中可体现一个主题”，“动作设计、音乐、表现和服装都与主题密切联系。各种因素完善地结合在一起，使之具有独特的个性”。上述三个方面在创编中应有目的地综合使用，在独创方面狠下功夫，成套动作才能不落俗套，与众不同，突出创新性原则。

（六）艺术性原则

竞技健美操是以人体动作作为表现自己的物质手段，同时也以人体的动作作为表情达意的艺术，它以具体可视感的形象高度显示出人的灵巧、力量和智慧，显示出人对自然的征服和支配的创造能力，同时也表现了人的思想感情和精神风貌。在竞技健美操比赛中，他们内在精神气质和外在动作表现的统一，是表演艺术水平的体现，运动员通过面部表情，融合音乐，更好地体现动作的艺术内涵和动作意境，感染观众，体现艺术表现美。运动员通过自身的表现力及自身的形体动作来展示竞技健美操项目的艺术表现美，因此，艺术表现美是健美操运动员自信能力的体现，是超越自我的展示，体现人类的综合素质。

具体来说，竞技健美操的艺术表现美体现在各种动作能轻松地完成，自信能力强，动作舒展优美，有力度感，节奏感好，动作与音乐紧密结合，并赋予好的表现，充分体现其动作内涵，音乐韵味和个人的性格特征，充分的展示美，能感染观众和裁判，给人深刻的印象，使人得到美的享受。竞技健美操作为这样一种具有极高艺术性的体育竞赛项目，竞赛评判对其艺术性方面的要求使它的创编更加复杂，更应该注重遵循艺术性原则。创编时首先要注重整体结构设计的艺术性，整体结构设计合理才能产生悦人的节奏感和张弛有序、高潮迭起之美感。其次，要注意音乐选配的艺术性，与操的结构相吻合的音乐往往能起到推波助澜、锦上添花的作用。第三，要注重队形动作设计的艺术性，选择最能展示动作美的队形，编排最有体现队形美的动作，这样才能使整套操的风格更加鲜明、统一。

二、竞技健美操的创编方法

（一）多向思维法

善于从多角度、多层面去思考问题。由于创造性思维需要产生不同寻常的思维结果，因此它要求人们从单向思维转向多向思维，在逆向、侧向、发散等思维辐射和转移中寻找出各种具有独创的新设想，对多向思维能力的培养，应注意对某一问题的思考要从全局出发，提出多种思路，当思维在某一处受阻时，应善于及时变换思维走向。当久思不得其解时，可引导注意力转向其他领域，寻求新的启示，当运用通常的方法解决不了问题时，可考虑交换事物的条件、目标等因素，从不同的途径去解决问题。

（二）联想创新法

善于对一个事物的思维，联系到另一个事物或几个事物的思维。创造性思维的本质在于发现原来以为没有联系的两个或几个事物之间的联系。因此，联想思维可为创造性思维起到积极的引导和铺垫作用。知识和经验越丰富，联想的广度和深度越大，也越容易产生意想不到的联想结果，如联想能与边缘学科的知识有机结合，将会产生更高价值的新思维。联想创新需要灵感，灵感思维是指突如其来的对事物的本质或规律的顿悟与理解，以及使问题得到解决的瞬间思维形式。捕捉灵感的能力是指具有将瞬间即逝的灵感思维紧紧抓住，并及时加工成创新设想的能力。它是通过紧张深入思考的探索之后产生的思维成果，具有突发性和瞬时性特征。灵感思维的出现人们往往没有心理准备，很容易稍纵即逝。所以，要及时记录下灵感思维的内容，保持思维热线并适时向纵深扩大思维成果。灵感的产生与艰苦积极的思维活动，丰富的知识经验等因素有关。

（三）录像分析法

参考参赛级别或高一层次级别的比赛录像，从竞赛套路中吸取精华，对自己的成套动作起到一定的启发作用，一般在观看录像比赛套路时，主要应关注以下几个方面。

1. 成套结构

所谓参看成套结构是指在参看比赛套路时主要参看成套动作与音乐结构的关系，即音乐段落与动作段落、音乐情绪与成套情绪以及音乐高潮与动作高潮是否能有机结合。

2. 难度分配

所谓参看难度分配是指在参看比赛套路时主要参看成套动作中难度动作的分配规律。首先，是难度分值的分配；其次，是难度动作组别动作的选择；再次，要观看难度动作在成套动作中的位置。

3. 基本操化动作的连接

所谓参看基本操化动作的连接是在参看比赛套路时，主要参看成套动作中基本操化动作的连接编排，参看一个动作的结束是否为另一个动作的开始，参看他们是如何编排的。

4. 过渡与连接动作的编排

所谓参看过渡与连接动作的编排是在参看比赛套路时主要参看过渡与连接动

作的选择，新颖的过渡与连接动作会给人留下深刻的印象，同时烘托成套动作的主题表现，通过参看过渡与连接动作的编排将会给人以提示和启发使之运用于自己成套动作的创编。

5. 托举与配合的创意

所谓参看托举与配合的创意是在参看比赛套路时主要参看成套动作中过渡与连接的特点，参看他如何更好地体现音乐的主题，成套动作中托举与配合动作是最能体现成套构思、音乐主题的关键，因此托举与配合动作的创意参看对成套动作的创编有非常重要的启发作用。

（四）三维动画辅助法

用电脑三维动画技术可以辅助教练员创编竞技健美操高质量难新动作，辅助运动员加快完成目标动作的定型过程，对创编动作在训练中和比赛中出现的问题进行及时的目标反馈、重构和完善，减少运动员在创编动作探索阶段中不必要的损伤。

然而，目前在进行竞技健美操训练时，创编动作的过程仅仅是在教练员和运动员的大脑中和身体上试验完成。运动员在试做创编动作时，始终存在着一些来自主客观方面的各种因素，直接影响动作的效果。这些因素的影响使教练员和运动员感到缺乏一个能够清晰、稳定、完整、快速的创编和演示动作的辅助工具，来对创编动作进行“定量化、形象化”解释。电脑三维动画技术可以建立一个标准的竞技健美操运动员动态模型，用来虚拟创编动作，进行试探、分析、评价、反馈、修改和确定等工作，可以减少创编环节中负面的人为因素的影响，使创编效率和质量进一步提高。运用电脑三维动画技术辅助创编竞技健美操动作能为今后竞技健美操的创编开拓一个新的思路。

创编动作是针对新的动作技术和新的比赛规则进行的，所以更细致准确地理解动作类型、等级、趋势或比赛规则对运动员的比赛成绩来说是至关重要的。如果用电脑动画技术辅助解释比赛规则，就可以加快运动员对规则的理解。

绝大多数创编动作都是教练员、运动员和裁判员作用原有的动作基础而创编出现的。由于“电脑数字编辑”可拷贝、可拼接的特点，可以使教练员和运动员灵活地从一个已有的动作修改成另一个新动作。使动作的形象性、经验性更趋向于动作的专业性、多样性。所以，电脑动画有助于在原有动作的基础上方便地设计出变通的动作调整方案。

（五）基本组合法

基本组合法是指按照竞技健美操动作编排原则和方法，将两个或两个以上独立的技术动作通过巧妙的结合或重组，形成新的技术动作或成套组合动作。竞技健美操的动作组合既可以是同一类型动作变化为多个不同特色风格的动作，也可以是不同类型多个单独动作进行适当重组，最后完成成套动作的编排。

竞技健美操动作创新组合不是简单的动作技术堆积，更不是简单的凑合，而是要形成形式多样、技术独特、动作新颖、结构合理并与音乐风格相和谐的动作创新组合，这对教练员组合创新思维能力提出更高的要求。

第三节　竞技健美操创编的要求与影响因素

一、竞技健美操技术创新理论的要求

（一）开放性

开放性指思维结构的开放性，大多数人的思维习惯就是在已知的经验中求解，喜欢照本宣科。开放性思维就是要鼓励敢于突破思维定式，避免落入俗套，挑战潮流，具有改革精神。因此，就要从多角度出发考虑问题。竞技健美操集体项目常规的托举动作习惯在原地进行，且托举与配合分开进行，如果打破常规，将托举与配合结合在一起，并加入流动性，如有身体接触的“抛”“接”，或利用运动员自己的跳跃上托举。例如，6 人操可采用一组从高空间直接到低空间，而另一组有低空间至高空间起伏跌宕的空间变化，则会给成套的视觉效果添彩。

（二）突发性

突发性是创新性思维的一大特点，创新思维的进程不会一直连续不断，而是间断性的，往往会在某个特定时间间断，在某个不确定的时间段有突然降临，这种现象并不是偶然，而是量变引起质变的一个质的飞跃，是知觉与灵感的迸发。前提是要在生活中有善于发现和善于思考的精神。竞技健美操成套的编排不是一气呵成的，需要反复思考，从音乐的选择、剪辑，到每一个操化动作的创编都需要耗费很大的精力，因此如果教练员、运动员在日常听音乐、欣赏节目的时候带着对健美操的热爱，习惯性地去思考，一定会创造出与众不同的成套。例如，拉丁舞中有很多双人的配合动作，如果将其引入到混双的配合中，也许会给人耳目一新的感觉；又如欣赏舞蹈、音乐剧等，将其经典动作引入到竞技健美操的操化中，也会给人独特的视觉体验。

二、竞技健美操美学与音乐学相关理论要求

（一）形态美

人体的形态美包括人体面容形态展示的容貌、四肢躯干的形态构成的身材、皮肤质地和颜色组成的肤色、人精神和肢体语言展现的气质等表现出的美。对于竞技健美操这项运动，健与美是该项目的基本特点，裁判员对于运动员进行主观评分。运动员在选材的时候就要考虑到“健”与“美”的要求集形体、容貌、风度美于一身，要用美的眼光去选材，而且要符合竞技健美操的审美角度。

竞技健美操需要根据音乐做快速的、复杂的操化、过渡、难度、托举等动作，因此在运动员选材时尽可能地选择中等身高且体重较轻的运动员，这样在其完成复杂的难度动作时更容易克服自身的阻力。身材过高会影响动作的灵巧性，而过矮则会显得其动作幅度过小，不舒展。女运动员在160～170厘米之间，男运动员在165～175厘米之间为宜。

容貌与形体上要求五官端正、眉目清秀，笑容甜美且阳光，体型结构上从上到下，中国人头身比为1∶7，头偏小一些更美观。脊椎挺拔，肩平且宽，四肢修长，髓关节小，小腿长于大腿，肘关节与膝盖平直。从素质要求上要选择肌肉轮廓清晰、肌肉线条呈条状，臀大肌上提，跟健较长，踝关节较细，足弓较深的运动员，会有较好的身体素质。

（二）服装设计美

对于运动员来说，比赛服可谓是成套创编的点睛之笔，如果服装与成套的风格以及运动员肤色特点搭配的精妙，则会给裁判员和观众的主观印象大大加分。据研究，比赛服的颜色也不是随意选择的，会对运动员心理和成绩有一定的影响。颜色专家指出，颜色不仅影响人的心理状态，而且也影响人体的一系列生理过程，从而直接影响体育运动的形式和结果。颜色对人的脑中枢神经会有一定的刺激，不同的颜色会引起不同的反应，歌德将颜色划分为两类积极（主动）色，包括黄、橙、红等，这类颜色会给人产生积极地、有生命力的感觉；而另一类是消极（被动）色，指蓝、绿、蓝红等，此类颜色会给人安静的、温柔的感觉。颜

色对生理上也有一定的刺激，多饱和度的红色房间会使人血压增加、心跳加速，长时间在这样的环境会给人不舒适的感觉。而蓝色则起到相反的效果，会使血压降低，脉搏跳动减少。绿色较中性，会给人平稳、安静、纯真、联想，因此在绿色的环境中训练，会使得运动员注意力更集中，从而大幅提高训练效果。颜色不但对运动员的心理、训练等有影响，在难美项群项目中不同颜色的服装给人的感觉也会有所不同。

例如，在较奔放、节奏强烈的音乐伴奏下，红色或红黄相间颜色的服装会把那种奔放、激情的情绪表现的更加突出，而蓝色、乳白色、绿色的服装则适合较悠扬、音色较纯净的音乐背景下，给人诗情画意的享受。

曾有学者对奥运会队服颜色进行分析，发现对抗性比赛中，身着红色队服的一方获胜概率较大于其他颜色，且红色为暖色系会给人兴奋感，激发人精神饱满、精力充沛、奋发向上的运动情绪。在日常生活中我们也会发现穿浅色的服装会显得身体较壮，而深色的衣服则会显得更苗条，这是因为浅色系的视觉效果会将东西放大，而深色系则会将东西缩小。在色彩的搭配时也有一定的技巧，色调太接近则会使层次感欠缺，相差的太明显也会使整体割裂，因此最好选择深、中、浅 3 个层次，使衣服的搭配不繁琐也不单调。服装设计师就是很好地运用了颜色的心理、生理及视觉效果，再加以线条和面料的搭配制作出精美的服装。

(三) 艺术表现美

竞技健美操要求运动员有表现美的能力，包括难度技术的完成美、操化表现力的协调美、过渡连接的连贯美、服装音乐的搭配美等。这些基本规律与其他艺术的审美是如出一辙的。要遵循对比协调、节奏韵律、整齐划一、均衡对称、对比调和等艺术表现原则。

1. 对立统一

对立统一是唯物辩证法的根本规律，无论是自然界、人类社会还是人类的思维，任何事物都包含着内在的矛盾性，事物的矛盾将推动事物向前发展。对立协调是将对比统一应用到竞技健美操中的表现，竞技健美操本身就是个刚柔并济的运动，包含女子单人操、男子单人操、混合双人操、3 人操、6 人操。不但要体现女运动员的阴柔、男运动员的阳刚，更要在混合双人操和 3 人操、6 人操的集体项目中展现男女运动员和谐统一的整体性。对于身体素质的要求上，不仅要求运动员要有力量、速度、耐力，也要求运动员的柔韧、灵敏。生理特点使男运动员在力量、速度、耐力素质训练上提高较快，所以男生不但要保持优势也要加强柔韧、灵敏练习才能更完美地展示自己，女生相反。在动作的编排上，以混双为例，可以在男女运动员动作统一的基础上稍加突出男运动员的阳刚和力度，女运动员的阴柔、协调性，艺术效果会较好。

2. 节奏韵律

节奏韵律在音乐、绘画、建筑、诗歌等领域的艺术表现上被广泛应用，健美操是在音乐的伴奏下进行的，音乐的节奏韵律会影响到整个成套动作的编排以及运动员力度、强度的变化。音乐的运用上，不建议一直使用同一强度而要有强弱张弛的对比。例如，一首完整的歌曲一般由主歌、副歌、过渡句、流行句、桥段等组成，在音乐前奏、过门的部分适宜做一些过渡连接或地面难度动作，桥段部分做一些托举、配合动作，主歌部分适合操化动作在适当部分加入难度，将副歌部分的操化动作表现的干净有力且流动性强，将成套动作推向高潮。音乐强弱搭配、张弛有度的合理剪辑与成套动作的协调配合将给裁判和观众带来舒适的审美享受。

3. 整齐划一

整齐划一是最简单的形式美，它是同一形式的一致重复，给人以秩序感，竞技健美操规则中完成裁判对于一致性的评判分数比重增加，对于运动员团队表现一致性的能力提出较高要求。整齐划一也是团体操、舞蹈等群体表演的审美经验，一个很简单的动作，一两个人做可能表现不出审美价值，但是由很多人（百人或千人乃至更多）同时做整齐划一的动作，即使是很简单的动作也可以表现出很高的审美价值。我国的团体操历史悠久，并且被应用于很多活动中，如田径运动会开幕式、奥运会开幕式等，其中最重要的原则就是整齐划一。无论是动作还是队形，团体操整齐划一的表现形式气势壮观，常常会让人赞叹不已。竞技健美操的集体项目中对于一致性的要求很高，在快速的节奏与复杂的动作变化中寻求一致性则需要运动员之间经过长时间的磨合。但是竞技健美操要求多样化，因此过多地强调整齐划一也会使成套动作变得呆板。

4. 均衡对称

均衡指在各部分的分配分量上不会产生过大或过小的感觉，在整个成套动作中，无论是操化的分配还是难度的分配都要讲究均衡，过渡的集中都会使成套整体的感觉变得不舒服。对称指同形同量组合，以中心划分，上下或左右相同，常被运用在队形的变换上，给人以稳重、完整、舒服的感觉，在成套的编排上如果能保证各要素分配均衡，对称运用恰当会使成套达到很好的视觉效果。

5. 对比调和

对比调和指事物之间存在性质上的反差，对比给人以鲜明、醒目、变化的心理感受，而调和给人以协调、和谐、安定自然的意境。例如，混合双人操，男运动员的阳刚和女运动员的阴柔就形成鲜明的对比。比赛服的颜色搭配也要形成色彩的对比，才不至于显得单调。但是一个成套作品，要求运动员共同合作完成，因此要调和他们之间的差异，例如混合集体项目选择男女运动员都能完成的难度、在成套动作中跳跃类难度，男运动员降低起跳高度与女运动员保持一致；选择运动员时选择身高体型相仿的运动员。对比和协调搭配合理会给人一种和谐、自然的审美效果。

第四节 竞技健美操创编的理论依据

一、影响竞技健美操创编的因素

(一) 主观因素

人类所要创造的一切物质财富和精神财富，都是在实践中通过思维，即智力活动而形成积累起来的。一个优秀运动员能够获得世界冠军，一半是运动员的才华，一半是教练员和科研人员的智慧。竞技健美操的成套动作，在体育比赛和体育表演中表现出的精湛技艺，都是运动员、教练员、编导及科研人员共同思维活动的结果。在进行竞技健美操的创编时应从主观方面考虑，包括创编主体的创新意识、创编主体的创编能力、创编主体的心理品质、创编主体的知识结构，创编主体的实践经验以及创编主体所掌握的创编原则和创编方法。

1. 创编主体的创新意识

创编主体的创新意识来源于他们对创新重要性的认识，“创新则兴，守旧则衰”，这是贯穿整个竞技体育发展史的客观规律。体育运动领域中的创新活动与工程技术的发明革新，文学艺术的创作及科学研究中的科学发现既有共性，又有其特殊性。对于从事体育创新活动的教练员及科研人员来说，首先必须认识到创新对于体育发展的重要性，才会有意识地在训练和比赛中了解信息，分析现实情况进行体育技术的创新活动。竞技健美操项目特点决定创编主体必须具备创新意识，要敢于创新，而创新意识是可以培养出来的，经常地进行有意识的创新将不断增进创编主体的创新意识。可以从简单的竞技健美操创编开始，逐步提高创新意识，增进创新能力。

2. 创编主体的创编能力

竞技健美操创编者的创新能力是指一种将创造能力与竞技健美操专业知识、

运动实践经验相结合，应用于发现、分析、解决竞技健美操运动发展中的新问题，并取得成套动作创新成果的才能。它包括观察力、创编思维能力、创编设计能力、预见力、获得情报信息与分析能力与记忆力6个方面。

1）观察力

在竞技健美操创编领域中观察能力主要表现在两个方面：一是灵敏的感觉能力，即对客观事物的刺激感受比较灵敏，不易忽视任何微小的异常现象，不易放过任何疑点，能随时注意寻找有价值的富有启发的线索，不会让新信息、新启示和机遇在不经意间溜走；二是敏锐的洞察能力，即透过事物的表面现象觉察到事物的本质的能力，这是一种对客观事物较深层次的觉察，对创编主体来说，要培养观察能力，既要养成乐于观察，勤于观察和精于观察的好习惯，又要从创新角度出发，掌握一定的观察方法，并且不断地总结积累观察经验，这样才能做到“目光敏锐”“明察秋毫”。

2）记忆力

记忆力是再现经验过的事物的能力，创新虽以新颖为特色，然而并不排除经验的重新组织。记忆的越多，产生联想、想象、组合、移植的机会也就越多，尤其在体育创新活动中，记忆力的作用就更显得重要。因为，体育比赛和训练中的某些想象瞬间即逝，创编主体凭借记忆把感知获得的材料储存起来，日积月累，可为创新准备充分的营建材料。

3）创新思维能力

创造性思维是人类思维的最高形式，也是整个创造活动的实质和核心。因此，它也是构成创新能力的最重要的因素。

①想象力，是指善于任意改变、组合、扩大和加工意象，形成新形象的能力。创新源于想象，纵观体育运动创新史不难发现，许多创新成果来源于创编主体的想象力。思想无拘束地自由飞跃是想象力的前提，丰富的联想和不断地提出疑问是产生想象力的途径。而渊博的知识和丰富的实践经验是想象力的重要基础。

②多向思维能力，是指善于从多方向、多角度思考问题、解决问题的能力，是一种发散性思维的形式。对事物从多角度、多层次、多方面加以认识，需要在逆向、侧向、发散等思维辐射和转移中寻找出各种具有创意的新设想。多向思维以思维的流畅为基础，以思维的变通为关键，以思维的独特性为核心。要培养多向思维能力，应注意对某一问题的思考不能太局限，要尽量多提几种可能性和多种思路。当思路在一个方向受阻时，要善于及时变换思想的走向。

③联想思维能力，是指善于由一个事物想到另一个事物的能力。创造性思维

的本质是在于发现原来以为没有联系的两个事物（或现象）之间的联系。在此，联想起着极为重要的引导作用，如能充分而巧妙地利用“边缘”学科的知识或其他领域的知识，则容易产生价值更高的联想结果。

④灵感思维及其捕捉灵感的能力，是指突如其来的对事物的本质或规律的顿悟和理解以及使问题得到解决的瞬间性的思维形式。捕捉灵感的能力是指其有将一瞬即逝灵感思维结果及时加工成创新设想的才能。灵感是一种特殊形式的思维活动，其本质是大脑经过紧张思考和探索之后产生的思维质变。灵感具有突发性和瞬时性等特点。由于它的出现人们常常没有心理准备，所以很容易得而复失。因此，灵感思维和捕捉灵感往往是创新能力的重要因素。竞技健美操运动的存在和发展必须不断创新，要求教练员必须具备创新思维能力，了解竞技健美操运动的发展趋势及竞赛规则的变化，才能创编出优秀的竞技健美操成套动作。

4）创新设计能力

创新设计能力是指将有价值的构思变成实物，并付诸实践的才能。在体育创新活动中创新设计能力，包括组织能力和语言及写作能力。体育运动领域中创新活动的特点是任何创新成果都必须由运动员来付诸实践实现，组织能力强的教练员能够凭借各方面的协调配合，使实验顺利进行，达到预期的效果。而且在许多情况下，创新构思或设想，需要用语言或文章的形式表达出来，供他人借鉴理解或作为一种创新成果的完成形式，尤其是某些创新成果需要用论文、报告、书籍等形式呈现出来时，此方面的能力便更显得重要。

5）预见力

预见力是指根据客观事物的已知因素以及发展变化规律，凭借个人的学识与逻辑思维能力，去预见推断未来的才能。体育运动领域中的预见力主要体现在两方面：

第一，要善于预见竞争的潜在需要，然后对需要的潜在趋势做出科学预判对创新活动来讲是至关重要的。

第二，当一个新事物刚刚出现苗头时，就应具有预见其生命和发展趋势的能力，能预测出事物未来发展变化的趋势、期限与特点，是从事创新活动所必备的能力。预见力是竞技健美操创编者对其项目发展趋势的判断的基础，良好的预见力是创编能力的一种体现。

6）获得情报、信息与分析能力

获得情报、信息与分析能力是指利用各种方法手段，取得有价值的新信息、新情报，并进行整理加工的才能。在吸取信息和取得情报方面，既要着重吸收本运动项目领域内的各种情报、信息，又不可忽略其他运动项目领域和其他学科领域中的信息与情报。因为，信息是创新活动的“营养源”，取得的信息范围越广，“营养”越丰富，就越有利于相互借鉴、学习和移植。在利用情报方面，既要善于分析，善于综合，认真分析信息情报的真实意义，掌握其精髓和真正价值，又要具有开拓精神，创造性地运用情报信息，同时还应注意效率，发现新的情报应立即进行分析加工，快而活地进行判断思考，高效地利用。我国的竞技健美操正处于学习阶段，获得国外优秀编排者的情报信息，并在此基础上进行加工分析，突出自己的特色，也成为优秀成套动作创编的基础。

总之，创新能力是一种综合素质的体现，它的形成与发展不是一朝一夕的事，需要较长时间有意识、有目的地加以培养，如果广大创编主体认识到培养自身创编能力的重要性，提高创新意识，则将使我国竞技健美操界的创编水平大大提高。

3. 创编主体的心理品质

创编主体所具有的创新心理品质是形成创造性思维能力的基础，是难美技能类项目技术创新成功的前提条件。只有具备强烈的创新动机的人，才能激发出高度活跃的创新思维。另外，良好的创新心理品质还表现在创新实验过程中应具有强烈的事业心和明确的奋斗目标，坚定果断的意志品质以及敢于冒险的意识。创编主体以坚定必胜的信念和炽热的情感献身于他所从事的体育事这样才能克服种种困难完成创新技术的过程，同时创编主体对自己的工作的全部意义有清晰的认识，为此乐于牺牲自己的一切，有不达目的不罢休的毅力。果断性与自信心密切相关，它反映了一个人的勇敢精神与智慧品质，而在进行技术创新的过程中，很可能出现各种各样的困难和意想不到的情况，这就需要创编主体具有敢于冒险的意识，因此，创编主体的心理品质是难美技能类项目进行技术创新的又一重要主观因素，没有良好的创新心理品质，创编主体的创新思维只是一句空话。

1）创编主体的知识结构

创编主体自身的综合知识水平对其创新思维产生启发和阻碍作用。难美技能类项目都不是“定型”项目，其自身需要向前发展，不断完善，这就要求创编主体多实践、多学习，丰富自己的大脑，提高自己的综合知识水平，不但要研究、掌握本专业的知识，还必须尽力多学与之相关的其他专业知识，丰富自己的知识结构才能更好地进行技术创新，竞技健美操的创编，不仅要求教练员掌握健美操的专业知识，还要求他们了解现代舞、迪斯科、武术、芭蕾等相关项目的知识。因此，丰富的综合性知识积累是创新思维产生的源泉。

2）创编主体的实践经验

从创新的过程来看，在第一阶段，创编主体的实践经验是相当重要的，创编主体根据自己的经验以及外来信息，靠抽象的思维来进行逻辑推理主观臆断出富有创新的方案。但此方案的设计必须以以往的技术为基础，创编主体凭借其实践经验分析以往技术有哪些不足之处，分析我们自身与国际先进水平队伍的差距，并找出原因之所在，在其实践经验的基础上进行技术创新。而在创新的第二阶段，同样离不开创编主体的实践经验，这是因为体育运动领域中的任何内容的创新都离不开实验，一个新设想出现后，创编主体会制定周密可靠的实验方案，选择合理的实验对象，运用适当的设备和仪器，创编主体不仅要会设计布置自己的实验，更要会操作、观察记录和分析总结实验数据，从而得出实验结论，而这些实验能力的基础就是创编主体的实践经验。

4. 创编主体所掌握的创新原则与创新方法

创编主体所掌握的创新原则与创新方法是难美技能类项目进行技术创新的关键所在，创编主体所掌握的创新原则与创新方法直接影响着创新活动的进行，技术创新是以原技术为基础的，它必须遵循一定的创新原则，不能任意编造。必须遵循其科学性原则，可行性原则等，同时也必须与当前该项目的技术发展趋势和项目特点相一致。创编主体了解掌握一定的创新原则，创新活动才不会走弯路。而创新方法是创新活动顺利进行的可靠保障，创新方法的种类很多，包括渐进创新法、动作加难创新法、移植创新法、综合创新法、生物力学创新法、逆向思维创新法、连接技术创新法等。创编主体掌握的创新方法越多创新成功的概率也就越大，所以创编主体所掌握的创新原则与创新方法是创新主体创新水平的体现，是难美技能类项目进行技术创新的关键所在。

健美操教练员创新思维能力的培养和提高不是一朝一夕的事，需要较长时间的积累和磨炼。它是推动健美操运动向更加全面、科学、健康发展的动力。目前健美操运动的发展和普及，呼唤教练员全面提高自身综合素质和业务水平。重视创新思维的培养，这是健美操运动普及和发展提高的需要，也是优秀教练员应具备的素质。

（二）客观因素

1. 良好的社会环境

良好的社会环境是进行健美技能类项目技术创新的前提基础。一个国家政治局势稳定，经济发展较好，文化科技水平不断上升，才有可能制订正确的方针政策推动体育事业的发展。而体育事业的发展必须依靠创新活动，没有创新则每个项目只有原地踏步不会向前发展。只有人民的生活水平不断提高，才会想到体育运动，才会想到锻炼身体、增强体质。体育运动只有在良好的社会环境中才能不断向前发展，创新活动才能顺利进行。因此，健美技能类项目技术创新必须以良好的社会环境作为前提基础。

2. 良好的体育环境

良好的体育环境对健美技能类项目技术创新起着极大的促进作用，它包括良好的创新形势、竞赛制度、规则修改、创新奖励制度等。整个体育界的创新形势，是进行创新活动的重要环境，一个国家对体育创新活动的支持是推动体育发展的基础。而某一项目的竞赛制度及规则修改对该项目起着直接的影响作用，竞赛制度直接规定着这一项目的发展程度，规则的修改也直接影响着这一项目的进步。

3. 良好的人际关系

良好的人际关系是进行健美技能类项目创新的必要环境。没有良好的人际关系，健美技能类项目就很难继续下去。首先创新活动必须得到有关部门或领导的重视与支持，只有领导认识到创新对发展健美技能类项目的重要性，才会充分重视创新活动的开展，为创新活动提供必需的资金和帮助，为创新活动奠定一定的物质基础，并给予创编主体一定的精神动力，制定一定的奖励制度，鼓舞他们科学大胆地不断进行创新活动。同时创新活动必须依靠创编主体的齐心协力。创新的过程是一个非常复杂的过程，它受到许多因素的影响，任何一个环节的某一因素出现差错都直接影响着创新活动的正常进行。因此，教练员、运动员、科研人员以及医务监督人员等创编主体必须齐心协力地密切注意创新计划每一个环节的实施，才能保证创新活动的顺利进行。而且创新活动也必须依靠教练员、运动员、科研人员及医务监督人员等创编主体之间的相互配合，创新活动是一项集体性活动，是参与创新的所有人员共同活动的结果，这就要求每位创编主体都能够认识到相互协作的重要性，发挥各自的专业知识，共同为创新活动服务，创新活动才有可能获得成功。最后，良好的创新环境必须得到群众的支持。体育创新活动是一种社会性活动，它不能脱离社会而独立存在，必须得到广大群众的大力支持。只有得到群众的支持，创编主体才有进行创新活动的动力。也只有得到群众的支持，创新活动才能顺利进行下去。

4. 快捷的信息环境

自 20 世纪以来随着科学技术进步的突飞猛进，世界各国依靠科学技术使经济得到飞速发展，提高了其综合国力和国际上的竞争力及影响力，同时也给体育的发展带来了巨大影响。在体育领域中通过科学技术作用于体育，推动体育的发展特别是推动体育创新技术的发展起着不可替代的作用。例如，运用电脑动画创编竞技健美操能更稳定、清晰、完整的表现创作者的意图，引发创编动作的新思路，成为创编动作的催化剂，缩短创编动作与定型动作探索阶段的不必要的损伤。同时，随着科学的进步，信息传递速度的加快，信息也成为创新设计的丰富营养源，通过大量收集国内外各项目动作技术信息，及时获取创新前沿动态，进行联想归纳，研究分析，从中觅取创新目标。创新设计后，立即实验，争取早日成功并捷足先登用于国内外大赛。或于实验反馈信息中，因动作失误而联想出新的动作技术方法，顺藤摸瓜，形成新的设计，再进行实验论证，突破难点，求得创新效益。因此，运用电脑、网络、三维摄像、解析摄像等现代化科技手段，掌握丰富而快捷的信息资料对进行健美技能类项目的技术创新起着巨大的推动作用。

5. 良好的实验条件

在体育领域中的任何内容的创新都离不开实验。当一个新的创新设想出现后，创新主体应制定周密可靠的实验方案，选择合理的实验对象，运用适当的设备和仪器进行反复多次的实验才可能完成创新活动，所以良好的实验条件是进行健美技能类项目创新活动的科学保障。首先，进行创新实验必须有一定的实验对象，而不是直接将创新动作应用于一线运动员，以防一线运动员出现意外事故受伤，这就要求选定一些运动员作为实验对象，他们将要做出一定的牺牲首先尝试创新动作的训练，直到确定创新动作的合理性及安全性时再应用于一线运动员。其次，必须有科学、安全、先进的实验设备及配套设施。在进行创新活动的过程中，创新主体必须设计布置安排自己的实验，运用到许多必需的实验设备及配套设施，操作整个实验的过程。那么，实验设备及配套设施的科学性、安全性、先进性都直接影响着创新活动的进程与结果，同时也影响着实验对象的安全。最后，在进行创新活动时，必须有良好的医务监督条件。因为在进行健美技能类项目创新活动的过程中，随时都有可能出现损伤现象，必须有良好的医务监督条件才可使创新活动得到必需的安全保障。

二、竞技健美操创编的意义

竞技健美操成绩优劣的关键因素是运动员的竞技能力与成套动作的编排质量。

（一）创编是竞技健美操重要的训练手段

1. 创编是竞技健美操训练的前提

要想成为一名竞技健美操运动员，必须经过健美操的专项训练。竞技健美操训练内容包括如下方面：

（1）体能训练。包括专项耐力（心肺功能）、爆发力、柔韧、平衡能力、灵敏、协调性等。

（2）成套内容训练。包括操化动作、难度动作、过渡连接动作、特殊动作、动力性配合、托举等。

（3）心理训练。包括变化环境、模拟比赛、集中注意力、批评与鼓励等。

（4）表现与特殊动作训练。①动作的表现，包括动作的韵律、动作的风格、动作的幅度、动作的方位、肢体的协调配合等；②面部的表现，包括表情肌的变化、眼神等。

从上述内容可以看出，无论是体能训练还是健美操成套动作训练以及表现与特殊动作训练都是以动作为前提的。合理、恰当的编排能够丰富训练的内容，帮助练习者准确地把握训练内容，从而提高训练效果，尽可能地接近训练目的。例如，体能训练中专项耐力训练主要是靠成套动作进行的，爆发力、柔韧性、平衡能力主要是靠单个动作及组合动作进行的，灵敏与协调主要靠组合动作而进行。设计出合理、新颖的操化动作、过渡与连接动作、托举配合动作在竞技健美操创编中是必不可少的。在表现与特殊动作训练中，创编出不同韵律、风格、幅度、方位的同时配合上运动员的面部表情的动作对提高运动员的表现力与掌握特殊动作风格是非常重要的。

因此，仅针对健美操训练内容进行设计与安排还不能达到科学训练，而应把所有的训练内容创造性地编织在一起，科学地进行分类与加工，这样才能为竞技健美操总体训练水平的提高提供思路。

2. 创编是建立竞技健美操训练系统的基础

任何一个竞技健美操运动员的成长都必须经过入门期、成长期和成熟期三个时期的系统训练，同时在三个不同时期都应该有不同的训练内容，都包括基础训练阶段、提高阶段、巩固稳定阶段、比赛阶段4个部分：不同的阶段采用不同的训练内容是运动员成长的基础。合理、恰当的动作编排是使各个时期及阶段有机联系的重要因素与手段之一，只有这样，才能科学、有效地建立起竞技健美操的训练系统。

3. 创编是提高竞技健美操运动员竞技能力的平台

竞技健美操运动员竞技能力包括技能、体能、心理能力、智能等，其中运动员技能和体能的提高，很大程度上依赖于动作的编排，同时竞技健美操规则对动作的编排也有特殊的规定。依据规则的要求，按照不同时期，不同目的与任务创编出符合实际要求的组合、套路对提高竞技健美操运动员的竞技能方是至关重要的。只有这样才能使运动员的竞技能力有条不紊地提高。

合理的有目的的动作可以使运动员准确地掌握动作要领，否则会破坏运动员本已建立的技术基础，从而使技术的掌握出现困难与偏差。在不合理的动作中，特别是高难度的组合动作很容易对运动员造成伤害，严重的会终止运动员的运动生涯。因此，合理地创编对建立运动员坚实、准确的技术与技能基础是十分重要的。

（二）创编是竞技健美操取得比赛成功的重要条件

1. 创编是竞赛活动的必需过程

竞技健美操的最终目的是在竞赛中取得优异的成绩。竞赛活动是靠对运动员完成成套动作的情况比较中进行的，每位参赛运动员必须有完整的参赛动作，没有成套动作就不具备竞赛资格，国际体操联合会（FIG）组织的竞赛只进行自选动作的竞赛，因此编排动作是必不可少的。

2. 创编是获取优异成绩的重要因素

为了健美操竞赛的专业性、客观性与公平性，所有健美操竞赛组织者都会对参赛的套路动作做出具体的规定，这是竞赛规则中必不可少的。FIG 的规则中对竞技健美操套路时间、音乐特点、编排内容、强度、难度数量与要求、配合与托举等方面都有具体的规定。对规则的理解是创编高质量成套动作的关键。

第五章　竞技健美操成套动作创编

第一节　竞技健美操成套动作的创编过程

创编的过程是指在创编竞技健美操时实际操作的先后步骤与流程。有序地进行这些步骤，可以提高创作的效率及质量，同时有利于我们对其结构及形式进行分析以便于下一步的修改工作。竞技健美操的创编过程一般分为以下七个步骤。

一、总体设计

竞技健美操创编的第一步就是进行整套操的总体设计，一般来说，竞技健美操的总体设计有两种方法，第一种方法是首先根据创编者对操的整体设想把操分为若干部分或若干段，如开始部分（造型或入场），主体部分和结束部分（造型或退场），然后设计出各部段的主要队形和运动路线，确定各部段大体的拍节数，最后根据操的风格、结构、长度及速度等选择剪接音乐。总体过程可以大致描述为：确定成套动作风格特点—构思成套动作结构—素材的选择与确定—按创编原则编排分段动作—按顺序组合成套动作—音乐的创作与剪辑—评价与修改。第二种方法是首先根据操的风格选择音乐，然后根据音乐的结构、节拍数、高潮起伏等确定操的总体结构。总体过程可以大致描述为：确定成套动作风格特点—音乐的选择与剪辑—素材的选择与确定—建立基本结构—按创编原则编排分段动作—按顺序组合成套动作—评价与修改。

二、制定目标

创编者在选择好用哪种模式进行创编后，就要制定创编目标。因为只有目标明确才能使创编具有目的性，才能尽可能地少走弯路或不走弯路。制定目标时，首先要明确创编目的。

竞技健美操的创编目的有以下几个方面。

（一）竞赛类型

竞赛类型的不同决定着所采用的比赛规则不同，例如，全国锦标赛和全国大学生比赛所采用的比赛规则就有所不同，这就决定着创编者安排所选择的难度动作。

（二）比赛对象

参加不同类型的比赛，比赛对象都有所不同。根据不同的比赛对象进行创编，可以更好地分析对手的实际情况，制定比赛战术。

（三）比赛目的

比赛目的直接影响着创编者的创编想法。例如，比赛是为了取得优异的成绩，创编者将根据预期目标尽力发挥创新能力进行创编。比赛只想积累运动员的经验，创编者则会根据运动员的具体情况和比赛的实际情况进行创编。

三、构思成套动作风格

竞技健美操是时代的产物，总的原则要反映出它的共性特点。除此之外，还要有其他的个性特点，那就是操的风格，每个人所编的操都有它自己的风格和特点及动作素材的选择、动作形态的设计不同。确定操的风格主要根据创编者的特长、项目的特点以及运动员的身材、素质及完成动作的能力、表现力等来确定。

四、选择素材

素材收集工作主要靠平时的学习与积累。当目标确定后，在创编者的素材库中选择那些适合目标的动作。竞技健美操选用哪些难度动作与过渡动作，哪些动作为个性动作，特别是哪些动作是独创动作等，但是选择往往不是一次性的。与此同时，如果有条件，应把素材拿到组合中先进行检验，看看是否可行有效。通过这两个步骤可以初步确定创编中所要采用的素材动作。例如，当已经获得了爱不释手的音乐，并且经过反复分析音乐对该音乐已经了如指掌后，就要考虑动作了，首先应该考虑那些有代表性的、风格明显的动作。

动作素材源于身体各部分可形成的动作，再形成不同形式、不同类型、不同组合的系列动作。身体动作只要不违背生理结构、符合规则的都可以被纳入，那么我们首先找出基本动作，在派生出许多动作而形成许多动作组合，再加上配合动作而形成一系列动作。例如：

（1）头部动作：屈、伸、转、绕是基本动作，然后通过方向、方位、面的改变，单动作、串动作、组合动作、对称与不对称动作派生出许许多多的动作。

（2）上肢动作：举、屈、伸、摆动、绕环（手部有大臂、前臂、掌心、拳心等动作）等，而身体各部位的动作的基本动作都可在改变不同的方向，不同的面派生出无限的动作，同时，竞技健美操的动作素材也可以吸收邻近项目动作，通过改编将其运用于成套动作之中：例如，基本体操中徒手操的动作、竞技体操中自由体操的动作、技巧运动中的配合与托举动作、武术中的神韵、芭蕾舞、爵士舞、拉丁舞等舞蹈的变形动作等等，这些都可以作为动作素材运用到成套动作中。

五、分段创编

分段创编是在总体布局与动作设计的基础上进行的，实际上是把全套动作的创编化整为零，我们以根据音乐结构创编成套动作为例讲解分段创编：通常竞技健美操的三个部分为：开始一发展一结束，当根据创编原则建立结构的同时，我们必须考虑音乐对结构的制约：音乐与成套结构紧密联系，有乐句、过渡、乐段及终止等因素。一般音乐会在开始的部分“序”，结束部分“终止”，而在这些“序”与“终止”中音乐的节奏与配器往往是很独特的具有吸引力的，我们应该抓住这个机会，尽可能地发挥我们的想象力。所以，我们在创编成套动作时，首先可以将开始和结束部分进行重点编排，然后再根据音乐结构创编其发展部分，当完成确定成套动作风格特点，选择素材，建立结构之后，可以进行分段动作的编排了，分段动作指的是把 2 个 8 拍以上的动作串联起来的动作组，使之成为一段动作，在连接这些动作时，应按照创编原则去做，在编排分段动作时可按成套的先后顺序进行编排；也可以打破顺序，按主次分段动作进行编排；还可以按创编者的灵感进行分段动作的编排。

六、组合成套动作

当分段动作组合基本完成之后，可以按结构框架把分段动作组合排列起来，审视其中连接是否顺畅合理。在将分段动作组合成成套动作时，我们首先可以以 4 个 8 拍为一段进行组合，认为该组合动作满意后再下一个 4 个 8 拍组合动作的编排，直至成套动作完全编排结束。

七、评价与修改

当一套动作初步完成之后，先要进行初步的实践，然后要根据规则及创编原则进行评价与修改，从而使成套更趋于合理与完善。如果成套动作有不足，则应参考创编原则进行修改。修改工作通常要在成套动作创编完成之后进行，但有时修改工作在创编时同步进行，边创编边修改。应注意的是不要过多停留在细节上，如果过于纠缠细节问题，往往会使创编陷入困境，停滞不前。成套创编完成之后进行修改，可以整体、全面的分析，可以有比较，使成套更趋合理。评价工作可以是创编者独立完成，也可以请教有关专家。

第二节　竞技健美操成套动作的难度分析

竞技健美操的基本动作，是指构成竞技健美操成套动作的各种不同结构类型的动作。基本动作是竞技健美操的核心，是动作变化和创新的基础。在竞技健美操中可将基本动作理解为操化动作，是由 7 种基本步伐配合手臂动作组成的。基本动作是各种组合或复杂动作的基础和元素。基本动作技术是指完成各种不同结构类型动作的方法和原理，是完成各种动作最基本和关键的技术环节。

一、竞技健美操的难度动作

竞技健美操是健美操的重要组成部分，它是在大众健美操的基础上发展起来的。竞技健美操与健身健美操有一定的相同之处，它同样具有强健体魄、塑造形体、调整情绪等作用，但作为一种竞技项目与健身健美操相比，它在动作难度、技巧、运动强度等方面都有更高的要求。在套路编排上，竞技健美操更加追求动作的准确性、全面性和创新性。在动作表演上，则着重于突出动作细节的准确性，以及整套健美操的艺术表现力。竞技健美操的艺术表现力除了体现在表演者的全情投入，以及动作表现的精准自如外，还体现在动作结构设计合理、布局巧妙、特殊动作与高潮动作安排恰到好处；动作呈现多样性，各种姿态和造型富于变化；节奏感鲜明、所选音乐风格欢快热烈，音乐与肢体动作相互融合等方面；只有各个方面都做到位，这样才可以使整套动作精彩不断，异彩纷呈。

运动员在比赛中必须完成一些特定的、不同类型的难度动作，这些特定动作的选择与完成，不仅体现了运动员完成健美操技术的能力，也直接影响着运动员的比赛成绩。因此，明确特定动作的要求，是取胜夺冠的关键。根据国际体操联合会 2013—2016 年版《竞技健美操竞赛规则》，竞技健美操成套动作中难度动作分为动力性力量、静力性力量、跳与跃、平衡与柔韧类，又增加了水平旋类、旋子类动作。

(一) 动力性力量类动作

这组动作包含的种类有：俯卧撑类、文森俯卧撑类、俯卧撑腾起类、提臀起类、分切类、成分腿高直角支撑类、旋腿类、托马斯类、直升飞机类。

1. 俯卧撑，文森类、提臀起与分切类

(1) 总体描述

①开始或结束姿势：当单手或双手支撑地面，肘关节伸直，肩部平直平行于地面，头部处于脊椎的延长线。

②肘部的屈伸：俯卧撑下降到最低点，胸离地面的高度不得高于10厘米。

③俯卧撑的起落必须要有控制，两肩在起落位置必须与地面平行。

④侧倒和后倒俯卧撑的4个阶段必须清晰。

⑤单臂、单臂单腿俯卧撑两脚之间的距离除非有特殊规定，否则一律不得超过肩宽。

⑥俯卧撑腾起或由空中着地时，除非有特殊规定，否则手和脚必须同时以控制的方式同时离开或接触地面。

⑦以俯卧撑着地：屈肘支撑，再推起。

⑧文森类全部难度动作要求腿伸直，并展示出良好的髋关节柔韧性。

⑨架起腿必须搭在同侧肱三头肌上方。

(2) 特别描述

①俯卧撑类

A. 动作说明：单手或双手支撑地面，肘关节伸直，肩部平直，垂直于地面，头部处于背部的延长线。屈臂时，肘关节必须保持45度的最小角度（俯卧撑飞起和俯卧撑转体360度可允许最小90度角），俯卧撑的起落必须有控制。

俯卧撑类动作包括：侧倒俯卧撑、后倒俯卧撑、单臂俯卧撑、单臂侧倒俯卧撑、俯卧撑飞起、俯卧撑转体一周成俯卧撑、俯卧撑推起空中转体一周成俯卧撑。

B. 完成要求：

a. 上臂和前臂的角度不能超过90度，或胸部与地面的距离不能超过10厘米。

b. 在整个动作过程中，身体必须保持完美的固定伸直姿态。

c. 单臂俯卧撑肘关节必须向着脚。

d. 侧倒俯卧撑，肘关节必须向侧。

e. 所有的侧倒或后倒俯卧撑必须清楚显示四个阶段。

f. 侧倒或后倒俯卧撑，两腿必须夹紧。

C. 常见错误：

a. 不正确的身体姿态。

b. 身体离地距离大于 10 厘米。

c. 起落时，肩部位置不正。

d. 抬头或低头。

e. 身体任何部位接触地面（除手和脚以外）。

f. 单腿支撑时，支撑腿弯曲或脚处于不正确位置。

g. 双脚触地时宽于肩。

②文森俯卧撑类

A. 动作说明：双手前撑（俯撑），一腿伸展并搭在同侧肱三头肌上端，双腿必须伸直（腿处于劈叉姿态），保持此姿势完成一次俯卧撑，结束时回到前撑。

文森俯卧撑类的正确完成要求髋部有极好的柔韧性。文森俯卧撑类包括：后举腿文森俯卧撑、后举腿文森侧倒或后倒俯卧撑、控腿文森俯卧撑、控腿文森俯卧撑后倒俯卧撑、单臂文森俯卧撑。

B. 完成要求：

a. 必须完成一次俯卧撑。

b. 前腿不能触地。

c. 在完成无支撑劈叉俯卧撑时，前腿不能接触手臂。

d. 在完成抬起搭肘俯卧撑时，抬起腿不能接触地面。

C. 常见错误：

a. 当单腿搭在肘上时，腿弯曲或脚处于难看的姿态。

b. 抬头或低头。

c. 腿搭在三角肌下部。

d. 未完成俯卧撑。

③提臀起类

A. 动作说明：以前撑开始双臂推动身体向上，空中提臀屈体，屈体位置要求双腿垂直于地面，胸贴近膝盖，以俯撑结束。提臀起类动作包括提臀腾起、提臀腾起转体 180 度。

B. 完成要求：

a. 在下降阶段结束时，胸离地面距离不大于 10 厘米。

b. 双手必须同时离开地面，身体在双手推离地面后展示出腾空。

c. 在空中展示出屈体位置（躯干和双腿夹脚 60 度）。

C. 常见错误：

a. 腾空动作时，腾空或着地手脚不同步。

b. 在空中没有展示出屈体位置（躯干和双腿夹脚大于 60 度）。

④分切类

A. 动作说明：以前支撑开始，当手臂弯曲后，双手、双腿推起身体上升至腾空，腾空过程中，分腿摆越，前穿至仰撑。整个技术动作过程中，双足抬起离开地面，以仰撑姿势结束。

分切类包括分切成直角支撑、分切成分腿高直角支撑、分切转体 180 度成俯撑、高直角支撑转体 180 度成俯撑、锐直角支撑成仰撑、锐角支撑反切成纵劈叉。

B. 完成要求：

在动作完成前必须展示出身体的腾空位置。

C. 常见错误：

a. 在俯卧撑落地阶段，没有落地的控制技术。

b. 分切时脚蹭地。

2. 旋腿，托马斯，直升飞机和开普转体类

(1) 总体描述：

①在完成 180 度或 360 度旋腿之前，双腿不能着地。

②在旋腿时，臀部必须提起并保持伸展。

③直升飞机：双腿全旋，腿贴近胸腔，身体背部着地（双腿离地），双腿向上向前伸展，同时转体 180 度并提起成俯卧撑姿势。

④以俯卧撑姿态时手脚必须同时有控制地着地。

⑤开普：由任意或坐姿开始，一腿弯曲一腿伸直，直腿踢至肩部，同时蹬伸弯曲腿过渡至单臂支撑，展示劈腿位置。在单臂支撑时，臀部必须高于肩部。

(2) 特殊描述：

①旋腿类

A. 动作说明：开始姿势——双手体前触地，腿的姿态依动作而变化。旋腿类动作包括：单腿摆越一周、双腿摆越半周、托马斯全旋、双腿全旋、俯卧撑分腿摆越、俯卧撑分腿摆越成直角支撑、俯卧撑分腿摆越转体半周成俯卧撑。

B. 完成要求：

a. 开始位置必须从双臂前撑开始。

b. 在完成动作过程中，脚不能触地。

c. 圆（半圆或一周）必须完整。

C. 常见错误：

a. 在动作的任何阶段摆动腿弯曲。

b. 在动作过程中，摆动腿接触地面。

c. 动作不完全（少于半周或一周）。

d. 在伸展阶段臀部未提起。

e. 单腿摆动时，摆动腿未与地面平行。

f. 全旋时，双腿未夹紧。

②托马斯类

A. 动作说明：分腿前撑，双腿分开开始全旋，从任意手臂直臂支撑开始，双腿直腿围绕身体全旋，在整个动作技术过程中双腿不得触及地面，前撑结束。托马斯类动作包括托马斯全旋成劈腿、托马斯全旋成文森、托马斯全旋成后举腿文森。

B. 完成要求：

a. 开始位置必须从双臂前撑开始。

b. 在整个动作技术过程中，双脚不得触地。

c. 双腿必须展示完整的回旋。

C. 常见错误：

a. 托马斯时脚蹭地。

b. 托马斯时臀部没有提起伸展。

③直升飞机类

A. 动作说明：分腿坐开始，前腿交叉于另一腿上，准备摆动绕环，单臂支撑开始动作，当前腿摆过身体时，以上背部代替手臂支撑，当两腿摆过身体时转体 180 度，俯卧撑方向和起始方向相同。直升飞机类包括直升飞机、直升飞机成劈腿、直升飞机成单臂俯卧撑或文森、直升飞机成单臂单腿俯卧撑或控文森。

B. 完成要求：

a. 身体转体时必须仅以上背部为转轴；

b. 开始和结束方向必须相同。

C 常见错误：

a. 直升飞机转体不充分；

b. 结束面向与开始面向不同。

（二）静力性力量类动作（支撑类）

这组动作包含的种类有：分腿支撑类、直角支撑类、高直角支撑类、分腿高直角支撑类、锐角支撑类、文森支撑类、肘撑类、水平支撑类。

(1) 总体描述

①此类动作展示静力性力量，每一个动作必须停 2 秒。

②支撑转体动作无论是在开始或结束位置，还是在转体过程中，整个支撑过程必须保持 2 秒。

③身体各种姿势完全支撑在单手或双手上，只允许手触地面。

④在整个技术动作过程中，双脚或臀部不得接触地面。

⑤在支撑时，手掌或拳头必须平整的撑于地面。

A. 屈体分腿：屈髋分腿，分腿最小角度 90 度，双腿平行于地面。

B. 直角：双腿伸直并拢，与平行地面。

C. 高直角分腿：屈髋分腿，夹角 90 度，双腿垂直于地面。

D. 高直角：屈髋并腿，双腿并拢垂直于地面。

E. 锐角：背部平行于地面。

F. 文森：身体伸展并平行于地面，一腿伸展控制在同侧肱三头肌上端。

G. 水平：身体伸展平行于地面。

H. 水平支撑：双手直臂支撑，身体不得超过水平面以上 20 度。

(2) 特殊描述

①直角支撑类

A. 动作说明：直角支撑类动作是力量的显示，在完成直角支撑类动作时，身体重心应落在支撑手上。作为静力性动作，每一个动作必须保持 2 秒，腿必须伸直。

B. 完成要求：

a. 每个支撑动作必须保持 2 秒，同时臀部、腿或脚不能触及地面。

b. 双腿伸直并拢。

c. 双腿与地面平行。

d. 身体重心应落在两支撑手之间。

C. 常见错误

a. 在动作的任何阶段屈腿。

b. 直角支撑时，腿未夹紧。

c. 支撑动作未保持 2 秒。

d. 身体重心未落于两支撑手之间。

e. 腿未与地面平行。

②文森支撑类

A. 动作说明：文森支撑类动作是力量与柔韧的显示，在完成文森支撑类动作时，双手前撑（俯撑），一腿伸展并搭在同侧肱三头肌上端，双腿必须伸直，双脚离地，身体重心应落在支撑手上。

B. 完成要求：

a. 每个支撑动作必须保持 2 秒，同时头部、肩部、臀部、腿或脚不能触及地面。

b. 一腿伸展并搭在同侧肱三头肌上端。

c. 文森俯卧撑类动作的正确完成要求髋部有极好的柔韧性，腿处于劈叉姿态。

d. 身体重心应落在两支撑手之间。

C. 常见错误：

a. 在动作的任何阶段屈腿。

b. 两腿伸展度不够。

c. 支撑动作未保持 2 秒。

d. 分腿姿态时两腿距离小于 90 度（水平支撑除外）。

e. 头部或肩部触及地面。

③分腿直角支撑（转体）

A. 动作说明：分腿直角支撑转体动作是以力量为主的综合能力的显示，在完成分腿直角支撑转体动作时，身体重心应在支撑手之间转换。在分腿直角支撑转体时，无论在转体开始、结束或在转体过程中，支撑必须保持 2 秒。

B. 完成要求：

a. 转体过程中，臀部、腿或脚不能触及地面。

b. 支撑转体时必须完整。

c. 腿必须垂直。

d. 在支撑转体时，无论在转体开始、结束或在转体过程中，支撑必须保持 2 秒。

e. 小于 90 度的不完整转体，难度动作将被视为降组难度，分值减 0.1。

C. 常见错误：

a. 在动作的任何阶段屈腿。

b. 分腿姿态时两腿距离小于 90 度（水平支撑除外）。

c. 转体时，自由臂或腿接触地面。

d. 转体不完全；腿未与地面平行。

e. 在转体动作开始或结束或转体过程中，身体姿态未至少保持 2 秒。

(三) 跳与跃类动作

此组动作包含的种类有：给纳类、塔玛诺类、科萨克跳类、屈体跳类、纵劈腿跳类、屈体分腿跳类、横劈腿跳类、交换腿跳类、剪踢类、剪式变身跳类、水平旋类、旋子类。

(1) 总体描述

①每个难度动作开始姿态和特殊描述中一致。

②该组所有难度动作必须最大限度地展示爆发力和最大的动作幅度。

③所有跳跃类动作可以以单脚或双脚起跳，无论单脚或双脚起跳都视为同一难度动作，并且分值相同。

④落地时必须保持完美的身体标准姿态。

⑤身体在空中的形态必须清晰可辨。

⑥身体和腿必须保持紧张、伸直，并与头和脊柱成一直线。

⑦腾空成俯撑姿势落地时，手和脚必须以有控制的方式同时落地。

⑧以劈叉姿势落地时，手可触地。

⑨以单脚或双脚落地被认为是同一难度的不同形式。该规定对起跳同样适用。

⑩多数情况下自由倒地以俯撑落地，也允许其他方式落地。

⑪任何落地方式必须有控制。

(2) 特殊描述

①自由倒地类

A. 动作说明：自由倒地，身体处于伸展的标准位置状态，骨盆处于固定位置，身体空中姿态由垂直至水平。当以俯卧撑姿势落地时，手臂必须缓冲，身体从头至脚应是完美的直线姿态。

B. 完成要求：

a. 身体从头至脚应是完美的直线姿态。

b. 当以俯卧撑姿势落地时，手臂必须缓冲。

c. 自由倒地时，手、腿必须同时落地。

C. 常见错误：

a. 头、髋、膝盖呈弯曲姿态，保持身体姿势的能力差。

b. 当以俯卧撑姿势落地时，手臂未缓冲。

c. 自由倒地时，手落地后，腿弹起再落地。

②科萨克跳类

A. 动作说明：科萨克跳应展示极充分的爆发性动作，跳或跃或单脚或双脚起跳，也可单脚或双脚落地，当用双脚落地时，两脚必须夹紧，落地必须缓冲。落地姿势的变化还包括劈叉或俯卧撑。以劈叉姿势落地时，手可触地。纵叉的前腿应膝关节向上，后腿膝关节向下。当以俯卧撑姿势落地时，手臂必须缓冲，身体从头至脚应是完美的直线姿态，并且脚和手必须同时落地。空中保持身体姿态（单个或复合），除非已阐明，手臂姿势任选。

科萨克跳身体空中姿态描述：双腿平行或高于水平位置，双腿并拢，一腿伸直，一腿屈膝。躯干和双腿的夹角不得大于 60 度。屈腿膝关节夹角不大于 60 度。

B. 完成要求：

a. 起跳后，身体展示出屈体姿态。

b. 起跳后，双腿平行或高于水平位置。

c. 空中姿态，双腿并拢，一腿伸直，一腿屈膝。

d. 躯干和双腿的夹角不得大于 60 度。

e. 屈腿膝关节夹角不大于 60 度。

f. 落地必须缓冲。

C. 常见错误

a. 保持身体姿势的能力差。

b. 脚落地时没有控制。

c. 双脚未同时落地。

d. 两腿未夹紧。

e. 躯干和双腿的夹角大于 60 度。

③剪式变身跳类

A. 动作说明：剪式变身跳类动作应展示极充分的爆发力、转体能力，剪式变身跳单脚起跳，前腿于水平面交换摆动，转体 180 度、360 度，单脚或双脚落地，当用双脚落地时，两脚必须夹紧，落地必须缓冲。落地姿势的变化还包括劈叉或俯卧撑。以劈叉姿势落地时，手可触地。纵叉的前腿应膝关节向上，后腿膝关节向下。当以俯卧撑姿势落地时，手臂必须缓冲，身体从头至脚应是完美的直线姿态，并且脚和手必须同时落地，空中保持身体姿态（单个或复合），除非已阐明，手臂姿势任选。

B. 完成要求：

a. 腾空高度较高。

b. 在空中时，起始腿必须到水平面，与地面平行。

c. 由躯干带动腿部转动。

d. 转体必须完整完成。

e. 落地必须缓冲。

C. 常见错误：

a. 保持身体姿势的能力差。

b. 转体不完全 90 度～180 度之间减 0.1 分。

c. 在做空中转体时，双脚未同时落地。

d. 脚落地时没有控制，没有缓冲。

(四) 平衡与柔韧类动作

此组动作包含的种类有：转体、平衡转体、踢腿、劈腿、依柳辛。

(1) 总体描述

①全部动作技术过程中身体处于标准姿态。

②身体位置清晰可辨。

③双腿必须伸直。

④全部动作的转体必须完整。

⑤所有动作过程中均必须展示完全劈叉 180 度。

⑥转体过程中脚后跟不允许接触地面。

(2) 特殊描述

①静力性平衡类

A. 动作说明：完成的主要标准是保持单足平衡姿势 2 秒。

静力性平衡类动作包括：前扳腿平衡、燕式平衡、前控腿平衡、侧扳腿平衡、侧平衡、侧控腿平衡。

B. 完成要求：

a. 必须保持至少 2 秒。

b. 抬起腿至少同肩高。

c. 燕式平衡必须水平。

C. 常见错误：

a. 平衡脚不稳定（无控制）。

b. 未保持 2 秒。

c. 抬起腿高度低于 150 度。

d. 身体姿态不正确。

②动力性平衡类

A. 动作说明

所有的转体必须在同一位置开始和结束、没有移动，并且转体必须完整（360 度或 720 度），髋部平直无倾斜。动力性平衡类动作包括：转体一周、转体两周、平衡转体一周、平衡转体两周。

B. 完成要求：

a. 身体必须处于垂直位置。

b. 所有的转体必须完整。

c. 平衡转体抬起腿至少同肩高。

C. 常见错误：

a. 未在同一位置开始和结束。

b. 平衡或落地时不稳定（无控制）。

e. 抬起腿高度低于要求。

d. 不正确的身体姿态。

③柔韧类

A. 动作说明：所有动作过程中均必须展示完全劈叉（180 度），分腿坐肩转 360 度成俯撑和劈叉转体除外。腿必须伸直。柔韧类包括：垂直劈叉、伊柳辛、无支撑垂直劈腿、无支撑伊柳辛、纵劈叉、纵劈叉滚动、横卧劈叉、横劈腿成俯卧、劈叉转体、分腿坐肩转 360 度成俯撑。

B. 完成要求

a. 两腿间的角度必须是 180 度，分腿左转肩 360 度成俯撑和劈叉转体除外。

b. 所有的难度动作都必须符合它所包括的各动作的基本要求。

c. 在完成纵叉滚动时，滚动必须完整。

d. 成劈腿转体、分腿坐肩转 360 度成俯撑、伊柳辛时，圆必须完整。

e. 伊柳辛时，转体（360 度）必须完全。

f. 全劈叉转体时，腿必须靠近脸部。

g. 成分腿坐肩转 360 度成俯撑时，腿在开始阶段必须靠近脸部。

h. 全部转体动作，支撑脚必须始终保持与地面接触。

i. 小于 90 度或多于 90 度（但小于 180 度）的不完整转体，难度动作将视为降组难度，分值减 0.1。

C. 常见错误：

a. 劈叉姿势时屈腿。

b. 劈叉开度不够（小于 180 度）。

c. 伊柳辛或分腿坐肩转 360 度成俯卧撑时转体不完全。

d. 横卧劈叉时臀部（骨盆）抬起。

e. 劈叉转体时腿不能靠近脸部。

f. 劈叉转体、分腿坐肩转 360 度成俯卧撑、伊柳辛时不能展示最大幅度的圆。

g. 在非国际赛事中，平衡未能保持 2 秒（D141，D142，D151，D152）。

h. 没能力完成由垂地劈腿位置，举后腿转体 360 度（依柳辛）。

i. 转体时脚跳动。

（五）竞技健美操基本步伐

健美操规则不仅规定了难度动作的类型及种类，还对 7 种基本步伐提出了特殊的要求。

（1）踏步：腿屈于体前，髋与膝保持弹动；踝关节动作清晰，足尖——滚动——足跟；动作整体感觉向上，不要下坠；上体以脊椎为中轴线，保持自然直立上体表现出腰腹的力量控制，无附加动作：前后晃、左右摆。

【幅度】以额状轴为准，踝关节充分伸展，髋与膝弯曲 30 度～40 度。

（2）后踢腿跑：上体保持正直，单腿屈膝向后。摆动腿的小腿最大幅度地向臀部屈曲；髋和膝在一条线上，脚面绷直表现出控制，落地缓冲时脚尖滚动至脚跟着地。

【幅度】以额状轴为准，髋弯曲 0 度～10 度，膝 110 度～130 度，踝充分伸展幅度：以额状轴为准，髋弯曲 0 度～10 度，膝 110 度～130 度，踝充分伸展。

（3）弹踢腿跳：起始动作为髋部伸展的后踢腿跑，膝踝后屈至臀部，然后向前下方踢腿。整个动作过程中表现出很好的控制；摆动腿表现出股四头肌的动作制动。上体以脊椎为中轴线，保持自然直立。

【幅度】以额状轴为准，髋弯曲 30 度～40 度，膝关节由充分屈至完全伸。

（4）吸腿跳：上体（头至臀）保持正直吸腿，摆动腿髋与膝最大程度地弯曲（膝关节最低 90 度），脚尖绷直；支撑腿伸直，髋与膝最大弯曲接近 10 度。正确的落地技术是从脚尖过渡到脚跟，高、低或超低冲击力。

【幅度】以额状轴为准，摆动腿髋与膝最小弯曲为 90 度。

（5）踢腿跳：屈髋做直腿高踢动作，踢起腿在髋部前或侧运动，踢起腿的高度不低于肩脚面蹦；支撑腿伸直，髋与膝最大弯曲接近 10 度，上体以脊椎为中轴线，保持自然直立。

【幅度】以额状轴为准，髋关节弯曲 150 度～180 度，膝关节在整个动作过程中充分伸展。

（6）开合跳：两脚向外跳开，落地时成开立，两脚分开距离大于肩宽，两脚尖向外分开，膝关节自然弯曲，髋关节自然向外展开。并腿时，足跟并拢脚尖向前或外开。整个过程上体保持自然直立，起跳落地控制有力，动作精确并且有控制的表现为踝与脚—脚尖—滚动—足跟的过程。

【幅度】以矢状轴为准，分开腿的距离接近肩宽加两脚宽，髋与膝自然外开25度～45度。

（7）弓步跳：脚部由并拢或分开开始，跳起落地，髋关节不外展，一腿向后蹬直，一腿弯曲，前后成一直线，整个身体成一整体进行移动（侧向）。低冲击：身体微前倾（前腿负重），颈与足跟成一直线。高冲击：双脚前后交替跳动，犹加户外雪橇动作，重心位于两脚之间。

【幅度】前后距离接近2～3个脚长。（弓步变化：不同幅度）

二、竞技健美操特定动作的生物力学特征

根据动作力学特征通过对健美操的难度动作进行具体分类，对其力学基础理论进行分析综合，并对代表性动作采用运动生物力学方法进行分析，探讨其基本规律，从而促进健美操运动生物力学理论的构建，完善学科体系，为科学训练提供理论依据，促进我国竞技健美操的运动水平提高。

（一）静止姿势与用力动作

静止姿势与用力动作属于静力学的范畴，主要研究在完成静止动作和慢用力动作时作用在人体的诸力的平衡条件。它涉及力、力矩和力偶及其合成与分解的问题。人体平衡的条件是合外力与合外力矩同时为零；平衡稳定性的大小与支撑面的大小和稳定角的大小成正比，与重心的高低成反比。

（二）腾起类动作

腾起类动作主要是指各种起跳腾空的动作，包括俯撑腾起、单腿起跳、双腿起跳等各种形式的动作。大多数的转体动作都是在起跳的基础之上完成的，因此这是一个非常基本又非常关键的问题。

腾起类动作的基础力学知识有：速度（$v=s/t$），加速度（$a=\Delta v/\Delta t$）、抛物线运动，牛顿第二定律（$F=ma$），动量定理（$F\Delta t=mv-mv_0$）及动量守恒定律等。在健美操动作中，腾起类动作研究的关键在于腾空的高度问题，需考虑作用力、作用时间及腾起角等因素。

(三) 转体类动作

为了突出竞技健美操独一无二的项目特色，其转体类动作均为绕人体纵轴的旋转，包括纵轴垂直于地面的 Turn 和不垂直于地面的 Twist（由于健美操中绕人体横轴翻转的动作最多只有 1/4 周，因此可将其放到起跳因素中考虑）。

转体类动作的力学原理有：角速度（$\omega=\Delta\theta/\Delta t$），角加速度（$\beta=\Delta\omega/\Delta t$），转动定律（$M=I\beta$），转动惯量（$I=mr^2$），动量矩定理（$M\Delta t=I\omega-I\omega_0$）和动量矩守恒定律。转体类动作研究的关键问题在于人体的旋转，应重点考虑转动惯量 I、转动半径 r 和动量矩守恒定律等因素。此类动作的主要技术特点是合理控制身体姿势，减小转动半径以减小转动惯量，增加角速度，这有利于人体的旋转。

(四) 倒地类动作

倒地类动作主要是指由站立自由倒地成俯撑等类型的动作。在腾起类和转体类中也含有许多与其相同的技术环节。其关键技术在于落地缓冲。这一技术的力学依据是动量定理（$F\Delta t=mv-mv_0$），主要考虑增加缓冲时间，减小冲击力。

(五) 摆腿类动作

摆腿类动作主要是指腿的摆越及全旋动作，摆动幅度是这类动作的基本质量标准。动作开始时，腿的高低、身体重心向支撑臂反方向偏离的程度、旋转惯性的大小等都会影响动作的幅度和身体维持动态平衡的稳度。在动作的前半部分应使身体重心远离旋转轴，使身体获得大的位能和足够的动能；而在动作的后半部分，为了合理利用转动动能，又必须做腿的加速和制动动作，这是完成这类动作的主要技术特征。

(六) 屈体类动作

这类动作较少，主要考虑动量守恒和动量传递定律及人体各环节的相互关系原理。总之，各类动作的技术特点均是建立在相应力学原理之上的，具有一定的规律性。但是在进行研究的时候要考虑到其相对性，因为完成动作的主体是人，不是刚体存在着个体差异（如身体素质、心理素质等），要考虑运动员的个人特点，因人而异、区别对待，同时还要考虑状态反射等生理学因素。只要全面和深入地研究，才能抓住根本规律，促进运动水平的提高。

第三节　竞技健美操成套动作的实践创新

一、女子单人操动作创新

准备姿势

背对主席台，两腿开立与肩同宽微屈，同时左手叉腰，右手扶于头后（五指分开），上身左转 90 度。

第 1 个 8 拍

1 拍以右脚为轴向右转体 180 度面向主席台开立，同时两臂侧上举（并掌，掌心向下）。

2 拍左腿弓步，同时左臂上举（五指分开，掌心向外），右臂胸前屈（握拳，拳心向内）。

3 拍左腿直立，右腿侧下举，同时两臂前举（开掌，掌心向下）。

4 拍两脚还原成直立，同时两手握拳于腰间（拳心向上）。

第 2 个 8 拍

1—2 拍右脚向侧 45 度小并步，两臂侧举（花掌，掌心向上）。

3—4 拍左脚并右脚向右转体 360 度，两臂胸前屈交叉握拳。

5 拍左脚向左侧一步，成开立，同时向左顶髋，右臂前举（五指分开，掌心向下）。

6 拍顶右髋，左臂前举与右臂交叉，左臂在上（开掌，掌心向下）。

7—8 拍向右转体 90 度，两腿还原成直立，两臂经侧上举后还原于体侧。

第 3 个 8 拍

1—2 拍左腿在前小跳成纵叉落地，两手扶地。

3—4 拍左臂上举，右臂侧举（开掌，掌心向前），同时向右转头 45 度亮相。

5—8 拍直升机成文森。

第 4 个 8 拍

1—8 拍文森俯卧撑。

第 5 个 8 拍

1—4 拍右腿还原两腿并拢成俯撑，同时右转 180 度成直角坐。

5—6 拍左腿跪立，同时右手扶右膝，左臂体侧下垂。

7—8 拍右腿站立左脚上步成直立姿势，同时两臂胸前交叉（西班牙掌型）。

第6个8拍

1拍向左转90度成开立，同时两臂侧举（开掌，掌心向前）。

2拍右脚并向左脚成并腿立，同时两手握拳于腰间（拳心向上）。

3拍左脚侧出一步成开立，同时两臂侧上举（开掌，掌心向外）。

4拍右脚并向左脚成并腿立，同时两臂胸前交叉（握拳，拳心向后）。

5—8同1—4方向相反。

第7个8拍

1—2拍左脚侧点地，同时左臂侧举（并掌，掌心向下）。

3—4拍身体右转90度，同时左腿向前跳成弓步，右臂上举，左臂垂于体侧（右手开掌，掌心向内）。

5—6拍两脚跳成立正姿势，两臂上举（掌心向前）。

7—8拍两脚跳成右脚在前弓步，同时两手握拳于体侧。

第8个8拍

1—2拍右脚向后并左脚，同时身体右转270度，两臂侧举（花掌，掌心向上）。

3—4拍右脚向前一步，左腿前踢，同时两臂侧下举（手握拳，拳心向下）。

5拍还原直立6—8拍右腿在前并步。

第9个8拍

1拍左脚向前一步蹬地跳起，手臂自然摆动。

2拍右腿向前跨跳，两臂侧举。

3拍左脚向前一步，手臂自然摆动。

4拍右脚并左脚，手臂自然摆动两臂侧下举手握拳。

5拍两腿微屈膝，身体向左扭转，两手叉腰。

6拍动作同5拍，方向相反。

7拍右腿微屈膝，左腿后吸，同时双两臂肩侧屈（手指触肩）。

8拍向右转体90度成并腿立。

第10个8拍

1—2拍右腿向后一大步，成左弓步，同时右手扶地，左臂侧上举（开掌，掌心向下）。

3—4拍身体左转180度成直角坐，两手撑于臀后指尖向后。

5—8拍身体左转180度成单臂俯撑。

第11个8拍

1—6拍三点俯卧撑一个。

7—8 拍左腿后举，两手撑地。

第 12 个 8 拍

1—2 拍身体右转 270 度成跪坐，右手扶地，左臂侧举（开掌，掌心向下）。

3—4 拍两手于右肩上击掌两次。

5—8 拍身体左转 270 度，右腿向前站起成并立。

第 13 个 8 拍

1 拍右脚跳起，左腿侧下举，同时右臂胸前平屈（开掌，掌心向内），左臂侧举（开掌，掌心向前）。

2 拍左腿向前一步成弓步，同时右臂上举，左臂侧下举（开掌，掌心向内）。

3 拍身体左转 270 度，右脚并拢腿微屈，同时两手于胸前直臂击掌。

4 拍身体左转 90 度，右脚侧出一步成开立（背对主席台），同时两臂侧上举（并掌，掌心向外）。

5—6 拍左、右臂依次向上伸一次，髋部向左右各扭一次。

7—8 拍右腿直立，左腿侧下举，同时身体右转 180 度成屈膝并立，双手扶膝关节。

第 14 个 8 拍

1 拍左腿跳起，右腿前下举，同时左手扶前腹部，右臂上举（并掌，掌心向前）。

2 拍同 1 方向相反。

3—4 拍两脚跳成并腿立，同时两臂胸前交叉（手握拳，拳心向内）。

5 拍身体左转 90 度，左腿前吸，同时左臂前举，右臂侧举，掌心向下。

6 拍右脚前点地。

7—8 拍右腿直立，上体左转 360 度。

第 15 个 8 拍

1—2 拍上体前屈，右腿后踢，同时两手撑地。

3—4 拍两腿还原成直立，同时右臂胸前上屈（握拳，拳心向后），左手扶右臂。

5—6 拍右腿并步跳，同时两臂侧举（开掌，掌心向上）。

7—8 拍左脚上一步，蹬地跳起，空中两腿交换。

第 16 个 8 拍

1—2 拍两脚落地，左腿在前成弓步，同时左臂体侧，右手扶地。

3—4 拍上体还原成立正姿势。

5 拍右脚跳起，左腿前下举，同时右臂前举（开掌，掌心向下），左手扶右臂等关节处。

6 拍左腿落地跳起，右腿后吸腿，同时两手后摆。

7 拍身体左转 90 度，右腿直立，左腿体前 45 度下举，两臂侧下举（并掌，掌心向下）。

8 拍左腿落地，右腿后摆，同时右臂肩上屈（开掌，掌心向内），左臂侧举（开掌，掌心向下）。

第 17 个 8 拍

1—2 拍两腿开立，同时两臂侧上举（开掌，掌心向外）。

3—4 拍两腿半蹲，同时两手扶膝。

5 拍身体左转 90 度，两腿直立，右腿屈膝点地，同时右手扶左肩，左臂垂于体侧。

6 拍右腿侧出一步成弓步，同时左手扶地，右臂侧举（并掌，掌心向外）。

7—8 拍两脚跳起成并腿立，同时左臂上举（开掌，掌心向内），右臂胸前平屈（手握拳，拳心向下）。

第 18 个 8 拍

1 拍左脚侧出一步成开立，同时两臂侧举（手握拳，拳心向下）。

2 拍向左转体 270 度同时左腿前吸，两臂胸前屈交叉握拳。

3—4 拍左腿跳起，右腿前吸，同时右臂上举（手握拳，掌心向内），左臂胸前屈（握拳，拳心向下）。

5—6 拍左腿在前分腿跳成左纵叉。

7—8 拍右臂上举，左臂侧举（花掌）。

第 19 个 8 拍

1—2 拍右腿并左腿，成直角支撑预备姿势。

3—8 拍直角支撑（在第 5 拍时头向左转 90 度亮相）。

第 20 个 8 拍

1—2 拍身体左转 90 度，左腿向侧打开成横叉，同时，两臂前举。

3—4 拍两臂肩上屈（脸前），五指分开，掌心向后。

5—7 拍右腿在前做乌龙绕柱动作成俯撑。

8 拍跳起成左侧弓步，同时右手扶地，左手扶膝。

第 21 个 8 拍

1 拍两腿开立，左腿稍屈膝内扣，顶右髋，同时右臂侧举（五指分开，掌心向下），左手扶左髋。

2 拍顶左髋，同时左臂侧举（开掌，掌心向下）。

3 拍顶右髋，同时两臂上举（开掌，掌心向外）。

4 拍躯干动作同 2 拍，同时两臂胸前平屈（握拳，拳心向下）。

5 拍躯干动作同 3 拍，同时左臂胸前屈（开掌，掌心向内），右臂垂于体侧。

6 拍并腿跳，同时左臂上举，右臂斜后举（并掌，掌心向内）。

7 拍右腿前点地，同时两臂侧举（并掌，掌心向内），身体微向前倾。

8 拍两脚跳成开立，两腿屈膝半蹲，同时两手扶膝。

第 22 个 8 拍

1 拍并腿跳立，同时两臂上举，两手相握。

2—8 拍左腿侧搬腿平衡，同时右臂侧举，左手扶左小腿。

第 23 个 8 拍

1—2 拍身体左转 90 度成直立。

3—7 拍依柳辛。

8 拍向右转体 90 度成直立，同时两臂胸前平屈（握拳，拳心向下）。

第 24 个 8 拍

1 拍右腿向前后踢腿跑，同时右臂上举（并掌，掌心向前），左臂垂于体侧。

2 拍同 1 方向相反。

3 拍腿部动作同 1，同时两臂胸前屈交叉握拳。

4 拍右腿跳起，左腿前踢，同时两臂斜前举（开掌，掌心向下）。

5—8 拍向左前方并步接交换腿跳落成左腿纵叉。

第 25 个 8 拍

1—4 拍左腿纵叉，两臂侧举。

5—6 拍两手撑地，两腿收回成原地全蹲。

7—8 拍两脚跳成左腿在前的弓步，上体还原面向 1 点，同时右臂侧举（花掌，拳心向上）。

第 26 个 8 拍

1—2 拍右脚向右侧并步，同时两手以肘关节为轴，向右绕圈。

3 拍身体向左转体 180 度同时右腿直立，左腿前吸，两手叉腰。

4 拍左腿还原，同时两臂肩上侧屈（握拳，拳心向前）。

5—6 拍右脚向前一步，同时身体向左转体 180 度，两臂置于体侧。

7—8 拍左腿在前的锁步，两臂胸前屈交叉手握拳。

第 27 个 8 拍

1 拍两臂前举，两手相握。

2 拍身体右转 180 度，右腿直立，左腿侧下举，同时两臂侧举（并掌，掌心向下）。

3 拍身体右转 90 度，左腿落地，右脚向前一步成弓步，同时左臂前举（花掌，掌心向上）右臂肩上侧屈右手扶头后。

4 拍左腿前踢，同时两手在左腿下击掌。

5—6 拍还原成直立。

7 拍开合跳，同时两臂侧举（握拳，拳心向下）。

8 拍并腿跳，同时两臂上举击掌。

第 28 个 8 拍

1—2 拍左腿后伸成右弓步，同时左手扶地，右臂垂于体侧。

3—4 拍两脚跳成俯撑姿势。

5—8 拍俯卧撑 1 次。

第 29 个 8 拍

1—2 拍左脚向前一步，成左弓步，右手扶地，左手扶膝。

3—4 拍右腿收回，上体还原面向 1 点。

5 拍右腿直立，左腿前吸，向右扭转，同时两臂侧举（并掌，掌心向下）。

6 拍两脚跳成左腿在前的弓步，同时左臂侧举（花掌，掌心向上），右臂肩上侧屈，手扶头后。

7 拍左腿直立，右腿前踢，同时两臂侧下举（并掌，掌心向下）。

8 拍还原成立正姿势。

第 30 个 8 拍

1 拍右脚向右侧跳起，左腿侧下举，同时两臂侧举（手握拳，拳心向下）。

2 拍左脚向右前方跨一步，同时身体右转 90 度，两手叉腰。

3 拍右脚向侧一步，两腿屈膝半蹲，两手扶膝。

4 拍并腿跳，同时向左转体 90 度，两臂胸前交叉，手握拳。

5—6 拍右腿跳起，左腿后屈，两臂侧下举（握拳，掌心向后）。

7—8 拍两脚跳成并腿立，还原。

第 31 个 8 拍

1—2 拍开合跳，同时两臂侧举（开掌，掌心向上）。

3—4 拍并腿跳，同时两手握拳于腰间，拳心向上。

5—6 拍左脚向右前方一步，两腿微屈膝，同时两臂侧上举（花掌，掌心向下）。

7—8 拍腿不动，两手在胸前相握。

第 32 个 8 拍

1 拍左脚跳起，右腿侧下举，同时两臂侧举（并掌，掌心向下）。

2 拍两脚跳成左腿在前锁步，同时两手胸前屈交叉（手握拳，拳心向后）。

3 拍右脚向侧一步，顶右髋，同时右臂侧上举（并掌，掌心向下），左手扶右肩。

4 拍两脚跳成并腿立，同时右手扶髋，左臂侧上举（并掌，掌心向下）。

5～6 拍左腿向前一步成左弓步，同时右臂前举（花掌，掌心向上）。

7～8 拍右腿并左腿，同时上体前倒成俯撑。

第 33 个 8 拍

1—2 拍上体左转 90 度成右半劈腿，两手撑地，低头。

3—4 拍上体抬起，左臂经前向后绕至侧上举，右手撑地。

5 拍右手拍地。

6 拍右臂胸前屈，握拳，拳心向后。

7—8 拍动作同 6，低头。

二、三人操动作创新

第 1 个 8 拍

1 拍上体左转 90 度，两脚跳成左前弓步，同时左臂胸前平屈，右臂前举（并掌，掌心向上）。

2 拍两脚跳至并立，同时两臂胸前屈，两手胸前绕环一周（手握拳）。

3 拍两脚跳成左弓步，同时左臂上举，右臂前下举（掌心向内）。

4 拍上体右转 90 度同时两脚跳至并立，两臂上举（并掌，掌心相对）。

5 拍开合跳，左臂胸前平屈，右臂侧举。

6 拍两脚跳至并立，同时两臂胸前屈交叉（握拳）。

7 拍小分腿跳。左臂肩侧上屈（手指触肩），右臂侧上举。

8 拍还原立正姿势。

第 2 个 8 拍

1—3 拍上体右转 90 度，同时右脚开始后踢腿跑。1 拍左臂侧上举。2 拍右臂握拳胸前平屈。3 拍左臂胸前平屈，右臂前举。

4 拍右脚后点地，同时左手置于腹前，右臂上举（开掌，掌心向前）。

5 拍上体左传 90 度，左腿后踢腿跑，同时两臂前举并交叉。

6 拍开合跳，同时左臂胸前屈，右臂肩上屈（开掌，掌心向内）。

7 拍左弓步跳，同时两臂前举（花掌，掌心向上）。

8 拍还原成立正姿势。

第 3 个 8 拍

1 拍开合跳，同时左臂体后屈，右手扶头后，开掌。

2 拍上体右转 90 度并腿跳，同时左手扶头，右臂前举（花掌，掌心向上）。

3 拍上体右转 90 度左腿向前弹踢，同时右臂上举（并掌，掌心向前）。

4 拍上体右转 180 度右弓步跳，同时两臂上举交叉（掌心向前）。

5 拍右脚跳起，左腿侧踢，同时左臂下垂于体侧，右臂侧上举（掌心向外）。

6 拍右腿后踢腿跑，同时左臂下垂于体侧，右臂胸前平屈。

7 拍右脚向右一步跳成右弓步，同时右臂侧举，左臂胸前平屈（并掌，掌心向下）。

8 拍还原成立正姿势。

第 4 个 8 拍

1 拍两脚跳成左前弓步，同时两臂前举（花掌，掌心向上）。

2 拍上体右转 90 度同时并腿跳。

3 拍两脚跳起成右前弓步跳，同时左臂胸前平屈，右臂侧平举。

4 拍右脚跳起，左腿前踢，同时左臂侧举，右臂前举。

5—6 拍左脚在前小并步跳，同时手臂同 4，手腕转动 2 次，花掌。

7 拍并腿跳，同时两臂上举交叉（并掌，掌心向前）。

8 拍还原立正姿势。

第 5 个 8 拍

1—4 拍俯撑右腿单腿全旋。

5—6 拍右腿左右各摆一次，5 拍左臂胸前屈，右臂上举，6 拍与 5 拍手臂相反，花掌。

7 拍右腿侧出一步成开立，同时两腿半蹲，两手扶膝，并掌。

8 拍还原成立正姿势。

第 6 个 8 拍

1 拍开合跳，同时两臂侧举。

2 拍上体左转 180 度并腿跳，同时左臂体后屈，右手扶头后，并掌。

3 拍右脚跳起，左腿前踢，同时左臂体后屈，右臂前下举。

4 拍右腿后踢腿跑，同时两手叉腰。

5 拍右腿向前弹踢，同时左臂前举，右臂侧举。

6 拍左腿后踢腿跑，同时两臂胸前屈交叉（拳心向后）。

7 拍上体右转 90 度左腿侧踢，同时左臂前下举，右臂上举。

8 拍还原成立正姿势。

第 7 个 8 拍

1 拍左腿前吸，左臂肩上侧屈手扶头后，右臂前举，花掌，面向 1 点。

2 拍两脚跳成左侧弓步，两臂胸前屈交叉（手握拳，拳心向后）。

3 拍左腿后交叉一步，同时左臂胸前屈，左手握拳。

4 拍并腿跳，同时两臂侧下举。

5 拍右腿后踢腿跑，两臂胸前上屈（握拳，拳心向后）。

6 拍右腿弹踢腿跳，同时两臂前举（花掌，掌心向上）。

7—8 拍右脚跳，左腿侧踢，右臂上举，左臂前下举（并掌，掌心向内），2 点。

第 9 个 8 拍

1 拍两脚跳成左弓步，同时两臂侧举。

2 拍上体左转 45 度开合跳，同时两臂上举击掌相握。

3 拍脚同上，右臂向下划至下举，左臂不动，并掌，面向 7 点。

4 拍上体右转 45 度跳成开立，屈膝半蹲，两手扶膝。

5—6 拍两膝向中间并 2 次，两手扶膝交换 2 次，面向 1 点。

7 拍左侧弓步跳，左臂上举，右臂前下举，立掌，面向 1 点。

8 拍还原立正姿势。

第 10 个 8 拍

1—2 拍右脚开始半 V 字步，1 拍右臂侧上举，2 拍左臂侧上举（握拳）。

3 拍左腿后吸腿跳，同时左转 180 度左臂体后屈，右臂胸前屈，（花掌，掌心向上）。

4 拍左腿向前弹踢，右臂向前摆，开掌。

5—7 拍左脚开始，大跨跳。

8 拍还原成立正姿势。

第 11 个 8 拍

1—2 拍上体左转 90 度左脚开始踏步。

3—4 拍右脚并左脚，右腿微屈，同时左转 90 度手臂经上举绕至腰间，握拳。

5 拍左腿侧弓步，右脚点地，左臂侧上举，右臂侧下举（手握拳）。

6 拍并立，微屈膝，手臂胸前交叉，握拳。

7 拍左脚后撤一步，左臂斜上举，右臂前举，花掌。

8 拍还原成立正姿势。

第 12 个 8 拍

1 拍右腿弹踢腿跳，同时左臂前下举，右臂上举。

2 拍左腿后吸腿跳，同时两臂胸前平屈，并掌。

3 拍右腿跳起左腿侧踢，同时左臂侧下举，右臂侧上举，并掌。

4 拍并腿跳，同时右转 45 度。

5 拍右脚跳起，左腿前吸，同时两臂握拳于体侧。

6 拍同 4。

7 拍右腿前踢，两臂侧下举，握拳。

8 拍还原立正姿势。

第 13 个 8 拍

1 拍右脚前点地，左手置于腹前，右臂上举，开掌。

2 拍右脚后点地，左臂侧举（开掌，掌心向下），右手置于腹前。

3—4 拍向右转体 180 度，右臂绕头后置于体侧，面向 5 点。

5 拍右腿经屈膝向前迈一步，同时右髋向前顶。两臂经胸前交叉至侧上举，花掌。

6 拍上体左转 45 度右脚并左脚，还原直立。

7 拍左脚向左一步，两臂胸前平屈，（左上右下）开掌（掌心向后）。

8 拍并立，左手置于腹前，右臂上举，开掌。

第 14 个 8 拍

1 拍右脚向左前方出步，稍屈膝。两臂屈臂向右下侧摆并打响手指。

2 拍左脚向右前方出一步，稍屈膝。两臂屈臂向左上方摆并打响手指。

3 拍右弓步跳，两臂前举交叉（右手在上），开掌（掌心向前）。

4 拍跳成直立，左臂屈臂置于腹前，右臂上举，右手开掌（掌心向前）。

5—6 拍左脚侧出一步成弓步，脚尖点地，起落踵两次，同时两臂体侧微屈，握拳（拳心向前），两肩上下抖动两次。

7 拍右腿经屈膝向前迈一步，同时顶右髋。两臂经胸前交叉至侧上举，花掌。

8 拍上体左转 180 度同时跳成并立，左臂胸前屈，右臂体后屈（握拳）。

第 15 个 8 拍

1—2 拍上体左转 45 度同时右脚前 1/2 漫步，左手置于头后，右臂前举。

3 拍右脚侧出一步，两臂胸前交叉，两手握拳。

4 拍上体右转 135 度左腿后摆腿跳，同时两臂经体前交叉成左臂侧举，右臂上举，花掌。

5—6 拍左脚向左前 45 度方向做 2 次恰恰，左臂体侧，右臂胸前上屈，双手握拳。

7 拍左脚起踵立，右腿前吸，两臂侧下举开掌。

8 拍还原成立正姿势。

第 16 个 8 拍

1—4 拍向左侧 45 度方向右脚开始做漫步，1 拍两臂肩侧屈（手指触肩）。2 拍向外侧肩绕环，并掌，3～4 拍两臂经胸前绕至上举，再经体侧绕至下举，并掌。

5—7 拍男：右脚开始依次向侧出步，同时向右转体 360 度。

女：左脚向侧做点地小跳，同时向右转体 360 度，左臂上举，右臂侧下举，花掌。

8 拍左腿，右腿前吸，绷脚尖，两手右肩上方击掌。

第 17 个 8 拍

1—4 拍左脚向前一字步。1 拍左臂侧上举，2 拍右臂侧上举。3 拍左臂胸前平屈，4 拍右臂胸前平屈。

5—6 拍左脚后并步跳。两臂由屈臂向前推至前举（立掌）。

7 拍分腿跳，两臂侧上举（开掌，掌心相对）。

8 拍落地成直立，屈膝缓冲，手臂直臂置于体侧。

第 18 个 8 拍

1—2 拍右脚向右做侧并步。两臂经左向上绕环至体侧握拳于腰间。

3—4 拍右脚向右迈一步成开立，同时左右顶髋各 1 次，两手握拳胸前屈臂（左肘下沉，右肘上顶）上下交换 2 次。

5 拍右脚向右前 45 度迈一步，同时左臂置于体侧，右臂侧上举，握拳。

6 拍左腿前吸，左臂下举，右臂屈肘去触左膝，握拳。

7 拍开合跳，两臂侧举握拳。

8 拍两脚跳成右腿跪立两臂前上举（3 人面向中心）。

三、六人操动作创新

预备

两腿开立，两臂侧下举，两手握拳，面向 1 点。

第 1 个 8 拍

1—4 拍向左转体 90 度，左腿前吸，踏步前进，手不变，抬头挺胸。

5 拍向左转体 90 度成开立姿势，两手握拳放于体侧。

6 拍身体姿态不变，头向左转 90 度。

7—8 拍停止二拍。

第 2 个 8 拍

1 拍右臂侧上举，左臂肩上侧屈握拳（拳心向后），同时低头含胸。

2 拍并腿跳，同时左臂侧上举，右臂体前屈肘（握拳，拳心向外）。

3 拍上体右转 90 度，同时右腿向前跨一步成弓步，两手扶右大腿。

4 拍上体左转 90 度，两脚成开立，同时两臂侧下举（握拳，拳心向内）。

5 拍左腿跳，右腿前吸，同时两臂上举（拳心向前）。

6 拍右腿落下成并立，同时两臂体前交叉，掌心向后。

7 拍开合跳，同时两臂经绕环（由内向外）成两臂侧上举（并掌，掌心向外）。

8 拍腿不变，两臂胸前屈交叉（手握拳，拳心向后）。

第 3 个 8 拍

1 拍两腿不变，两手同时由内向外打开至肩侧屈（手指触肩）。

2 拍前半拍：两手并拢交叉于胸前（掌心向外），后半拍：跳成并立，双手触肩。

3—4 拍两脚跳成开立，同时两臂肩上侧屈（两手握拳，拳心向后）。

第 4 个 8 拍

1—2 拍两臂后振扩胸 2 次。

3 拍右腿直立，左腿侧下举，同时左臂侧举（掌心向前），右臂胸前平屈（五指分开，掌心向后）。

4 拍还原成立正姿势。

5—6 拍两脚开合跳，同时两臂体前 45 度交叉冲拳（做 2 次）。

7—8 拍两臂胸前平屈后振 2 次。

第 5 个 8 拍

1—2 拍两臂向上伸臂二次（五指分开，掌心向前）。

3 拍两腿半蹲，两手扶膝。

4 拍身体左转 90 度，同时右膝跪地，左手扶左膝。

5—6 拍右腿并左腿，同时两臂胸前屈交叉握拳（拳心向后）。

7 拍左腿向前一步成左左前弓步，同时身体向右转 180 度，两臂侧下举，握拳。

8 拍同 5—6 拍动作。

第 6 个 8 拍

1—2 拍左腿向前踢腿后还原成立正姿势。

3 拍左脚侧出一步成开立，同时左臂侧举（握拳，拳心向下）。

4 拍右脚侧出一步，同时右臂成侧举（握拳，拳心向下）。

5—6 拍两臂由内向外屈伸 2 次，两手握拳。

7—8 拍保持两臂胸前屈不动，向右侧做 2 次顶肩动作。

第 7 个 8 拍

1 拍并腿跳，两手叉腰。

2 拍分腿跳落地成横叉，两手扶地。

3—4 拍身体左转 90 度，右脚并左脚，两手扶地。

5—6 拍身体向左转体 180 度成俯卧。

7—8 拍两手推起成俯撑姿势。

第 8 个 8 拍

1—4 拍俯卧撑。

5—6 拍右脚向前一步成弓步，同时左手扶地，右手扶膝。

7—8 拍向左转 90 度同时收右脚腿成立正姿势。

第 9 个 8 拍

1 拍左脚侧出一步，同时左臂侧上举（开掌，掌心向外）。

2 拍两脚跳成左脚在前的锁步，同时两臂侧上举（并掌，掌心向外）。

3 拍开合跳，同时两手胸前屈交叉（开掌，掌心向后）。

4 拍并腿跳。

5 拍右腿后撤一步成左前弓步，同时两臂侧举（开掌，掌心向下）。

6 拍身体向左转 180 度，右脚并左脚，同时两手胸前屈交叉握拳。

7 拍身体右转 180 度，同时左腿后撤一步成右弓步，两臂经前向侧打开成侧举（开掌，掌心向下）。

8 拍右脚并左脚成立正姿势。

第 10 个 8 拍

1 拍左脚侧出一步，同时左臂胸前平屈，右臂侧举（握拳，拳心向下）。

2 拍左脚后撤一步成右弓步，同时右臂胸前平屈，左臂上举（拳心向内）。

3—4 拍身体左转 90 度成并立，两臂上举（握拳，拳心向前）。

5—6 拍上体前倒成俯撑。

7 拍两手撑地，两脚与肩同宽。

8 拍收左腿成左腿跪立，右膝触地成蹲立，左手扶膝，右手扶地。

第 11 个 8 拍

1 拍右腿伸直，左腿侧弓步，同时左手握拳于腰间，右手向左前方冲拳。

2 拍同 1 方向相反。

3 拍右腿直立，同时左腿后踢，两臂胸前屈交叉握拳。

4 拍两脚跳起成左腿侧弓步，同时两臂侧下举（握拳，拳心向下）。

5 拍并腿跳，同时两臂上举（开掌，掌心向外）。

6—7 拍左、右腿交替做小弹踢腿，同时两臂由内向外做 1 周半绕环（握拳）。

8 拍两脚跳成并立，同时两臂肩侧上屈（握拳，拳心相对）。

第 12 个 8 拍

1—2 拍左腿在前的垫步，同时两臂自然摆动，握拳。

3—4 拍左脚上一步，做右腿交换腿跳。

5—8 拍接分腿小跳，落地后跳落成俯撑。

第 13 个 8 拍

1—4 拍身体右转 360 度准备做文森俯卧撑。

5—8 拍文森俯卧撑。

第 14 个 8 拍

1—2 拍同前 1—4 拍。

3—4 拍右脚向左脚并拢，成俯撑。

5—8 拍身体向左转 270 度，同时左腿打开成分腿坐姿，左手在前，右手在后扶地。

第 15 个 8 拍

1—4 拍做分腿直角支撑（停 4 拍）。

5—8 拍身体左转 90 度，经蹲立（右手扶膝，左手撑地）成并立（两臂垂于体侧）。

第 16 个 8 拍

1 拍左腿上一步，同时左臂侧举（并掌，掌心向下）。

2 拍右腿上一步，同时右臂侧举，左臂胸前平屈（并掌，掌心向下）。

3 拍左腿上步成交叉步，同时两臂还原体侧。

4 拍左腿直立，右脚侧点地，同时两臂上举（开掌，掌心向前）。

5 拍脚步同 3 但方向相反，同时两臂侧举（开掌，掌心向前）。

6 拍右腿直立，左腿微屈膝，同时两臂胸前屈交叉握拳。

7 拍左腿后撤一步成右前弓步，同时两臂侧下举（握拳，拳心相对）。

8 拍右腿直立，左腿前吸，同时两臂上举两手相握。

第 17 个 8 拍

1 拍身体向右转 90 度，同时左腿还原成弓步，两臂侧下举（两手握拳）。

2 拍左转体 90 度，右脚跳左腿前吸，同时右臂上举（花掌，掌心向前），左手扶左髋。

3 拍左腿侧出一步成弓步，同时左臂侧举，右臂胸前平屈（拳心向下）。

4 拍开合跳，两臂侧举（握拳，拳心向下）。

5 拍身体左转 270 度，同时左腿前吸，两臂胸前屈交叉握拳。

6 拍左腿还原，两腿开立，同时两手握拳于体侧（拳心向内）。

7 拍右腿跳起，左脚跟前点，同时两臂胸前屈。

8 拍还原成立正姿势。

第 18 个 8 拍

1 拍身体左转 90 度两脚跳成屈膝开立，同时左臂侧举（开掌，掌心向前）。

2 拍两手体前下举（握拳，拳心向后）。

3—4 拍右腿直立，左腿前吸，同时身体向左转 45 度，两臂上举（握拳，拳心向前）。

5—6 拍并腿跳至开合跳，同时两臂由内向外绕一周半后置于体侧。

7 拍身体右转 90 度，同时左脚向前迈一步成左前弓步，左臂上举（开掌，掌心向前），右臂前举（五指分开，掌心向内）。

8 拍身体向左转 90 度，跳成立正姿势。

第 19 个 8 拍

1—4 拍后踢腿跑变队形，两臂自然摆动，手握拳。

5—8 拍做三人配合。

第 20 个 8 拍

1—2 拍做三人配合。

3—4 拍放下。

5—6 拍身体左转 90 度，右腿后撤一大步成左弓步，同时左手扶髋，右手扶地。

7—8 拍身体右转 180 度，成直角支撑坐。

第 21 个 8 拍

1—2 拍头向右转 90 度。

3—4 拍头部转正。

5—8 拍做直角支撑动作。

第22个8拍

1—2拍支撑还原，同时上体前屈左转，左臂侧上举，右臂胸前屈。

3—4拍反方向。

5—8拍身体左转90度，经跪立成并立。

第23个8拍

1拍左脚向前一步，同时两臂侧上举（并掌，掌心相对）。

2拍右脚向前一步，同时左臂前举，右臂侧举（并掌，掌心向下）。

3拍身体右转90度，两腿跳成右弓步，同时两臂垂于体侧，手握拳。

4拍并腿跳，同时两臂胸前屈交叉手握拳，拳心向后。

5拍身体左转90度，同时右腿后撤一步成左前弓步，右手冲拳，左臂体侧屈（握拳，拳心向上）。

6拍并腿跳，同时左臂体后屈，右臂胸前屈（花掌，掌心向上）。

7拍上体右转45度，同时右腿向右侧顶右髋，右手扶髋，左手扶头后。

8拍身体向右转成左腿前吸，同时左手扶头后，右臂侧举（剑指）。

第24个8拍

1—4拍向右转体360度成并立，两臂体侧下垂（并掌，掌心向内）。

第25个8拍

1拍左腿直立，右腿向前弹踢，同时两臂经左向摆打响手指。

2拍右腿直立，左腿前吸，同时两臂胸前平屈（握拳，拳心向下）。

3拍左腿向前放落下成左弓步，同时两臂侧举。

4拍并腿跳，两臂还原于体侧。

5拍右脚侧出一步，左脚侧点地，同时右臂侧举（握拳，拳心向下）。

6拍右脚收回在左脚后落地成左前小锁步，同时两手握拳胸前平屈（拳心向下）。

7拍身体向左转体90度，左脚向前一步成左前弓步，同时，右臂前举（五指并拢，掌心向下）。

8拍身体右转90度，两脚跳成开立，同时右臂胸前平屈（握拳，拳心向下），左臂垂于体侧。

第26个8拍

1拍右脚跳，左腿前吸，并向右微转，同时两臂侧下举（开掌，掌心向前）。

2拍身体向右转体180度，左腿放下成开立，同时两臂侧上举（开掌，掌心向前）。

3拍身体向右转体135度成左弓步，同时右臂前举（开掌，掌心向前），左手扶头后。

4 拍身体向左转体 275 度，同时左腿前吸，两臂胸前平屈（重叠，左臂在上，手握拳，拳心向下）。

5—6 拍身体向左转体 180 度，两脚跳成半蹲，同时两臂侧下举（开掌，掌心向前）。

7 拍并腿跳，同时两臂胸前屈（握拳，拳心向后）。

8 拍并腿跳，同时两臂握拳上举（拳心向前）。

第 27 个 8 拍

1 拍左腿向右前方出步成小弓步，同时左臂侧举（开掌，掌心向前），右臂上举（开掌，掌心向前）。

2 拍右腿向右前方出一步，同时两臂侧举（开掌，掌心向前）。

3—4 拍左腿在前并步一次，同时两手握拳向前冲拳（拳心向下）。

5 拍右腿向侧一步，同时两臂胸前平屈。

6—8 拍身体向右转体 270 度，同时左脚上前一步，两臂还原体侧。

第 28 个 8 拍

1—2 拍左脚向前垫步，同时两臂侧下举（握拳，拳心向内）。

3 拍身体向右转体 180 度，两脚跳成左前弓步，两臂侧下举（握拳，拳心向内）。

4—5 拍身体向右转 180 度，两脚跳成右腿直立，左腿后点地，同时两手相握于体前下举。

6 拍两脚跳成马步，同时两手体前冲拳。

7—8 拍右腿直立，左腿前吸，同时两手握拳于腰间（拳心向上）。

第 29 个 8 拍

1 拍左腿还原成弓步，同时两臂上举（握拳，拳心向前）。

2 拍并腿跳，同时两臂肩上侧屈，手扶头后（身体微向左侧屈）。

3 拍两脚跳成半蹲，同时两手扶膝。

4 拍并腿跳，同时两手握拳交叉上举。

5 拍右脚后撤一步成左弓步，同时两臂侧下举（开掌，掌心向前）。

6 拍脚步动作同 4，同时两臂肩侧上屈（托掌）。

7 拍右腿直立，左腿侧踢，同时两臂体前下举（握拳，拳心向后）。

8 拍两脚跳至屈膝开立，同时两臂胸前屈交叉推掌（五指并拢，掌背相对）。

第 30 个 8 拍

1 拍并腿跳，同时两臂肩侧屈（手指触肩）。

2 拍右腿跳，左腿前吸，同时两臂侧下举（并掌，掌心向内，微含胸）。

3 拍左腿落下成开立，同时左臂胸前平屈，右臂侧举。

4 拍身体左转 90 度，两脚跳成左前弓步，同时右臂胸前上屈（并掌，掌心向后），左臂扶右臂肘关节处。

5 拍并腿跳，同时两手握拳于腰间（拳心向上）。

6 拍左腿向左前 45 度一步。

7—8 拍身体向右转 45 度，同时并腿跳，两臂胸前屈交叉握拳。

第 31 个 8 拍

1—6 拍左腿侧搬腿平衡。

7—8 拍还原成并立。

第 32 个 8 拍

1 拍身体左转 90 度，同时两脚跳成左前弓步，左臂侧举，右臂前举（并掌，掌心向下）。

2 拍身体向右转 90 度，两脚跳成马步，同时两手扶膝。

3 拍右脚向侧跳一步，左腿侧下举，同时两臂上举（并掌，掌心向外）。

4 拍同 1。

5 拍身体向右转 90 成右前弓步，双臂侧下举（手握拳，拳心向后）。

6 拍右腿支撑，左腿侧踢。

7 拍腿部动作还原成 5，同时左臂前举（并掌，掌心向下），右臂垂于体侧。

8 拍身体向左转 90 度，其他动作同 2。

第 33 个 8 拍

1—2 拍并腿跳，同时两臂上举，两手相握。

3 拍两脚跳成马步，同时两臂侧下举（开掌，掌心向前）。

4 拍并腿跳成立正姿势。

5 拍右脚跳起，左腿侧下举，同时左臂侧举（开掌，掌心向前），右臂胸前平屈（开掌，掌心向后）。

6 拍左脚在右前落地，同时两臂胸前平屈（握拳，拳心向下）。

7 拍两脚跳成左前弓步，两臂侧举（并掌，掌心向下）。

8 拍身体左转 90 度，右脚向右前方一步成左弓步，同时右臂肩上屈，左手扶右肘关节处，头转向主席台亮相。

第六章　健身健美操创编基本理论

第一节　健身健美操创编的基础理论

一、健身健美操创编的含义

（一）健身健美操创编的概念

健身健美操创编就是在坚持全面发展身体的基础上，把握当前健身健美操发展趋势，充分考虑场地、设施等因素，对已有的动作素材进行加工、移植、对比和再创造，配以适当的音乐，编排出新颖独特的适宜不同人群或个体练习需要的单个动作、动作连接和动作套路。

（二）健身健美操创编的内涵

健身健美操创编是依据练习者的审美情趣，选择以徒手或轻器械动作练习为主要动作类型，并配以合适的音乐，并按照他们的生理、心理和解剖特征，对运动负荷进行合理的安排的过程。科学合理的创编过程是开展健身健美操的基础；是实现健身健美操健身、健美、健心目的的一个重要前提；是决定健身健美操动作多样性的基本特点；创编的过程就是不断融入各种动作的再创造过程，即动作编排产生了多种形式的健身健美操。

（三）健身健美操创编所包含的因素

（1）创编者。创编者是指在健美操创编过程之中的主要创编人或主导者。他在整个创编的过程之中应处于领导位置，是整个创编过程的主体，他应该具有丰富的专业知识与想象能力、创新能力等。

（2）创编对象。创编对象是创编者编排的重要依据，成套的编排应该围绕创编对象的练习目的、身体素质、心理特征、表现能力等进行。

（3）动作因素。动作因素是由动作内容、动作种类、动作方向、动作速度、动作力度、动作的幅度和动作路线构成，是创编的主要内容。

(4) 音乐因素。音乐因素包括速度、节奏、风格。

(5) 环境因素。环境因素指创编的场地、设施、选择的服装、器械等。

二、健身健美操创编的分类

(1) 根据创编健身健美操的风格分为传统健身健美操的创编、爵士健美操的创编、搏击健美操的创编、拉丁健美操的创编、瑜伽健身的创编、普拉提健身的创编等等。

(2) 根据创编对象的年龄分为儿童健美操创编、青少年健美操创编、中老年健美操创编。

(3) 根据创编对象锻炼目的分为康复健美操创编、保健健美操创编、健美健美操创编。

(4) 根据创编是否使用器械分为徒手健美操创编、轻器械创编（哑铃健美操创编、橡皮筋健美操创编、踏板健美操创编、自行车健美操创编、健身球健美操创编等）。

(5) 根据创编锻炼的主要部位分为：头颈部、胸部、腰部、腿部、手臂、臀部等局部的健美操创编。

(6) 根据创编针对的特殊人群分为：孕妇健美操、残疾人健美操等。

(7) 根据创编的性别特征分为：男子健美操、女子健美操。

(8) 根据创编对象的身体状况分为：初级健美操（从未参加锻炼的不同人群）、中级健美操（偶尔参加锻炼的不同人群）、高级健美操（经常参加锻炼的不同人群）。

三、健身健美操创编的意义

（一）健身健美操创编是科学健身的基本要求

1. 健身健美操创编为练习者提供了安全的健身方式

健身健美操属于有氧运动，最新的研究表明，有氧运动是最有利于健康的一种科学健身运动。有氧运动就是在氧供应充足的情况下的运动，使人的心率保持在最大心率的60%～85%，使人的心血管系统在健身健美操锻炼时承受适宜的负荷，机能得到改善和提高，从而避免剧烈运动引起的氧供应不足，心律过快导致的心血管系统负担过重，机能得不到提高，甚至是衰退。

健身健美操创编时选择动作都是对锻炼者身体全方位的考虑，即安全的动作，如在健身健美操创编时一般不选择头颈用力旋及绕的动作、躯干在负荷的情况下的转、用力伸屈等动作，这样就避免了关节过度屈伸等动作可能产生的潜在危险。因此，创编健身健美操给练习者提供了一种安全的健身方式，是科学健身的基本要求。

2. 健身健美操创编为练习者提供了实效的健身方式

健身健美操近年来越来越受人们的青睐，极其重要的一点是通过健身健美操练习，可以明显增加吸氧量，改善心肺功能，增强心肌，增加肺活量，减少心肺呼吸系统疾病。同时，骨骼肌肉的机能也会得到明显的改善，骨密质增厚，骨小梁排列紧密，肌肉力量增大，血液循环量增加。因此，健身健美操提高了人体各方面的生理机能、心理机能，增进健康，起到延年益寿的作用。

（二）健身健美操创编是提高审美能力的有效手段

1. 健身健美操创编使创编者充分考虑审美构成因素

健身健美操是以人体为审美对象，在音乐伴奏下运用各种不同类型的操化动作，融体操、舞蹈、音乐为一体的大众健身方式。它以人体自身为审美对象，因此比较侧重人体自然属性。线条和形体构成人体美的基础，是健身健美操的主要审美构成因素。

健身健美操的形体美由运动员自身形态的静态美和动态美两方面组成。静态美主要包括三个方面，一是匀称、适度的人体各部比例；二是完美发达的肌肉；三是健康美观的肤色。动态美则是通过创编健身健美操，将健美操动作串联起来，使静态美在运动中淋漓尽致地表现出来。另外，音乐的美也是健身健美操的审美构成因素，根据不同风格的音乐，选编与之相宜的动作或根据不同类型的动作，配以与之匹配的音乐，都能培养我们的审美能力。因此，在健身健美操创编过程中，充分考虑以上审美构成因素，以提高审美能力。

2. 健身健美操创编使创编者充分考虑审美构成法则

健身健美操本身具有一定的审美特征，但要构成整体的形式美，还有赖于按一定的法则进行组合。健身健美操审美构成法则包括：整齐一律、均衡对称、对比调和、节奏韵律、多样统一。整齐一致又称单纯齐一，它是同一形式的一致重复，是最简单的形式美；匀称指布局上的等量不等形；对称指以轴线为中心的相等或相适应；调和是差异中求一致，即着重统一；节奏是指运动过程中力度变化的时序连续；在节奏基础上赋予一定情调便形成韵律；多样统一也叫和谐，是在变化中求统一，在参差中求整齐。健身健美操的创编根据这些审美构成法则来进行，使创编者的审美能力得到不断的提高。

（三）健身健美操创编是练习者主动参与健身的有效手段

1. 健身健美操创编是树立练习者的健身意识，激发练习者的健身动机的有效手段

生命在于运动，健身运动已经成为现代人生活中不可缺少的一部分。健身健美操动作丰富多样，节奏富于变化，是一项不断创新、不断向前发展的运动。在健身健美操的练习中，学会几套操是远远不够的，加强创编能力的培养，使自己具备自编、自练的能力，在创编中注意发挥健身健美操健身功能，在练习中体会健身健美操的各项健身功能，有利于参与者更加深刻的认识健身健美操的各种健身功能，从而树立参与者的健身意识，激发参与者的健身动机。

2. 健身健美操创编是保持参与者健身的持续性的有效手段

健身健美操的练习贵在坚持。终身体育的思想应该是我们体育意识中相当重要的一部分。在健身健美操的练习过程中，根据时间、地点、对象的变化，不断创编新的健身健美操，使练习者在丰富多变的练习中，充分感受健身健美操的丰富多彩与无穷魅力。是练习者保持健身的持续性，培养终身体育意识的有效手段。

（四）健身健美操创编是竞技性健美操训练的基础

1. 健身健美操创编是竞技性健美操基础动作的来源

竞技性健美操起源于健身健美操：健身健美操相对于竞技性健美操来说动作变化少、节奏慢、幅度小、速度慢、动作轨迹短、对称性动作多，难度小；竞技性健美操动作变化多、节奏快、幅度大、动作轨迹长、动作要求不对称、难度大。然而，如此丰富多变，具有难度的竞技健美操的基础动作均来源于健身健美操的基础动作。它是在健身健美操动作的基础上或是加快节奏，或是增大幅度，或是加快速度，或是增长动作轨迹等来增加动作的难度。健身健美操的创编给竞技健美操的创编提供了丰富的素材。因此，健身健美操是竞技健美操基础动作的来源，是竞技健美操训练的基础。

2. 健身健美操创编有利于健美操意识的培养

在健身健美操训练中，健美操意识的培养是非常重要的一个方面。健美操意识使健身健美操运动员从思想、感觉上去体会健美操的内涵，在潜意识中形成、树立健美操的概念、内涵，使健身健美操运动员更加准确地认识健美操，更加热爱健美操，更加正确地对待健美操基本动作。创编各种形式、类型的健身健美操使健身健美操运动员体会各种不同风格、种类的健身健美操，从方方面面去认识

健美操，积累了大量的健美操基本动作素材，增加了健美操感觉的培养，从而逐渐树立了健美操意识。

（五）健身健美操创编提高了练习者的学习兴趣

1. 健身健美操创编的全面性

创编各种形式的健身健美操能吸引更多的人对健身健美操产生兴趣。兴趣对人的认识活动有着非常重要的作用，学习兴趣一经激发，学习的积极性、自觉性就会提高。健身健美操是在音乐的伴奏下融体育、舞蹈、音乐为一体的健身方式。健身健美操的创编者可以根据不同的对象、场地、设施选择不同风格的动作和音乐，创编不同风格、不同强度，适合不同对象、场地、设施的健身健美操，以此来吸引大量的练习者，根据自身身体条件、兴趣爱好选择适合自己的健身健美操，从而大大提高了练习者的学习兴趣。

2. 健身健美操创编的挑战性

创编健身健美操是一件很具挑战性的工作，在创编健身健美操的过程中，创编的各个元素总能激发创编者的创造性。这就使创编者对健身健美操创编充满兴趣，不断钻研，勇于向健身健美操创编挑战。如今的健身健美操正在向多元化方向发展，其内容更加丰富多彩，人们不再满足于一套或几套健身健美操的学习，他们不断将新事物融入健身健美操的创编之中，创造出新颖独特的动作、动作连接与成套动作，不落俗套，创编出自己的风格。在创编健身健美操过程中健身爱好者找到了更多的乐趣，从而大大提高了他们学习健身健美操的兴趣。

（六）健身健美操创编是比赛和表演的基本要求

1. 健身健美操创编是比赛和表演的基础

在观看精彩的健身健美操比赛或表演时，我们很少注意精彩背后的艰辛。创编是健身健美操比赛或表演的基础。不论是个人项目还是集体项目，都必须以成套动作的形式出现。这就要求创编者在比赛和表演前，根据参赛对象、场地、设施等具体情况，按照规则的要求，遵循创编规律，创编适用于比赛或表演的健身健美操。

2. 健身健美操创编增加了比赛和表演的自由度

为了使健身健美操表演和比赛更加精彩，使健身健美操具有独特的风格，以吸引裁判和观众的注意力，创编健身健美操要新颖独特，别具风格：健身健美操创编增加了比赛和表演的自由度。在条件、规则的允许下，创编者可以自由地利用动作素材，选择独特的音乐及队形变化来表达自己想要表达的内容与精神。创编出一套具有自己风格的健身健美操，使表演与比赛更加精彩。

（七）健身健美操创编是展示创编者综合能力的平台

高质量的健身健美操成套动作的创编就是要在形态、动作、造型、线条、色彩、队形、音乐等各个方面达到相对完美。创编既是脑力劳动，也是体力劳动，是一种艺术的创造。创编能力不仅仅反映创编者的专业水平，也反映其文化、智力、音乐、舞蹈、美术、雕塑等其他领域的修养与水平。只有具备了这些领域的知识和修养，才能成为一名优秀的创编者，才能创编出优秀的、令人满意的健身健美操。因此，健身健美操的创编是检验创编者成果的过程，是展示创编者综合能力的平台。

四、影响健身健美操创编的因素

影响健身健美操创编的因素诸多，如主观因素中教师的工作态度、创新精神等因素，客观因素中健美操的基本动作、音乐等因素，在进行教学过程中教师只有明确这些因素并不断提高解决这些问题的能力，才能在创编过程中灵活运用各方面的知识，创编出一套新颖、独特、科学的健身健美操。

（一）影响健身健美操创编的主观因素

1. 教师的基本能力

健身健美操在创编过程中主体因素是进行创编工作的人，人在整个创编过程中是起主导作用的。那么起主导作用的人在创编过程中应该具有一定的领导能力，对工作具有高度的热情和强烈的责任感，具有扎实的理论基础、技术能力和创新精神。

2. 教师的知识结构

作为创编者来讲要加强对于健身健美操理论和技术的学习，要了解健身健美操生理运动方面的基础知识，如运动生理学、运动生物化学、运动生物力学、运动心理学、运动营养学等。只有在扎实的理论基础上才能保证技术的发展，才能使动作更加顺畅合理、锻炼更加科学实用，而不仅仅是健美操动作的叠加。健身健美操动作的创编遵循着健美操项目本身的原则和规律，所有的动作都是在此基础上演化而来的。

作为创编者除了对健美操的专业领域要有所了解以外，还应广泛的学习、涉猎其他相关学科的知识，比如具备一定的舞蹈、音乐、表演及美学的知识，会增加动作的美感，更加吸引学员进行学习，同时广泛的涉猎会有助于创编者思维的开放，从其他项目中寻取有益的内容和知识填充到健身健美操的创作中来，使健身健美操这一项目更加丰富多彩。

3. 学生接受能力和执行能力的影响

学生在接受教育之前存在个性差异，接受事物的能力有强弱的差别，创编之前要了解学生的整体学习能力，看看什么内容是基础的，什么内容是学生需要通过努力掌握的，再来安排创编的内容。因为太难的内容，大部分学生跟不上进度，太简单的内容，学生学起来没有挑战性，这样都会影响学生学习的积极性。

学生执行能力的影响主要针对授课对象的学生来讲的，创编之前需要了解练习者的学习动机和目的，看看他们为什么来学习健身健美操，是为了减肥瘦身，还是为了健身达到一个愉悦身心的目的，也就是健身的真正动机是什么。因为愿望和动机是事物发展的前提，否则事物是无法向前发展。

（二）影响健身健美操创编的客观因素

影响健身健美操创编的客观因素有很多，包括健身健美操的基本动作、音乐的风格、节奏、速度、教学环境以及场地设施等因素。

1. 健身健美操的基本动作的影响

从解剖的角度看是围绕着各个关节而进行并由神经系统指挥肌肉收缩与伸张而产生运动，而它的运动形式主要有屈、伸、举、绕、弹、踢、摆；以及由躯干、上肢活动与下肢活动配合而产生的各种姿态、步伐、跳动、旋转等。健美操的动作以步伐为基础，通过步伐练习提高心血管系统的机能又培养身体的灵活性、协调性、节奏感以及下肢的爆发力等。科学有机的使用这些动作可以促进身体健康，掌握这些动作的规律，了解他们的功能是作为创编者所必需的。

2. 音乐的影响

音乐在健美操运动中占有不可替代的位置，好的音乐能帮助练习者在整个锻炼中，充满激情，延缓疲劳的出现，音乐中也能传送动作的信息。音乐的情绪也同样能够影响人的情绪，使整个动作风格产生变化。

节奏就是各种时值的音（也就是不同的长音与短音—时间联系）和各种力度的音（强音与短音—力的关系）的轮流交替和对比关系。节奏感，实际上就是人们在音乐中对音的长短和强弱的感觉。在不同的音乐作品中都有着它自己的节奏。节奏只有按照和它相适应的节拍形式（如二拍子、三拍子）组织起来，才具有鲜明的特点和明确的意义。

在速度方面，健身健美操的速度通常在 22～25 拍/10 秒的范围内。音乐的速度快慢直接影响练习者动作速度的快慢，也影响着创编人员对于动作的编排。通常慢音作为开始部分或结束部分的音乐，这时通常以舒展的动作进行拉伸和放松练习；在锻炼的过程中则会采取一些节奏明快，有力度感，具有鲜明特色的音乐，为配合这样的音乐就要把动作进行调整，通过编排增加运动强度达到运动的效果。

音乐的风格直接影响着动作风格，它有受时代变化、民族地域、环境等因素的影响，在进行创编工作时应该考虑音乐的风格与动作风格的一致性，音乐节奏与动作节奏的一致性，音乐的感情色彩与动作感情色彩的一致性。

3. 教学场地设备的影响

场地设备是指进行健美操教学活动不可少的重要部分，为教学活动提供了条件。一般木质地板或地毯能够较好地缓解冲击力，它能有效地减少地面对各关节的反作用力，使关节不易受到损伤，可以安排一些难度动作和高冲力的动作；如果地面比较坚硬，可以安排一些简单动作，尽量少安排一些地面动作和高冲力的动作，充分考虑学生的安全。

第二节　健身健美操创编的原则、方法与特征

一、健身健美操创编的基本原则

（一）目的性原则

1. 目的性原则的含义与价值

1）目的性原则的含义

健身健美操目的性原则是指在健美操创编过程中，以最终所要达到的目的或获取的结果为核心根据，在创编过程中着重采用因目的任务不同而形成成套编排的结构、动作难度、动作特点、音乐速度等诸多创编因素不同的创编意识，进行有明确性、实效性的创编。

2）目的性原则的价值

在健美操创编过程中遵循目的性原则主要为了更有效地实现创编的目的，使创编过程更有目标性、组织性、实效性。

2. 目的性原则的实施

1）以比赛为目的的健身健美操的创编

比赛性健美操以争取优胜或赢得优异的成绩为直接目的。要想在比赛中获得优异的成绩，编排应该从竞技的角度考虑，创编中各种因素都要突出，都要有所升华。因此，在动作素材的选择上，应该独特新颖，具有创新意识和时代气息，与此同时应该明确有关编排的具体要求，了解比赛的规模和其他赛队的水平与实力，为编排提供较全面的参考依据。具体实施方法如下：

①遵守特定的规则要求：规则是比赛的法律，是每个参赛者必须遵守的。任何违反规则的创编都会严重影响到比赛的成绩，因此研究规则不仅是指导员与参赛者的职责，同时也是创编者所应做到的。我国现已公布了区别运动等级的《健美操等级运动员规定动作》以及区别健康水平的《健美操大众锻炼标准》中的成套动作，这些等级中大部分为规定动作，但我们可以通过其他套路的创编用以达到或接近这些标准。

②创编的成套动作要体现多样性、新颖性、流畅性，以提高艺术性吸引裁判与观众，赢得满意的成绩。在创编比赛性健身健美操中，应该考虑动作的合理性与艺术性，创编的成套动作要有风格，有特色。要考虑整体设计的艺术性，单个动作的艺术性，动作与音乐的风格一致的艺术性，精心设计和选编，以赢得裁判的好评。

③因人而异的创编：根据参赛队员的实际运动水平与个性特征，选择动作，体现独特的魅力。在编排中应充分考虑对象自身的综合因素，根据对象的协调性、柔韧性、表现力等能力，确定成套动作的难度、强度以及动作风格类型，避免不顾对象的实际情况，过高或过低地评估对象的实际能力，而影响实际水平的发挥。

2）以教学为目的的健身健美操的创编

以教学为目的的健身健美操的创编是指健身健美操在各级学校中，以培养学生良好的思想品德、强身健体、掌握健身方法、树立正确的审美观，使学生全面发展，并为终身体育打下基础为目的的创编。具体实施方法如下：

①以遵守教学大纲要求为前提进行创编：教学大纲是教学的依据与纲领，健美操教学应该严格按照教学大纲的要求进行教学，以达到教学的任务与目的，因此，以教学为目的的健身健美操创编必须按照教学大纲的要求与标准进行。以教学大纲中的规定教材为核心动作进行创编，避免超过课程标准以外动作的出现，影响教学任务的完成。

②以增强学生体质和提高学生的身体素质为目的进行创编：健美操教学属于体育教学的范畴，因此必须体现健身功能，以促进学生更好的学习与生活。创编时应该首先考虑编排动作的锻炼价值，其次应该考虑成套的运动负荷，动作的顺

序与动作连接得是否合适，始终围绕以促进学生增强体质，培养学生正确姿态的动作进行编排。

③以激发学生的学习兴趣，有效提高教学质量与教学效果进行创编：编排学生喜爱的动作，选择富有激情和流行的音乐，动作轻快活泼积极向上，创编出更具吸引学生的成套动作，以提高学习积极性，进而提高教学效果。

3）以娱乐、表演为目的的健身健美操创编

以表演和娱乐为目的的健身健美操创编，是从艺术性、观赏性出发，通过选择和编排优美、新颖、高度艺术性的动作组合，形成高雅、清新的文化氛围给人丰富的视觉效果的同时使得身心愉悦。具体实施方法如下：

①创编的动作上应该多鉴赏各种舞蹈的表现艺术，使人们在活动中表达一定的心绪和感情，以提高健美操的艺术魅力，增强娱乐性、表演性。可以通过鉴赏体育舞蹈、艺术体操、武术、芭蕾的多种艺术表现形式，将健美操的特色动作与高度的艺术性进行有机的结合，反复再创造，充分体现健身健美操的特殊艺术魅力，提高观赏价值。

②注重创编技巧，选择最美最新颖的组合形式和动作内容，提高成套动作的表现力，以满足观众的审美需要。创编者可以将编排好的单个动作一一罗列出来，选择适宜的动作连接，再进行最优化的组合，以体现成套动作的连贯性、流畅性，表现成套动作的完整性和艺术性。

③单人表演性的创编要注重体现个性特征，因为表演者之间有着各种差异，除了个性差异外，还有运动能力、身体素质、技术水平、外形及表现力的差异。在创编过程中应该充分掌握表演者的基本特征，充分挖掘个性特点。扬长避短。团体性的表演则需侧重队形的变化。队形编排应该考虑比赛场地、设施条件、性别差异；队形变化过程中注意自然流畅，位置移动合理等。

4）以健身为目的的健身健美操创编

在进行健身健美操的创编过程中，围绕以提高身体循环功能，促进骨骼与肌肉的发展，全面提高身体素质和心理健康发展为目的进行的创编活动。具体实施方法如下：

①围绕以全面提高健康水平，发展人体运动素质，改善体形，进行组织与编排。主要是要求创编者在编排中避免容易造成伤害的方法与手段。应当注意科学的安排各种动作顺序以及动作之间的连接过渡，避免一些反关节的运动或关节受压过度违反人体生理活动规律。一般而言，活动部位应该从远离心脏的肢体末端开始，逐渐过渡到躯干直至全身性的活动，使身体逐渐参与和适应运动的变化。

②强调对运动负荷与运动量的监控。创编成套动作的运动负荷与运动量一定

要符合练习者的身体状况和运动能力。过大或过小的运动量和运动负荷都会产生负面影响。除此以外安排运动量应该由小到大，逐渐增强，再由强到弱符合人体运动负荷曲线，即使人体心率曲线呈波浪式上升或下降。

③成套的创编要保证人体各部分得到充分的锻炼，通过改变运动方位、位置、节奏、路线，以促进肌力的增加和提高各个关节的灵活性。在创编的过程中力求充分动员肌体，避免局部运动量过大或参与不够，这就要求在动作设计上，既要有上肢、下肢、头部、躯干的动作，也要重视小关节的运动，讲究对称和均衡。

（二）合理性原则

1. 合理性原则的含义与价值

1）合理性原则的含义

健身健美操合理性原则是指在健美操创编中，严格遵守人体运动生理解剖规律，运动负荷曲线并以此为依据进行选择创编的方法、形式、内容和技巧，提高创编的科学性。

2）合理性原则的价值

在健美操创编中遵循合理性原则主要是为了防止创编的动作违背人体生理解剖规律造成运动损伤，或因运动负荷不合理而造成的运动疲劳，为练习者建立最科学、最可靠、最安全的保障，提高健身效果。

2. 健身健美操合理性原则的实施

（1）根据人体运动生理解剖规律，合理安排动作顺序。

①成套的编排应该根据人体运动生理解剖规律，合理设计动作的顺序。成套的动作顺序一般分为三部分。第一部分预备动作，主要包括脊柱伸展及深呼吸；第二部分主体动作，包括若干节身体部分的运动，身体运动由局部到整体。第三部分整理动作，一般为放松动作和调整动作，动作设计应该从快到慢，伴以深呼吸，使心率恢复到安静状态。

②根据人体运动生理学规律，运动一般从身体的无端开始再逐渐过渡到全身，使身体逐步适应运动变化，所以创编时应该合理安排和设计动作顺序。主要是要求创编者在编排中避免容易造成伤害的方法与手段，避免一些反关节的运动或关节受压过大，严格遵守人体生理活动规律进行创编，这样不仅可以使身体顺势用力，而且可以体现成套的自然美。

③根据人体运动解剖学将人体沿脊柱纵向把人体分对称的两个部分，因此在创编的过程中应该充分地考虑人体的左右均衡的发展。当我们设计动作时，特别是人体单侧动作，要注意安排另一侧动作同等运动，只有这样才能保证两侧均衡

的发展。

（2）根据人体运动负荷曲线，合理安排运动的负荷强度。

健身健美操锻炼的运动负荷主要指练习者在做健美操练习时的运动量和运动强度，这里包含的指数（如时间、次数、密度、强度等）和肌体反映指数（如心率、肺通气量、耗氧量、血压、体重等），两者有密切的联系，必须科学合理的安排。具体实施方法如下：

①控制运动负荷在创编的过程中是非常重要的。如果负荷强度安排不合理，就会严重影响到练习效果，甚至造成运动损伤。所以健身健美操严格规定把运动负荷控制在中小强度，使之确保运动当中的呼吸供氧。

②根据锻炼的目的，选择合适的运动负荷。国内外一些专家把心率作为衡量运动负荷的一种方法，把同年龄组运动最高心率和实际运动心率进行比较，把运动强度分为三个区：当运动者的平均心率达到其最高心率的60％～80％时为健身区（此时心率越高对身体的影响越大，锻炼的效果越明显）；高于80％为强化训练区（此时运动强度大，且影响身体更剧烈）；低于60％为消遣区（此时只起到一般性活动身体的作用）。

③在创编健美操时，应该应当注意运动负荷的设计在过程中呈波浪形上升与下降，总体运动负荷可出现一个到三个高峰，注意在出现多次高峰时每次的强度应有所不同，可递加或递减。成套时间越长出现高峰的可能性越大，相反则越小。

（三）针对性原则

1. 针对性原则的含义与价值

1）针对性原则的含义

针对性原则是指在健美操创编的过程中要针对不同的年龄、性别、运动水平以及练习者的心理，爱好以及接受能力、参与健美操活动的需求的不同侧重，有的放矢地进行健美操的创编，做到因人而异。

2）针对性原则的价值

对于不同的练习对象，其动作的接受能力、感受能力及表现能力都有所差异。因此在编排时应该注意动作程度、动作风格及练习的强度，有针对性地选择切合实际的健身方法和手段。

2. 针对性原则的实施

1）针对不同年龄的创编

编排对象的年龄不同，生理特征和心理特征就会有很大差异，创编时应该考虑对象的年龄特点。具体实施方法如下：

①针对儿童的创编：首先应该明确少年儿童的生理心理特点主要表现在：身高和体重都随着年龄的增长而增加。骨骼系统中，骨胶原多，富有弹性，骨密度低，坚固性差，易变形。肌肉特征表现为肌纤维较细，收缩力较弱，心脏器官发育未完全，心肌收缩力弱，每搏输出量少，运动时需要增加运动次数来增加血流量，神经系统发育完全，但功能比较弱，容易扩散，易受外界干扰。心理方面主要表现为注意力不能长时间集中，情绪波动较大。其次应该根据儿童的身心特点进行创编，避免一些有损儿童生长发育的动作出现。最后应注意突出儿童的天真活泼，动作要形象、直观、生动，避免单调专一，切忌成人化。

②针对青年人的创编：首先应该明确青年人的身心特点，其主要表现在：新陈代谢旺盛，精力充沛，动作敏捷，从心理上看青年人不仅追求身体健康更刻意追求形体美，表现性别特征。其次，应该根据这些特征进行有针对性的创编。例如，成套动作的难度、运动强度和运动时间可以适当增大延长，以满足众多青年减肥降脂的要求，增加肌肉线条体现优美的体态。最后，在为青年人创编时，要突出青年人的豪迈与激情、蓬勃与朝气，所以选择音乐的节奏要明快强劲，练习强度较大，动作幅度大、力度强，以促进身体各系统、器官的正常发育，加速身体成长。

③针对老年人的创编：首先，应该了解中老年人的生理心理特点，其主要表现在：随着年龄的增长，肌体各器官日趋衰老，物质代谢下降，骨密度和骨弹性下降，骨质疏松，负荷力降低易发生骨折，协调性下降动作不灵活。从心理的角度讲中老年人参加锻炼的目的主要是为了增强体质，延缓衰老。其次，应该根据这些特征，创编时考虑到老年人身体运动能力，创编的动作应该简单易学，练习强度要适中，音乐节奏要稍慢，力争其通过锻炼，能加强机体的代谢过程，提高心血管系统的机能。最后，应该选择能够体现老年人的稳重大方、充满活力的健身操进行编排。

2）针对不同性别的创编

①针对女性的创编：为女性创编健美操动作首先应该明确女性的生理心理特点，总体来讲女性的肌肉力量较弱，下肢短，皮下脂肪较厚，协调性、柔韧性较好。心理特征主要表现在增强体质，体现女性形体美。因此在创编的过程中适当增加肌肉力量的练习和跳跃动作的练习。其次应多设计一些影响胸、腰、腹、臀的动作，从而突出女性身体曲线美。最后动作编排应该以表现女性舒展优美、柔中有刚、刚柔相济的舞蹈性的动作为主。

②针对男性的创编：为男性创编健美操动作时同样要抓住男性生理特征，其主要表现在肌肉发达，力量较强，体力充沛，但协调性柔韧性较弱；其心理特征主要表现在，增加肌肉的围度和力量，体现男子的强壮粗犷。所以在创编男性健美操时要选择和设计能体现男子的阳刚之气、豪放之情，能展示男子强壮体魄、

刚劲有力，健美性强的动作和造型，尤其强调动作力度。

3）针对不同运动水平的创编

运动水平决定了创编动作的难易程度、成套运动的运动负荷以及成套艺术性的表现，所以应该根据不同的运动水平进行创编。具体实施方法如下：

①针对初学者的创编：创编的动作应该以基础性动作为主，简单易学，避免过多的动作变化与转体类动作，运动强度中等偏下，以适应练习者运动水平。练习初期动作安排主要为增强体质，提高身体素质，提高心肺功能，肌肉的活动能力为核心进行。

②针对有一定基础学者的创编：针对有一定基础的大众健美操学员，应着重于形体的改善，气质的培养等。因此，设计和编排要相应变化，抓住重点。动作的难度应相应增大，即动作的频率加大，速度加快，上下肢的配合要求更高。在编排时，可考虑加入队形及队形变化的内容，这样既能提高其娱乐效果，又能培养其团结协作的品质。同时，在编排动作时要拓宽素材内容，突出风格，突出审美要求，寓情于姿，把人的外部表现和内在神韵糅为一体，表达美的意境。

（四）全面发展原则

1. 全面发展原则的含义与价值

1）全面发展原则的含义

健身健美操创编的全面性原则是指在健身健美操创编中，以全面发展人体健康和健美的需要为目的时，尽量考虑人体参与运动的部位，使身体各部位的肌肉、韧带、关节得到全面发展，内脏器官机能得到改善的原则。

2）全面发展原则的价值

在创编中遵循全面发展身体原则主要是由健身健美操目的和性质所决定的。健身健美操目的之一就是通过健身健美操的锻炼，能够使身体各部位的关节、肌肉、韧带和内脏器官得到参与和锻炼，从而促进身体功能、身体素质以及运动能力都能全面协调发展。所以创编的成套动作要尽可能使身体各部位都得到充分锻炼，才能真正达到全面健身的目的，从而能够充分体现健身健美操的特点。

2. 全面发展原则的实施

1）动作选择的全面性

动作类型如走、跑、跳、转体、踢腿、造型等，只要不违背生理结构的身体动作都可以纳入。

①根据人体解剖学特征，选择各个部位的基本动作：

A. 头颈动作。前后屈、左右侧屈、左右转动、绕及绕环等。

B. 上肢动作。肩、肘腕、指各部位的屈、伸、举、振、摆动、绕环等。

C. 躯干动作。腰、胸各部位的前后屈、左右侧屈、左右转动、绕及绕环等。

D. 下肢动作。髋、膝、踝、各关节部位的屈、伸、绕等。

②通过改变基本动作的方向、幅度、频率、速度、节奏、力度，达到全面锻炼的目的。健美操的动作是在一定的时间、空间中进行的，它的时间表象和空间表象的变化丰富与否直接影响健美操对人体锻炼的效果。因此，在创编健美操时应当考虑动作的方向有上下、左右、前后、斜向等变化，动作的路线有长短、曲直的搭配，动作的幅度、速度、力度方面有大小、快慢、强弱的对比。动作的时空变化丰富也有助于改善神经系统功能的状况，提高协调灵敏素质，进一步促进身体的全面发展。

③为了全面发展身体，使身体各部分得到充分的锻炼，创编时在动作的设计上要讲究对称，也就是要求动作的部位、方向、重复次数、运动时间等实现对等。此外重视大关节运动的同时，不忽视小关节的运动，力争考虑全面才能保证身体健康均衡的发展。

2）重视编排的合理性

①成套动作设计对身体各部位练习比例要均匀，避免局部运动负荷过度，引起疲劳。

②成套的设计不仅要重视发展肌肉力量，还要发展柔韧性、协调性、速度、耐力等各种身体素质，从而全面促进身体各项素质的发展，全面锻炼身体。

3）练习要具有针对性

①按照全面系统的设计程序进行创编，是达到全面健身的基础。完整设计程序一般是指从总体设计—形成框架—分步编排—音乐的选择—套路修订，在整个设计的过程中要考虑各个动作对身体的影响，以有效地提高练习者的身体机能。

②不同的目的任务有不同的创编，所以创编时不仅以全面发展身体为基础，而且要针对练习者的不同目的有所侧重，对症下药，这样既能发挥有效的健身作用，又能满足练习者的需要。

（五）创新性原则

1. 创新性原则的含义与价值

（1）创新性原则的含义

健身健美操创新性原则是指在健身健美操创编中，成套的设计必须是令人难忘的、与众不同的新颖感觉，它必须展现出音乐与动作设计间的配合的、独特的创造性。

(2) 创新性原则的价值

健身健美操要敢于创新，敢于突破旧的传统。可以说创新是健身健美操的生命，没有创新就没有健身健美操的发展。此外创新性原则的主要是了解国内外健身健美操的发展现状和趋势，以便总结、继承和发展已有的创作。因此，在健美操创编时必须遵循创新性这一重要原则。

2. 创新性原则的实施

1) 创新动作的编排

可以从动作方向的变化、动作节奏的变化、动作路线的变化，成套组合动作的变化以及造型的变化，队形的变化中获得。创编健美操更具有灵活多变性，它可以移植吸收各种优美的健身动作，只要符合人体生理解剖规律。所以创编动作不仅要使各种动作相互交融，刚柔相济，而且要建立在全身整体机能得到锻炼的基础上，力求整套动作变化丰富，姿态优美，富有新鲜感，组成一幅美不胜收的健与美的画面。

2) 创新的动作要有新颖性

整体布局新颖，连接过渡要巧妙而流畅。健身健美操创新动作的方法通常有：一是移植法，指把一个项目的动作的部分或全部引入到健美操中来，并通过一定的改造而获得新的动作方法。二是逆向法，把原有的单个动作或组合动作顺序颠倒，从中启发或获得新动作方法。三是节奏变化法，指把原有动作通过节奏的改变获得新动作的方法。

3) 音乐的选择要有新意

不论是民乐、西乐、打击乐，都可以大胆的选择，以促使动作刚劲、有力、明快，与动作协调配合，激起观众的感情，给人以深刻的印象。

4) 具有丰富的想象力

想象力是创造力的源泉，是对事物未知领域的设定与判断。想象力并非凭空而来，而是通过对周围事物的观察分析加工而来。所以创编者首先要丰富自己，了解国内外健美操发展新动态，深刻理解健身健美操的精髓以及借鉴体操、艺术体操、体育舞蹈、武术、瑜伽等多种健身素材，创编出既有健身价值又有艺术价值的健美操。

二、健身健美操的创编方法

(一) 放大缩小创新法

放大缩小创新法指在符合不同人群的不同需要角度出发，进行事物规律的结构调整，从而产生新的健身功能项目。例如，从某一舞蹈的特点进行思考，将其难度动作减小或增大，都能出现新的突破。健身街舞是在街舞风格的音乐伴奏下，以街舞的基本动作为表现形式，以健身为主要目的的运动类型。不同于美国黑人那种原始的街舞，健身街舞舍弃了街舞中的颓废与叛逆，去掉了难度较大及比较危险的地面动作，提倡安全性、健身性和身体全面发展的均衡性，因此当健身街舞作为一种健身方式被引入我国时，它迅速适应于国内已掀起的全民健身热潮。有氧拉丁与拉丁舞也有很大的区别，拉丁舞里表达情的东西较多，过于热情奔放，而有氧拉丁保留了拉丁舞的健康和奔放，去掉了繁复和夸张，更倾向于运动。这两种健身操都缩小了难度动作，而成为人们喜欢的健身项目。又如，哑铃踏板健身操，就是在踏板健身操的基础上，根据健身者的能力水平，加上哑铃，加大了运动的难度、强度，使健身者能在锻炼中充分达到自己需要的健身效果。

（二）融合创新法

融合创新法指为实现一定的目的，将若干独立的事物或其结构部分进行符合体育运动原理及特点的组合或重组，从而获得具有整体功能的新事物的创新技法总称。有氧搏击操最早是由一名搏击世界冠军创造的，发展至今，已经融合了拳击、空手道、跆拳道、中国功夫，甚至一些舞蹈动作，结合健美操基本步伐组合而成；又如，我国上海群英社的陈恩溢拳师，把迪斯科、武术、健美操融合一体，创编了一套叫“迪斯科拳操”的健身健美操。他吸收了迪斯科的热情、奔放，将中国武术拳法的分解动作融进迪斯科中去，按健美操的要求进行动作设计，深受人们喜爱。

（三）移植创新法

移植法主要是把某一项目的动作部分或全部引入另一项目中，并通过一定的改造而获得新项目的创新方法。如，陆鸿斌创编的“中老年健身迪斯科操”，其间的“打网球、游蛙泳、太极云手、跳绳”四个动作就是从其他体育项目中移植过来的，动作简单，造型优美，为练习者所熟悉，受到中老年爱好者的欢迎。运用移植创新法，需要深入认识到移植是基础，研究是根本，变革创新是关键。移植研究法只有通过研究过程的“量变”到“质变”，才能达到具有一定质量的实用性研究成果。

（四）仿生创新法

人的创造源于模仿，大自然这个物质、形状、色彩的天地，有无穷无尽的信息传递给我们，启发人类的智慧和才能。仿生创新法，就是根据生物界生物的外形和内在原理创造出的项目。形态的仿生是人在对自然生物体，包括动物、植物等所具有的典型外部形态的认知基础上，寻求新事物的突破与创新。例如，具有5 000多年历史的瑜伽，是印度苦行者为了修炼而从自然界的动物们抵抗外界严寒烈日的方法中得以启发而成。它通过人对生物形态的科学分析，结合我们的生活经验，从而模仿、再现生物的具象形态，从知觉和心理角度有意无意地把形态的内力运动变化感受为生命的活力。

（五）类比创新法

类比创新法是根据体育创新需要，对已知对象与创新对象之间的异同关系进行排列、对比、类推、借鉴、创新的过程。动感单车是由极限马拉松车手 Johnny. G 发明的。它受普通单车的启发，借鉴、模仿和扩展普通单车的作用，进行着与普通自行车一样的蹬车动作，使这种单车的车轮转动，虽然他们都有车把、车座，但是它们之间不同的是动感单车的底盘始终是固定的，而且动感单车的踏板上有一个束带，这个装置用于固定脚的位置，使之不至于左右摆动而导致危险情况的发生。健身者在动感单车运动中，通过对不同的速度及阻力的练习，配上健身房内动感音乐，能够令健身者倾情投入、挥汗如雨，从而达到健身目的，也能释放一天来自各方面的压力。

三、健身健美操运动创新的基本特征

（一）综合性特征

综合性特征是健身健美操运动创新的基本特征。体育运动项目在高度分化时，又在高度的综合，项目与项目的综合、文化与文化的综合、器械与器械的综合等，从而产生新的项目。新项目并不是简单的汇集，而是按照一定科学目的、规律加以分析、归纳、加工、整合与创新研究而成。如来源于德国普拉提、来自美国莱美体系的“Body Balance”等，都融合了东方文化有代表性的印度瑜伽、中国太极拳、芭蕾形体的一些理念以及教练个性化的内容于西方模式中。又如，中国瑜伽的创始人黄标老师，潜心研究和实践中国传统文化与佛法、瑜伽，把中华国粹的中医经络、五行、阴阳平衡与瑜伽相结合，独创了中国瑜伽。当然，新体育项目创造并不是一蹴而就的事，对新体育项目创造要从全面、准确地认识体育运动的本质开始，从追求健身价值、运动教育价值、运动娱乐价值、休闲养性价值等角度去思考，还要从运动文化、运动经济、运动环境、活动对象、适用人群等方面去思考。一种新体育项目创造出来后，还要经过实践的进一步检验，让广大的运动参与者接受它、喜爱它、推广它。人们只要树立以人为本的理念，不受现有运动条条框框限制，开启创新的大门，就能创造出有针对性、适宜性、富有乐趣、富有特点的新体育运动项目来。

（二）多维性特征

健身健美操运动创新的多维性特征就是指创新者对健身健美操运动创新的表现形式和方法是多种多样的。据现有资料的分析研究，创新在表现形式和方法上的多维性可概括为下述方面。创新在表现形式上的多维性表现在：新动作、新环境的创新：如，陆地上的健身健美操改变环境变为时尚的水中健身健美操；又如，把室外自行车运动搬到健身房锻炼的动感单车；动作风格的创新：如备受人们喜爱的拉丁健身健美操、搏击健身健美操、爵士健身健美操就是健身健美操与其他运动项目的完美结合；器械创新：为使锻炼者的锻炼效果、兴趣得到提高，在徒手动作为主的基础上，利用各种器械创新出了许多器械健身健美操运动。如，动感单车、踏板操、健身球操、杠铃操等。完成动作手段创新：高温瑜伽就是改变常规的训练手段，利用温度来提高人的柔韧性的一种健身健美操。创新在方法上的多维性表现在融合创新法、移植创新法等各种各样的创新法。

（三）渐进性特征

我国的健身健美操运动的创新是渐进性的，不是一蹴而就的，它经历了引进—模仿—研究创新的道路，致使我国的健身行业日趋发展，越来越多适合中国人体质特点的“国产”健身健美操运动出现在我们的生活中。

20 世纪 70 年代末至 80 年代初，我国那时引入的健美操主要是以扭动躯体健身的非洲民间舞蹈与基本体操相结合的迪斯科健美操。1981 年《简·方达健美操》一书首次在美国出版，畅销世界 20 多个国家（包括中国）。此时，大众健身操的引进使我国接触到国际大众健身运动的主流，例如，东方神韵——俄罗斯现代韵律操、卡氏健身操（又称卡兰健身操）；英国健美操潮流——拉丁舞、韵律搏击“TAE－BO”（跆拳道、拳击）、舍宾；街舞莱斯米尔——国际人体健康训练体系等。

1997 年以前，我国的健身研究者也先后创编了一系列的健身健美操运动。例如，康亚维的健美热身操、严庆心的中老年韵律健身操、赵玉霞的敦煌舞蹈健身操和狂草书法健身操、孟宪军等人创编的系列青年健身操、轻器械操、披肩操、休闲健身操、有氧健身操、椅子操、矫治鸡胸锻炼法、实心球操、女性姿态美锻炼法、女子肩背健美操等，都体现了不同风格的健身方法。

传统的大众健身操形式十分单一，动作相对枯燥、乏味。但是事物总是在发现，运用，不断改进后得以发展的，健身健美操的发展也是如此。由于国内有着大批致力于健身行业的研究者、爱好者，所以我国的健美操事业日趋发展，健身健美操运动日趋科学和完善。当时健身界比较有名的教练马华为此做出了较为突出的贡献，她创编了适合中国大众的健身操，使中国的健身事业跨入了一个新的台阶。后来相继出现何冬健美法、旭天歌的经络减肥法、呼吸减肥法、新潮健身术、中国古代反常健身法、哑铃健美操、伏案者工间操、陈琦水中健身操、秋彤街舞等项目。

现在，人们进行锻炼的是针对性更强、更加丰富，而又适用、有利于塑造美的形体和健康心理的健身健美操，我国已从简单的自编发展到运用信息工程技术进行健身项目动作内容的设计和测评，渐进性地走上了科学化的道路。健身健美操将随着人们的需求，时代的发展，不断向前发展。

(四) 脆弱性特征

一个健身操项目创新出来的初期，尽管在一定程度上对人的身体起到某些作用，但由于项目本身具有一定的局限性和不合理性，只能停留很短的时间，甚至不能被人们所接受，表现出一定的脆弱性特征。所以，一个新项目研究出来，需要进一步的探索、研究、补充、拓展等才能逐步合理与完善，才能不断地成长、壮大和发展。否则就可能有夭折的危险。例如，从健身健美操传入我国开始，无论是国外引进的还是我国自行研究的，有的健身健美操虽然在某个时期对人们的身体锻炼起到了一定的作用，但或许因为此项目缺乏锻炼的全面性、自娱性和观赏性等，在人们生活中，只停留了很短的时间就消失了。早期 20 世纪 80 年代末产生的颈部健美操、肩部健美操等形式单一的健美操项目，现在在人们的锻炼场所几乎看不到了。因此，脆弱性特征也是新项目形成的主要特征，我们需要加以充分认识，在创新初期，不能满足现状，要看到其脆弱性特征，需要努力进一步研究和实践，成为一项人们热衷的成熟、充满活力的健身健美操。

第三节　健身健美操创编问题分析

一、自身定位不明确

健美操从 20 世纪 80 年代传入我国之后得到了迅速的发展，当一种事物在开始被人们接受以及肯定的时候往往会表现出强大的生命力，迅雷不及掩耳之势的发展，但是当趋于成熟或是到一定的阶段之后，若不进行改革或者是创新就会进入一种“举步维艰”的地步。健身性健美操产生于西方，之后传入东方，再进入我国，虽然得到了国民的喜爱和推崇，但一味地仿效西方不顾及文化及传统项目的实际情况，只要新鲜感一过就会出现发展缓慢的状态，我国在大力普及健身性健美操的同时却忽视了一种阶段性的反思和总结。据调查，很多健身体验者对于健身性健美操将来发展的方向不明确，都是跟随现阶段的发展现状去追求，如果一件事物的发展找不到好的方向，往往就会陷入进退两难，停滞不前的境地。现代我国的健身性健美操呈现出多元的发展趋势，主要表现出以下几个特征：①个性时尚化；②生活艺术化；③休闲娱乐化；④本土化和民族化。这些是我国健身性健美操所呈现出来的一些特征，可能不同阶层、不同年龄、不同性别的人群对于健身性健美操的理解或者是看法均存在不同，所以不同的特征所占的比例基本接近，说明我国健身性健美操的特征不明显。

在实际操作中，只要健身性健美操能起到健身效果即可，但是随着科技信息的发展，各种生活条件都能满足人们不同的生活需求，进而对精神生活的追求越来越高，所以要达到不同群体的精神需求就要求健身性健美操的发展，在不同领域或者是不同的阶段的发展中要有一定的发展方向，在全面发展的同时要确定自己的发展方向，总的发展趋势要把握好。在调查中可知，由于我国的健身性健美操所呈现出来的特征不一样，所以人们对于健身性健美操的发展可谓是莫衷一是，众说纷纭，当然在这个个性开放的时代，人们的观点或者看法同样会受不同环境的影响而不同，所以在现阶段的发展趋势也会表现出不一样的看法，但无论怎样，在参考国际健身性健美操发展趋势的基础之上，结合我国的人文现状以及文化特点，制定出自己的健身性健美操的阶段性发展方向，找好自己的发展定位，无论是在健身市场中还是社区服务中都能有利于健身性健美操的长久发展。

二、与社会和大众的健身需求有差距

我国健美操的发展总体趋势来说是好的，但是在发展中也存在不足的地方。我国从 1984 年洛杉矶奥运会许海峰的第一枚奥运金牌，再到 2008 年北京奥运会的 51 枚金牌，从 1990 年的亚运会到 2010 年的广州亚运会，说明国家在竞技体育上的重视，以致在全民健身方面稍弱。健美操也在过于追求难度动作加上简单的操化动作，竞技化趋势明显，虽然我国队员在国际赛事上的战绩辉煌，但却不能满足普通大众的健身需要。近几年国家推出了大众健美操等级套路，即第一、二、三套，这也是我们通常所说的健身性健美操，校园中学生可以说是一个大的健身群体，推行的这种大众健美操也着重在校园，而在社会中推行的幅度和力度就稍差一点，大部分的社区和广场健身者不知道国家推行的大众健身操，而知道的一部分人们平时却极少练习这种健身操，访谈中，他们认为大众健身操缺乏一定的乐趣、美感和个性，单纯强调了一种健身强度和节奏力度等，而且适合的人群范围较少，虽然现代健身操的发展已经延伸出很多的种类，但却仍不能满足人民大众急切的健身需求，而且现在很多个人或者是企业也在极力地投入到健身行业中，其主要的目的就是紧跟社会的发展和满足人们日益增长的健身需求，极大地提高人们在物质生活丰富之外的精神境界。

三、创新性有待于提高

创新是健身性健美操发展的一个灵魂，人们在长时间审美或者是体现一种新事物的时候总会出现一种疲劳，或是一种审美疲劳，或是一种体验疲劳，我们不否认这种事物的自身价值和其创新性，但是随着时间的推移和社会的进步发展，这种事物的创新性自然也就消失，成为推动这一事物发展的一朵“浪花”或是“车轮”，我国的健身性健美操在传入初期是以模仿国外健身操为主的，主要是引申于美国黑人的爵士舞和土风舞，所以它的节奏欢快，有力度感，运动部位全面，并要求达到一定的健身强度，对人体有着较好的锻炼效果。之后我国也在努力创编自己的健身性健美操，例如搏击健身操、拉丁健美操、秧歌健美操等等，这些健身操的特点就是项目之间的整合与改编，使其融入健美操当中，但是其本身项目的创造性、创新性方面却较小。

始终处于集体健身领域的领头地位的莱美健身课，之所以一直在世界上风风火火的发展和蔓延着，是因为它每三个月会组织健身团队对所有健身项目进行一次从音乐到技术动作上的全面创新，这种强大而持续的创新能力充分保证了莱美健身的生命力。而我国的大众健身操却每四年推出一套，与国外的健身市场相比，我国的创新的速度和力度都会逊色一点。

相关学者的研究认为健身性健美操的创新会受到经济环境、科技环境、信息环境、健身市场的竞争环境的影响，所以随着社会的发展，物质生活的丰富，休闲时代的到来、网络交流时代的飞速发展等等，都在无时无刻地改变着人们的生活状态，由此人们产生的观念以及主体意识越来越激励事物的发展，健身性健美操的发展也由此更要提高自身的创新性，才能让这一健身项目在社会的发展浪潮中占有一席之地。

四、面临挑战和冲击

近几年的国内健身热潮的发展中，陆续的传入国际上各种各样的现代健身舞，并且不断地掀起着国内的健身热潮，其主要的有 Breakin（技巧）；Jazz（爵士）；Hip-Hop（流行街舞）；Poppin（机械舞）；Lockin（锁舞）、排舞、Raggae（雷鬼舞）、萨尔萨舞、跳舞、拉丁舞等等。无论是校园还是俱乐部，人们所喜爱的健身项目在慢慢地发生着变化，像“操”一类的健身项目已经不再成为人们健身的选择，而一些健身“舞”却在迅速地抢占着健身“市场”，这些健身舞蹈的个性内涵以及表现形式都非常具有观赏性和审美感，非常容易调动人们参与和练习的积极性，并且当前各种现代舞和民族舞蹈潮流已经从电视上疯狂蔓延到现实当中来，从街上林立的舞蹈教室、电视上艺人的最新舞步，到最近国内流行的“舞林大会”和欧美的“舞魅天下”等电视节目，还有新潮艺人的狂热舞蹈，都受到了人们热烈追捧和模仿，尤其对于新生的一代“90后”“00后”来说，他们喜欢个性、刺激和挑战，也对新的东西充满了好奇，相反对于简单的肢体运动、单纯的音乐节奏就会失去兴趣，这样就会极大地冲击着我国的健身性健美操的发展。

第四节　健身健美操创编的基本要求与依据

一、健身健美操创编的基本要求

（一）动作选择的多样性

健美操动作的多样性，是展示成套动作信息量的主要方式。多样性的技术要求是成套动作应该展示不同形式健身健美操特色的上、下肢动作；成套动作中应该体现不同的节奏以及与之完美结合的动作，成套中的动作形式、动作连接、动作造型与配合都应该均衡以及体现动作利用场地的多样性。

1. 动作选择多样性的意义

健身健美操动作丰富，变化多样，无论是身体动作还是持器械动作都有多种多样、不同类别的动作，在健身健美操创编过程中，将这些不同类别的动作用不同的方法组合起来，又会产生许许多多新的动作，再加上队形的变化，使健身健美操充满了不可抗拒的魅力。健身健美操的创编应充分根据人体解剖的生理特点，较大自由地选择各种各样的动作，既可以是对称性动作，也可以是不对称性动作；既有大幅度动作，又有中小幅度动作；既有原地动作，又有向前后左右移动的动作；既有肢体同时进行的动作，又有依次进行的动作；还可适当编入一些变节奏动作。这些动作相互交叉组合，使人体各个部位都能得到全面的锻炼，也使成套动作充满新鲜感。

2. 实施动作选择多样性的具体要求

1）广泛积累动作素材，集中体现健美操特色和内容

①通过对我国大量健身健美操动作的选择和设计资料分析表明：体育舞蹈、艺术体操、爵士舞、芭蕾舞、武术、搏击等运动素材和舞蹈形式大量融入健美操，使健身健美操的动作日新月异，丰富多彩。所以创编者应该广泛收集积累相关项目中有利于健身的动作素材，为成套的创编提供丰富的动作内容，经过创造加工成为具有健美操的特色动作。

②健身健美操融入了其他项目的动作，但这些动作应该改编成为符合健身健美操运动的特殊要求和特征形式，体现健美操特色内容。健美操特色内容是指成套的动作必须体现传统健美操内容，即：健美操的 7 种基本步伐动作和手臂动作的组合，是在音乐的伴奏下连续完成一组富有创造性、充满动感、力量和节奏的动作组合，动作达到一定的运动强度，以锻炼心血管循环系统的耐力机能，表现健美操项目特色，对于任何直接引入其他健身项目动作及动作特征的编排是不加提倡的。

2）灵活改变动作因素，巧妙连接动作顺序

①通过改变动作因素，获得丰富的单个动作和动作组合：健美操的动作体现了人体在三维空间的活动，动作是健身健美操创编的首要内容，健美操创编的过程中就是通过对动作速度、动作节奏、动作路线、动作方向、动作力度与幅度等因素的合理改变和巧妙的连接从而创编出面目全新、多种多样的动作组合。

②改变动作因素，获得多种感觉效果，对于成套具有积极影响：改变动作路线，应该选择能够很好地在不同空间予以完成各种动作并加以组合，避免集中利用一个平面，以体现成套动作对空间利用的多样性；改变动作节奏，快慢结合，有助于体现成套动作变化参差起伏，更富有激情和艺术表现；改变动作的幅度，可以体现在动作的开始和结束之间的动作路线的长短，动作路线长，动作幅度相应就大，动作路线短，动作幅度相应减小。

③此外，动作多样性，不仅体现在成套动作的形式内容的多样上，也表现在

一定的动作连接、动作造型和配合动作，尤其是大型集体性的健身健美操创编更应该重视。

(二) 运动负荷的合理性

1. 运动负荷合理性的意义

为了在健身健美操练习时保持和不断提高循环、呼吸以及肌肉骨骼的机能水平。在健身健美操的创编中，我们应该注意健身健美操负荷的合理性：健身健美操要严格地把运动负荷控制在中小强度，使之确保运动当中的呼吸供氧。既要避免练习负荷过大，造成的伤害事故，又要避免练习负荷过小，达不到锻炼的效果：运动负荷的合理性是健身健美操创编的基本要求。

2. 实施运动负荷合理性的具体要求

1）根据不同创编对象合理安排运动负荷

这是因为不同运动对象的有效运动负荷有所不同。《健美操若干编排原则应用研究——编排男青年健美操》一文指出，以心率为指标：幼儿健美操有效心率负荷强度为125～135次/分钟；少年为140～150次/分钟；中老年120～140次/分钟；青年145～150次/分钟。以最大摄氧量为指标，应该达到自身最大摄氧量的50%～60%负荷强度能够有效锻炼身体，提高和改善心肺功能。

2）根据不同创编对象合理控制成套操的时间

以最低有效锻炼的时间阈来衡量，幼儿3～4分钟，青少年为5分钟，中老年3分钟左右为有效时间安排。

3）成套运动负荷的动态安排

应该呈现波浪向前进行，注意在出现多次高峰时每次的强度应有所不同，可递加或递减。成套时间越长出现高峰的可能性越大，相反则越小。

(三) 动作与音乐配合的一致性

1. 动作与音乐配合的一致性的意义

音乐是声音的艺术，它作为完整的艺术形式有着自己独特、系统、完整的表达方式，健美操的动作在音乐的衬托下，更具生命力与艺术性，扩大了表现空间。健身健美操音乐的选配，要考虑到与整套操的创编意图相吻合，也就是说与动作的高潮与低潮相吻合，音乐的节奏与动作的节奏相吻合，音乐的感情色彩与动作的感情色彩相吻合，音乐的力度与动作的力度相吻合等等。音乐要与动作保持高度一致性才能使音乐更好地衬托出健美操的魅力，起到美化动作的效应，使动作与音乐成为一个整体。

2. 实施动作与音乐一致性的具体要求

健身健美操音乐的选配，要考虑到音乐与动作的风格的统一，同时还要考虑到健美操是健、力、美的统一体，强调美与力的结合，所以它的旋律要动听，力求新颖，富于变化，节奏鲜明、强劲、规整，速度适中，必要时可以对音乐进行剪辑。音乐与动作的统一具体表现在以下方面。

（1）动作的高潮、低谷与音乐的起伏相一致：伴随音乐的节奏变化，配合各种动作依次进行，推波助澜逐步达到高潮。例如，当成套动作的高潮到来时音乐应该强劲有力，节奏明快，火爆热烈，以突出高潮。

（2）音乐的风格与动作风格相一致：例如，创编拉丁健美操时，因为选择的动作素材以拉丁风格为主，这就需要用拉丁乐曲相伴奏才能吻合。如若选用其他风格的音乐，就会形成风马牛不相及的负面效果。

（3）音乐的节奏与动作的节奏相一致：创编健美操时，一定要根据音乐的结构完成动作的编排。选择快节奏的音乐就要编排快节奏的动作相统一，慢节奏的音乐就应该与慢的动作相吻合。如果节奏不一致，就会使动作失去动感韵律，破坏了原有的完整性。例如，编排节奏明快，强劲有力的动作，采用柔和慢节奏的音乐，就会使原有的动作拖泥带水，毫无激情，缺乏感染力。

（4）成套动作的时间与音乐时间的一致性：健身健美操在时间上是灵活多变的，但无论成套动作的时间长与短，都必须与音乐时间的长度一致。所以编排的音乐与动作都必须在相同的时间内完成相对完整的结构与情绪表达。

（5）不同相应节奏的曲调配合：在一套练习中可以用一首曲调的音乐贯穿始终，也可以用同样节奏的几首不同曲调的音乐或不同节奏不同曲调的音乐与相应动作节奏配合。因为一套操中的动作节奏会有快有慢，乐曲也该有相应的变化与之相配合，从而达到动律统一的效果。

二、健身健美操创编的基本依据

（一）健身健美操创编应该依据练习者的基本特征

健身健美操是一项参与性较强的体育运动，老少皆宜。所以在健身健美操的创编过程中要依据不同练习对象的基本特征，对练习强度、感受能力、表现能力等方面的不同要求，有针对性地进行创编，做到有的放矢。在创编风格、技术难度、负荷大小等方面要因人而异，才会收到良好的健身效果。

1. 健身健美操创编应该依据练习者的年龄

不同年龄阶段的练习者在生理、心理上有很大的差异，因此，在健身健美操的创编上也有很大区别。

1）儿童少年

为儿童少年创编的健身健美操要突出天真活泼，动作形象生动，力度、运动量不可太大，动作自然，轻松欢快，容易模仿，可多一些蹦蹦跳跳，趣味性强的动作，配以他们熟悉的儿歌等音乐，充分发挥他们模仿能力与表现能力强的特点，反映天真活泼的个性特征。

2）青年人

青年人正值青春年华时期，体力充沛，精力旺盛，动作敏捷，可选择动作幅度大、力度强、速度快、富有动感的动作，配以节奏强劲，变化丰富的音乐，以突出青年的豪放与激情。

3）中老年人

中老年人适于选择比较简单、舒展、安全的动作，力度不宜强。既要突出稳重大方，又要使他们感到自己仍然年轻有力，充满对生活的激情，同时注意音乐的选择应该偏重平缓。

2. 健身健美操创编应该依据练习者的性别

健美操向人们展示的是人体的健、力、美。性别的不同，其美的表现方式就不同。男性力量性较强，在创编时要选择和设计体现男性阳刚之气，潇洒豪放的动作造型。女性柔韧性、灵巧性较好，在编排上多一些舒展、优美、柔中带刚和舞蹈性较强的动作，以展示女性矫健的身姿。

3. 健身健美操创编应该依据练习者的身体状况

健身健美操的主要特征之一是健身性，发展人的运动基本素质，创编健身健美操应该在保障健身者免受伤害的前提下，充分发挥健身健美操的健身性。因此，创编健身健美操应依据练习者身体状况的特征，充分考虑参与者自身的综合因素，根据练习者身体的协调性、灵活性、柔韧性、节奏感等能力，同时考虑练习者的身体健康状况特征，有针对性地创编不同类型的、负荷量适宜的健身健美操，以达到健身的实效性。例如：帮助孕妇锻炼的孕妇健美操；治疗不同疾病的康复性健美操；锻炼儿童右脑的儿童健美操等等。

(二) 健身健美操创编应该依据场地、设施的环境条件

健身健美操的创编除了依据练习者的特征外，还应该依据健身健美操的比赛或表演的场地、设施等环境条件。健身健美操在室内、室外均可进行。一般来说，场地设施较好时，可以创编难度稍大些，较为复杂的健身健美操；而场地、设施条件较差时，则需要降低健身健美操的难度，以避免伤害事故的发生。另

外，一套健身健美操比赛或表演的人数可以从几人到几百人，甚至上千人，因此，随着人数多少的不同、场地大小的变化，健身健美操的创编应根据实际情况予以变化调整，使健身健美操的创编与场地、设施等环境条件达到最佳结合。

（三）健身健美操创编应该依据健美操基本技术特点

健美操在一定意义上可以说是以身体各关节的灵活性、肌肉的弹性、韧带的伸展性为基础，在身体各部位的参与下的一种健身运动项目。严格意义上说是在身体标准姿态控制技术基础上的有节奏的弹动技术。随着健美操运动的蓬勃发展，健身健美操吸收了越来越多运动项目的特点，并且技术发展正趋于成熟，越来越适合练习者健身的实用性和安全性的需要。其基本技术特点一般包括：身体节律性弹性特点、身体姿态的控制性特点、身体的协调性特点，同时它派生力度特点、重心移动等特点。健身健美操创编应该依据健美操的这些基本技术特点，使练习者在健身健美操练习中遵循健美操基本技术特点进行练习，充分体会基本技术特点的魅力。

1. 依据身体节律性弹动的特点

在健美操运动过程中自始至终都保持着明确的动作节奏感，这种节奏主要体现在动作过程中重心上下起伏，全身的动作节奏始终与音乐的节奏相吻合，通过髋、膝、踝的弹动完成动作。弹性是健美操的一大显著特征。弹性包括身体各关节的屈伸和缓冲弹性，身体各部分肌肉的屈伸弹性。其中较为重要的是身体各关节的屈伸。身体各关节的正确屈伸有助于缓冲压力，放松神经，使肌肉协调运动，避免动作僵化引起的身体各部位的伤害。另外，身体各部位的弹性也使健身健美操动作表现出动感活力。例如：踝关节和膝关节的弹性是健美操运动中十分重要的一环。踝关节和膝关节的弹性能缓冲运动中地面对身体的冲击力，使身体各部位协调运动，增加美感。健身健美操创编应该依据健美操的弹性特点，使练习者在健身健美操练习中充分体验健身健美操动作的独特魅力。这是健美操运动的基础。在动作过程中，重心上下有节奏感的起伏是动作流畅完成的基本前提。

2. 依据身体姿态的控制性特点

在健身健美操运动过程中，无论动作怎样复杂多变，整个身体要求始终控制在标准健康位置，这里的身体标准姿态的控制技术包括身体重心的正确位置，身体各环节的正确位置，身体各关节的正确屈伸，身体各肌肉的正确收缩与放松。正确的身体姿态的控制技术使练习者身体各部位协调运动，有助于练习者更加有效的锻炼，预防身体各关节屈伸过度、肌肉过于收缩或过于放松造成的伤害事故的发生，这就是健美操身体姿态的控制特征。即便在长时间的复杂多变的步伐组合过程中或动作后，整个身体的标准姿态不被破坏。通过对身体姿态的控制来体现动作的速度、幅度等，展现健身健美操的动作特点，体现健身健美操所特有的动作力度，并通过对身体姿态的控制来提高人体的体态美，健身健美操创编应该依据健美操身体姿态的控制技术特点。同时，优美的身体姿态会给人以美的享受，提高观赏性。因此，在健身健美操创编过程中，动作的创编应该充分考虑到身体姿态的控制技术特点，实现健身健美操的技术特点。

3. 依据身体的协调性特点

健美操动作一般皆为全身自然动作，每一节几乎全身各大小关节及大小肌肉群都要参加运动。组合越复杂，每单位动作速度就必须越快，变化的过程就必须越流畅，为此，就需要肌肉紧张与松弛相结合，需要关节屈伸动作的节奏和谐配合。健美操动作大多为多关节的同步运动，很少是单关节的局部运动。例如完成大幅度的上肢运动时，多伴有腰、髋、膝、踝和头部等动作，这样使身体各关节的活动次数成倍增长。同时在健美操运动中，不仅有对称性动作，而且有许多非对称的或依次完成的动作。这些都要求肌肉、关节协调配合完成动作，体现身体的协调能力。

派生特点：健身健美操动作的力度是健美操动作美的体现。在健身健美操练习中动作力度的发挥是非常重要的一环。创编健身健美操时应该注意动作力度的特点，使健身健美操动作符合生物力学特征，充分体现健身健美操的力度之美。

4. 依据健美操的重心移动特点

健身健美操创编应该依据健美操的重心移动特点。健身健美操动作要求身体重心移动平缓。健身健美操练习中，如果重心移动幅度过大，速度过快，不仅达不到锻炼效果，而且容易造成练习者身体关节、肌肉扭伤，因此，健身健美操创编应该注意健美操重心移动的特点。

（四）健身健美操创编应该依据健美操多样化发展趋势

健美操是一项包容性很强的体育运动项目。随着健美操运动的广泛开展，越来越多的运动项目的动作融入了健美操动作中，使健美操动作风格趋于多样化。备受人们喜爱的拉丁健美操、搏击健美操、踏板健美操就是健身健美操与其他运动项目的完美结合。健身健美操的创编应依据动作风格多样性的特点，在创编中吸收更多的项目中的新动作，使健身健美操的创编更加丰富多彩。

第七章　健身健美操成套动作创编

第一节　健身健美操成套动作的创编过程

一、了解健身健美操创编的情况

（一）明确健身健美操创编的目的和任务

1. 明确创编健美操的目的

由于不同年龄、不同职业、不同身体状况的人参加健美操活动的目的不尽相同，有的是以锻炼身体、增强体质为目的；有的是以培养优美的身体姿态、提高自身气质为目的；有的是以减脂瘦身、塑造完美体形为目的；有的是以缓解压力、娱乐身心为目的；还有的是以宣传、表演、比赛为目的。正是由于人们参加健美操活动存在着众多的目的，因此，在创编健美操之前首先要明确创编健美操是为了达到什么样的目的而创编的，针对不同的目的，创编不同的动作内容、结构、特点和难易程度的健美操。

2. 明确创编健美操的任务

针对参加健美操活动不同人群的不同目的，创编健美操的任务就是通过不同特点和作用的练习满足他们的需求，达到目的，完成任务。例如，表演性健身健美操的主要目的就是通过练习者多种多样的具有健美操特色的身体练习及其相互间的配合及路线的跑动，达到良好的视觉和听觉效果，给人以美的享受和情绪的感染。

（二）了解参与者的基本情况

1. 年龄

不同年龄阶段的人群运动器官和内脏器官的生理机能状况有很大差异，对运动负荷的承受能力也有所不同。为儿童编排的健身操要突出儿童天真活泼的特点，动作要简单、有趣，容易模仿，音乐节奏鲜明，容易掌握，运动量不宜过大；为青年人编排的健身操要充分展示青年人朝气蓬勃，充满活力的一面，因此，动作幅度要大，速度要快，动作变化比较复杂，音乐要强劲有力；为中老年编排的健美操要注意动作幅度及难度都不宜过大，速度较慢，技术简单，重复次数多，而且有很高的实用价值。

2. 性别

由于男性和女性之间存在着显著的性别差异和气质特点，因此在创编男性健美操时，要选择能够突出男性强壮体魄、刚劲有力的动作和造型，尤其强调力度、幅度，并要多编排一些跳跃的动作。在创编女性健美操时，要选择能够突出女性柔中有刚、刚柔并济、激情活力的动作和造型，躯干的动作稍多，体现女性的优雅多姿，协调性强的特点。

3. 身体素质

身体素质是人体为适应运动的需要所储存的身体能力要素。身体素质包括力量素质、速度素质、耐力素质、灵敏和柔韧素质。不同的年龄、性别的人群身体素质都有差异。在创编健身操之前要了解参与者整体的身体素质，在他们各项能力的基础上选择他们能够完成的动作，并了解其整体的优势，选择能够充分体现其身体能力的动作，以增强他们的信心，展示他们的风采。

4. 场地设备

场地设备是参与者进行健美操活动必不可少的一部分，为参与者的活动提供了条件。一般木质地板或地毯能够较好地缓冲压力，减少了地面对各关节的反作用力，使关节不易受到损伤，一些在普通地板上不能完成的动作也能在木质地板或地毯上完成。如果地面比较坚硬，则尽量少安排一些地面动作和跳跃动作，充分考虑参与者的安全，保证练习的顺利进行。

二、健身健美操成套动作创编程序

（一）健身健美操总体设计

总体构思是在明确创编健美操的目的任务及参与者的具体情况的基础上，有针对性地对整个创编健美操的初步设想。创编健美操总体构思是为了设计整个套路的一个框架，之后创编的动作内容要在这个大框架的前提下进行填充。如同画画一样，先勾勒出它的轮廓，然后精雕细琢，使之内容丰满，有血有肉。总体构思的内容包括动作的整体风格，动作的基本内容，成套动作的时间，难易程度，音乐的节奏和速度，运动量和运动强度。

1. 整体风格

所谓整体风格就是参与者通过各种身体动作，动作节奏的变化以及与音乐相一致的内在的情绪和感情的表现所展示出的成套健身健美操的整体特征。这种特征是练习者通过动作的展示留给观众的一种深刻的印象。有的健身健美操通过轻巧、灵活、拟物化的动作表现出活泼可爱的特点；有的健身健美操通过舒展、有力的动作表现出青春健康的特点；有的健身健美操通过动作速度、路线、方向的变化表现出良好的视觉效果；还有的健身健美操通过简单、实用的动作达到锻炼身体的最佳效果。因此，在整体构思时，要先考虑所要创编的成套健身健美操需要表现什么样的整体风格，能够给观众和练习者留下什么深刻的印象，就像画家在进行创作时，也都有自己的创作意图。毋庸置疑，整体风格需要参与者通过具体的动作来体现，那么，在决定健身健美操成套动作的整体风格时，就要充分考虑到参与者的年龄、性别、身体素质及整体的个性特征等特点，进行有针对性的，符合实际情况的创编，避免一味地追求整体风格，忽视参与者的实际能力的创编，从而导致事倍功半的不良效果。

2. 动作的基本内容

动作的基本内容是由成套健身健美操的整体风格来决定的。动作的基本内容必须能够充分体现创编操的整体风格。例如，要表现儿童天真、活泼的特点，应该选用一些简单、有趣、容易模仿的动作作为基本内容；要表现青年人活力四射、朝气蓬勃的特点，应该选用一些节奏强劲、速度快而有力、复杂多变的上肢和下肢动作作为基本内容，其中包括一定数量的跑跳类动作。要表现老年人积极、沉稳、健康的特点，应该先用一些动作简单而大方，具有很高锻炼价值的步伐和姿态的动作作为动作的基本内容。但无论选择什么样的动作作为基本内容，都要力求新颖、美观、大方，同时还要遵循身体活动的顺序性原则，即健身健美操的动作要从小关节肌群活动过渡到大关节肌群活动，从身体局部活动过渡到全身的活动，从原地站立动作过渡到移位地走、跑、跳动作。逐步地、分层次地使身体各个部位得到比较充分的均衡锻炼。

3. 成套动作的时间及难易程度

成套健身健美操动作的时间依据创编健美操的性质而定。如果是比赛性的健身健美操，则根据具体的比赛规则而定；如果是表演性的健身健美操一般在 2～5 分钟，若有对节目具体的时间要求则根据要求决定表演时间。如果是课间或工作期间用来调整的健身健美操一般在 10 分钟左右，有的健身健美操也可在 20 分钟左右，中间可以穿插一些重复性的动作。

动作的难易程度要根据参与者的年龄、身体素质和锻炼水平而决定。创编者可以通过一些健美操的基本步伐和简单、不易损伤的力量练习来测试练习者的柔韧性、灵活性、协调性和力量，根据参与者在这些方面的表现来综合考虑动作的难易程度，尽量做到扬长避短，选择一些能够发挥其整体的动作作为主要内容，使创编的健身健美操突出参与者的本身的气质和特点，更好地展示参与者的风采和水平。

4. 音乐构思

在动作构思设计完成之后，可以先根据成套健身健美操的整体风格，选择与其相适应的音乐，也可待成套动作编排完成之后根据动作选配音乐，但无论选配什么样的音乐，都要求音乐能够渲染、烘托和表达创编者创编操的情绪和意境。音乐的长短、高低、快慢、强弱要根据参与者的年龄、性别的实际锻炼水平而决定。音乐要与动作浑然一体，能够激发参与者的锻炼热情和表现欲望，能够调动他们的积极性，并使他们在完成动作的过程中体验一种成功的快乐感觉。

（二）健身健美操动作素材的挖掘

在确立成套动作整体框架的基础之后，接下来要做的工作就是在此基础上挖掘动作素材：挖掘动作素质有多种途径，可以通过文字性的描述、简图或录像来获得所需素材。同时，还可以请教专家或与同行进行学习和交流，获得所需的资料，并从中得到启示。根据所要创编操的类型和整体设计，可以参照一些健美操的比赛、表演活动或拉拉操的录像，也可以借鉴民族舞、拉丁舞、现代舞等一些舞蹈方面的动作，主要观察其开始和结束动作的形式，动作的主要内容、表现形式以及动作连接的方法，将初步选取的动作素材一一记录并进行分类，描述每一动作的作用，特点和在成套动作中的位置，以备成套动作划分段落时快速准确地抽取素材。注意初选的动作素材要以创编操的目的任务和参与者的基本情况为依据，具有很强的针对性，充分考虑到参与者的接受程度。

1. 基本动作

基本动作是指富有健美操动作特色的上肢和下肢动作及其上下肢简单的配合动作。它是健身健美操创编的主要内容。它包括锻炼身体各个部位的基本动作，例如，头部、躯干、上肢、下肢等动作。在健身健美操的创编内容中有对基本动作的详细介绍可供创编者进行参考。除了书中介绍的基本动作，我们在平时的学习和生活中积累更多的素材。这些素材主要通过一些健身健美操的 VCD 和录像或参加专业培训班以及阅读相关书籍所获得。

2. 过渡连接动作

过渡连接动作在成套动作中起着非常重要的作用，它用以连接 2 个主体动作或 2 个动作组合，使成套动作通顺流畅，行云流水。要挖掘过渡连接动作，就要多观察、多实践、多创新，在实践中进行大胆的尝试，从而创造出新的连接动作。

3. 队形设计

队形设计是指一套操的队形变化方法的选编和创造。健身健美操的队形变化应该是简单、自然、巧妙，便于做操。避免过多的队形变化，显得形式过于纷繁复杂而缺乏内容。常用的队形有直线形、平行线形、弧线形、三角形、方形、菱形、V 字形、十字形、丁字形等。创编者可以利用已有的队形进行创编，也可以从这些基本的队形设计中得到创作的灵感，创造出更加美观、新颖的队形。例如：倒 V 字形，散点放射无序形等。

(三) 分段进行组合，连接成套动作

1. 划分段落

无论是健身、表演还是比赛性质的健身健美操，根据动作的内容大致都可以划分为 3 个部分，即开始部分、主体部分、结束部分。开始部分和结束部分较短，主体部分较长，其中主体部分包括基本动作和高潮动作。这一阶段的主要任务是规定每一部分的长度（拍节），动作的内容和特点，每一部分的情绪如何，用什么样的方式去表现。

2. 分段组合

以收集到的动作素材为基础，按照编排原则进行动作的创编，通常以 4 个 8 拍为 1 小节，每个组合由规定的若干个小节组合而成。编排组合时，要做到动作与动作之间连接巧妙，过渡顺畅，将编排好的若干个组合分别放在开始主体或结束部分，并以组合为单位用文字或图解的方式粗略记录动作内容和大致位置。

（1）开始部分

一般的锻炼性质的健身健美操开始部分练习应安排简单易学、变化有规律，能使身体得到全面、充分活动的动作。选择以节奏感强、富有时代气息的练习内容，使练习者一开始就感到心情愉快舒畅，有浓厚的练习兴趣和迫切的练习欲望。例如，基本姿态练习，简单的步伐练习。动作的选择建立在培养练习者正确姿态及动作规范的基础上，结合练习者年龄、性别、职业等情况，选择针对性强，能激发共鸣的乐曲来吸引练习者，从而激起强烈的参与感，并积极地投入健身健美操的锻炼中来。

对于表演或比赛性质的健身健美操，开始部分一般以优美的造型或具有动感

的队形跑动出场，配合中速或慢速的音乐给人以视觉和听觉的完美享受，仿佛在欣赏一件优美的艺术作品，一部戏剧的序幕，能够给人留下深刻的印象。一套表演或比赛性质的健身健美操的开始部分编排得新颖别致，引人入胜能够为整套操的成功赢得好的开始。

（2）主体部分

主体部分是表现成套健身健美操内容的重要载体。对于锻炼性质的健身健美操来说，这一部分的内容应使练习者达到一定运动密度和强度，有利于肌肉、骨骼、关节的匀称和谐的发展，促进血液循环，加强身体新陈代谢，增强心血管系统和呼吸系统机能。因此，在主体部分的内容应是有针对性的身体各部分的练习，如上肢、躯干、下肢练习及全身上下相配合的整体练习。主体部分的安排要遵循科学性原则，一般由远离人体的头或足开始，由局部到整体，高潮在跳跃运动。动作强度和幅度由小到大，难度由简单到复杂。

对于表演性或比赛性的健身健美操来说，主体部分动作幅度大、节奏快，动作多是身体多部位共同参与的全身性运动，动作的过程中需要有高潮的体现，高潮动作是指一连串的速度快、幅度大、节奏强、令人目不暇接的动作。一套表演或比赛性质的健身健美操可能有一个或两个高潮，如果只有一个高潮，则安排在主体部分后半部为好；如果有两个高潮，则分别安排在主体的前半部和后半部为好。在高潮之前应有铺垫动作，起着步步推进，重点烘托的作用，高潮结束之后，动作节奏应做调整，使活动的强度较小、速度相对较慢。

（3）结束部分

结束部分是整套操的结尾，对于锻炼性质的健身健美操而言，一般安排整理放松运动。动作要求简单，舒缓，动作活动范围缩小，强度相对降低，速度相对减慢，渐渐地使身体和心率恢复到正常状态。

对于表演或比赛性质的健身健美操的结束部分一般比较短，安排动作的原则与锻炼性质的健身健美操的结束部分基本相同，同样是减缓动作速度，缩小动作幅度，缩小动作范围，减少身体活动部位，不同的是它一般需要有静止的造型，静止造型前需要过渡动作连接主体内容和结束部分的内容，使整套操看上去连接顺畅，过渡合理，主体突出，有始有终。

3. 连接成套

把开始、主体和结束三个部分连接起来，组编成套。在数拍子的情况下，让参与者进行试跳，删除、修改、替换明显不合理的动作，测试动作难易程度是否适合参与者，成套动作的强度是否能够被参与者所接受，并根据他们的表现，增加或降低难度，同理，加大或减小运动强度，使成套动作与参与者的实际承受能力基本一致。

(四) 健身健美操的修改加工

把动作与音乐反复配合进行练习，从整体角度去分析成套动作，看成套的路线、音乐的配合、场地的运用是否合理；看动作的面向、角度、方向是否有利于动作的幅度和美感；看队形的转换是否形成最佳的观赏效果；看高潮的形成是否自然，形式如何；看音乐的运用是否恰当。通过观看，修改不合理的地方，使成套动作尽善尽美。

(五) 健身健美操的记录

动作成型后，要不断完善熟悉全套动作，再仔细雕琢，也可以聘请专家对成套动作进行指导，并提出宝贵意见，不断改进，直至完成成套动作的最终编排。完成编排后，对成套动作进行详细记录，最好做到图文并茂、简洁明了，附带录像。记录成套动作的方法分别有：文字、简图、录像。

1. 文字

文字记录首先要描述一下创编健美操的总体结构框架，高潮阶段的表现形式，动作的特点等基本情况。然后，记录每一拍动作，包括描述动作的做法，手臂的位置、姿态，下肢的动作细节，动作的方向、路线以及注意事项。

2. 简图

简图是指通过画图的方式记录健美操动作的一种方法。这种方法简明、形象、容易理解，能够突出动作技术特点。用简图记录动作时，要用线条体现动作的位置、幅度、特点，要用特殊的符号体现动作的方向、路线及与器械的关系等要素。

3. 录像

让参与者进行成套动作的练习，当练习者对动作和音乐完全熟悉，能够完美完成动作时，拍摄录像作为历史资料，以备参考。拍摄时，要注意服装的色彩统一，背景的布置，有条件时可以请专业摄像师进行录像的制作，力求做到画面的清晰和美观。

第二节　健身健美操动作组合的实践创新

没有创新就没有健美操的发展，因此，创新性是健美操创编的一项重要原则。首先要丰富自己，了解国内外健身健美操的发展现状和趋势，深刻理解健身健美操的精髓，然后根据健身健美操的特点、编操的特点及编操的对象，创编出既有健身价值又有美学价值，既有观赏价值又有表演价值，新颖、独特的健身健美操。

健身健美操创新就是将丰富多样的不同形式的单个徒手动作串成组合动作，并根据音乐的节奏和旋律的变化，将其合理地连贯起来，组编成一套动作。健身健美操成套动作的创新不是简单的单个动作的罗列，而是根据健身健美操的创编目的，遵循一定的创编原则，来实现动作间的有机联系、和谐配合、完整统一。只有那些具有较强锻炼功效、运动负荷及难度适宜、富有魅力的健美操才能激发起人们的锻炼兴趣，吸引人们全身心地投入练习，并收到良好的健身效果。

一、健身健美操审美观念的更新

审美观念是一个逐渐提升的过程，审美观念是从基础性分析健身健美操表达的真实感受，强调了审美观念的真实价值。人们学习健身健美操的重要意义在于学习审美价值观，树立健康的人生态度，提高自我的人格魅力。人们对美的追求很多，但往往注重在容貌的装饰，服装的搭配上，忽视了美的动力性，动力是美的最好展现，只有各方面协调统一才能组成美的整体。美的整体性体现在动态美和静态美上，正确地欣赏体味动态美，不但是一种精神的养怡美的享受，同时还是一种对自身生命活力的策动力。在教学过程中不断加强对学生的思想教育，通过国外先进文学作品与健美操相关艺术表现演出的视频培养学生对待健美操的艺术审美能力，要不断提升学生自身的美学价值观念，了解更多地竞技性健美操所能表达出的美学价值，让更多的学生通过对国外先进思想和艺术表达效果的学习，更多地了解健美操艺术魅力。另外一个方面，要让运动员和训练员通过健美操运动的训练提升自我对生命力的认识，改善对生活的态度，提升学生对生活的热情和兴趣，增进学习积极性。运动者健美的体魄，英姿飒爽的神态和扑朔迷离的技巧，闪烁着生命的光辉，叫人强烈地感受到生命的活力，从而增强人们生活的信心和奋斗的勇气，引导人们对美好事物不断追求探索和创新。我国传统的审美观念需要创新和变化，传统的审美观念是强调体格的强健，形体的粗犷与伟岸，豪放的阳刚之美之中带有十足的潇洒，与音乐结合，展现出肌肉的力道与柔和。现代化生活之中爱美之心人皆有之，美是不分年龄的不分层次的，老年人的美是享受生活的快乐，而青年人的美是朝气蓬勃，审美观念的改变将会对健美操整体运动产生影响，从而保证健美操的运动理念的创新。

二、健身健美操动作创编的创新

虽然健身健美操在我国的起步相对较晚，但丝毫不影响其快速发展的脚步，它在我国逐渐向着动作多样化、技术规范化、比赛制度化、形式国际化等方向发展，越来越多的人被其独特的魅力和不同的风格所吸引。健身健美操在动作上虽然较为丰富，并各具特色，但它并不是单纯的自我展现，而是要完善自我，它不仅仅展现着生活，还在创造新的生活，所以健身健美操动作所体现出的是对生活的追求和创造，它具有较为鲜明的创新特点，这也是健身健美操项目拥有强大生命力的重要原因。

动作的编排决定了一套健身健美操是否具有吸引力和号召力。在进行现代健身健美操动作创编的创新时，应注意以下几个方面。

1. 健身健美操与球类运动相结合

健身健美操可以与篮球、排球、羽毛球、乒乓球等球类运动中的跳跃、伸展动作相融合，这样不仅可以提高身体的协调性、柔韧性和灵活性，还可以改善身体运动能力的不足和缺陷。将这种组合形式的健美操运动与身体素质的提高相结合，可以让身体素质在健美操运动过程中不断得到提高和增强，并且在进行体育运动前，进行一些健美操训练可以让关节部分得到充分的热身，减少运动创伤，提高运动兴奋性，有利于运动得到更好的发挥，同时还能启发出更多新的动作形式。例如，体操中的跳跃伸展、技巧中的跪撑转身旋转等都可以用于编排动作造型。这为健身健美操动作创编的创新提供了很大的创造空间，健与美的结合使身体素质全面得到发展提高。

2. 健身健美操与武术运动相结合

健身健美操可以与武术动作中的踢腿、击掌、旋风脚、甩腰、鲤鱼打挺等分解动作相融合，这样可以形成各种风格独特的武术健身操，例如，武术健身操、搏击操等都充分体现出英姿飒爽的时代气息。

3. 健身健美操与跳绳运动相结合

跳绳运动是人们非常喜爱的一类运动，特别是在年轻一代中，他们通过各种创新跳法，使跳绳运动的内容更加丰富多彩，娱乐性也变得更强。在健身健美操动作创编的创新过程中，也可以融入一些跳绳运动的动作特点，使其动作更具生活情趣，来源于生活，创造于生活。

健身健美操的创新与生活中的各种体育活动都有着紧密的联系，也创造出了各种各样的新形式，真正实现了从体育中来，到体育中去。

三、健身健美操音乐配置的创新

音乐配合健美操的发展是未来健美操主要发展的方向之一，也是健美操不断强化自身运动功能，体现音乐与健美操之间的一种协调有效的运动风格与运动特色功能的主要价值。音乐的节奏与旋律可以激发出练习者本身的活力与激情，音乐是体现健美操运动活力，改善健美操运动品质的一种外在体现。健身健美操的运动本身就是充满运动激情和活力的运动表现方式，是一种具有动感的运动方式，通过健身健美操的运动可以看出运动员自身的活力和对生活充满信心的态度，对克服未来的挑战充满信心的一种精神观念。健身健美操加上激动人心和旋律符合运动风格的音乐乐曲，自然而然地形成了最完美的配合，表现出了健身健美操与音乐配合的最佳方法，体现出了健身健美操的最大化价值，实现了健身健美操的自由、动感、自信、活力的特色，体现出了健身健美操与音乐结合后的旺盛生命力。

通过音乐节奏感与健身健美操之间的互相结合，创新健美操的发展方式，加强健美操运动风格的直接体现与运动精神的表达，让健身健美操变得更具有活力。

音乐与健美操的配合让人接触的第一感觉就是力度与音乐效果之间的配合，通过音乐不断强化人们心目中对健美操不同动作与创新特色的认识，我国健美操的发展通过加入民族风的情调和风格，改变了传统健美操的陈旧观点，反映出了现代化人群的需求与健美操运动的心理需求，对身体素质和身体健康化程度的要求变高了。

我国创新健美操的发展主要经理在于提高健美操的主题性发展方向的完美程度，其中不乏有采用安塞腰鼓与北京京剧格调为主题进行健美操的创新，体现出了中华民族努力拼搏与勤劳的精神风貌。

在未来，我国健美操只有对音乐的大胆突破与创新，在风格上走向民族化道路，才能打破一直沿袭的外国模式，使我国健美操保持旺盛持久的生命力。

四、健身健美操力度的创新

健身健美操中，节奏和力度的把控是衡量其水平高低的重要标准，在健身健美操运动中，要求参与者的动作要刚劲有力、积极迅速、力度感强。如果所做出的动作绵软无力，就很难体现出健身健美操的美感，所以在力度方面，高校学生在学习过程中要大胆突破，充分挖掘自身的潜能，努力提高对健身健美操力度的掌控能力。

我们所说的力度并不是说要学生去进行大运动负荷的训练才能练好，世界健美操权威简·方达最早进行了分析研究，认为要想提高身体的训练效果，必须从全面提高身体素质开始，根据改善体形，减缩脂肪和增强肌肉弹性的目的去考虑，因此她提出并创造出了一种与轻负荷锻炼相结合的健美操，这是健身健美操创新的一个最好依据。

如果训练过程中负荷过大，就会使人产生生理和心理上受到压抑，大脑皮层得不到积极休息，影响大脑神经系统的功能，另外也影响大脑分泌一种对人体免疫功能有益的多肽物质——内啡肽，这就说明，在进行健身健美操力度训练时，我们必须消除不断加大的负重锻炼。我们可以这样理解，负重的健美操训练可采取“轻重量”，自由调整并在一定的次数范围内达到减缩多余脂肪和增强肌肉力量及弹性的目的。

五、健身健美操艺术元素的融合创新

（一）健身健美操与舞蹈艺术相融合

1. 身段

身段是舞的体现，是戏曲表演艺术塑造人物形象、提示人物内心活动的手段之一。源于生活，但绝不是对生活的照搬和模仿，它包含了形和神两方面，这是形到神到，所以舞蹈以艺术化的人体动作，即通过人体富有协调性、韵律感、审美化的动作、姿势、造型、动作组合和动作过程来表达内心情感，是人类审美意识和情感表达在人体动态形式中的对象化，是舞蹈艺术劳动的具体效果。一组好的身段动作组合无声胜有声，当人们看到演员的姿态和动作，就可以清楚地明白它的内容，虽然不用语言，实际上却是比语言更为生动，更具体的一种动态“语言”。而如何将身段运用到健身健美操中，使其既具有形态又具有神态呢？身段的内容极为丰富，并且训练极为复杂和讲究，但是我们不是去模仿舞蹈中的那些身段，而是要借鉴舞者的那种形态和神态，形成一种姿态，例如舞蹈中有一种身段动作是气不能放在胸口上，应沉气；胸不能挺，应含胸。放松，脖颈用力，着力点是双眼做到神聚一点，光兼回射，沉眉压眼，支力点是腰，提是辅助动作，柔软性强，双臂摆动要自如，提腿时，另外一条腿是支点，不要扭胯和重心不稳等。我国的健身健美操就是要融合这种身段动作，结合自己的特点在整套自己动作的空间概念上、身体或身体各部位运动过程中所处的状态中找到一种姿态，既要表达人体各部位的实体形态，还要表达人们内心所要表达的一种神态和那种美的心态等。

健身操的运动形式就是刚柔结合，并且是以刚为主的，其中动力性是健身操主要形态特征，而有关的动力性的舞蹈动作素材中力度会比较强、幅度也大、变化快、节奏分明、刚劲有力，这些都与健身健美操的“力”相一致，因此在选择舞蹈动作来融合到健身健美操中时要选择动力性的舞蹈动作或者是将柔美的舞蹈动作转变成动感性的，这样就会切合健身健美操的运动特点，例如，现代舞、踢踏舞、爵士舞等舞蹈类型，柔美抒情性舞蹈却舒展、流畅、柔和，这又与健身健美操的“力量”“柔美”相一致。

健身健美操的神态就是要表现美，其目的是在健身的基础上把形体美、姿态美、动作美和精神美有机地结合起来，注重外在美的训练，又强调内在美的培养。这种特点就与舞蹈艺术相同，健与美的统一，是健美操本质特征的表现。这些舞蹈动作的身段、身法以及韵律都无不渗透着其舞蹈艺术的各种内涵。

2. 身法

身法就是身体动的方法。20 世纪 70 年代末至 80 年代初，我国那时引入的健美操主要是简单的四肢运动结合基本的体操动作，而后是以扭动躯体健身的非洲民间舞蹈与基本体操动作相结合的迪斯科健美操，以及后来的拉丁健美操，爵士健美操和街舞健美操，这些健身健美操的特点就是引入了国际上一些流行的舞蹈的动作素材，也从根本上引入了舞蹈艺术中身体动的方法，即身法。身法从动态上可分为七种动势，有冲、移、伏、靠、拧、倾、长（音掌），健身健美操虽是一种直觉的艺术形象，但它不是静止状态的直觉形象（如绘画、雕塑），而是流动状态的直觉形象。所以在借鉴各种本土或是国际上的舞蹈时，其舞蹈艺术中的身法就会自然渗透到健身健美操中去，在动作的运动路线、运动方式、运动幅度上都要体现出舞蹈中身体的活动方法。这样练习者的感情、情绪的表达和表现，氛围和情调的渲染也是由一系列不间断的身体动作变化来完成的，主要是指身体的各部位（头、躯干、手、上臂等）协调配合共同参与，其参与的部位越多则身体的锻炼效果就越好，而且每一个动作之间也要有合理、顺畅的过渡动作，每个动作的产生以及动作之间的连接都需要好的身法，所以借鉴舞蹈中的身法就可以更加增强其艺术的表现力和内涵。健身健美操借鉴舞蹈艺术就是要汲取舞蹈中基本的七种身法来加以“制作”和“再创造”，充分运用人体各部位特定的基本姿势，按照一定的规范要求和节律进行的一种艺术活动。

3. 韵律

韵律是外部表现形体的规律，如果说形体是人的身体，那么韵律就是人的血液，血液一旦停止流动，那么肢体就无法运动了，也就是说“无韵则神死，少律则风格无”，一定意义上来说韵律是身体风格的标尺。在健身健美操中，音乐节奏就是这个韵律，而在舞蹈中韵律规定外部的手、眼、步法等运动的线路以及幅度等，而健身健美操是在节奏鲜明、旋律优美的音乐伴奏下进行伸展、屈伸、波浪摆动、跳跃等动作。实践证明：健身健美操在鲜明的节奏、优美的旋律下能表现出一种刚、柔、大方的动作，能提高学生的艺术修养，健美的人体曲线能启迪学生塑造人体美的高尚情操。

韵律二词中律是有形的，韵是无形的。舞蹈中的韵律即是以演员“手之舞之，足之蹈之”的外部形体运动，或者是表现戏曲特定的情景中人物的行动、情感、神态、风姿风貌，只有动律美感与形体美感在韵化之中达到完美结合，高度统一，才能外显出细腻可感、形美情真的艺术形象，身段才富有鲜活力，舞蹈才富有意境美。

健身健美操的律动感也可以表现出练习者的内心情感，丰富了健身健美操的艺术内涵。在近几年的健康活力大赛中，不是每位参赛者都是以微笑的表情来展示的，现在更多的是根据音乐和动作的表现主题来表现的。例如，广体学院啦啦队的野人舞，其表情有点凶狠和野蛮，因此我们也要在健美操的韵律方面加强，其快速的旋转可以表现出人物的激动情感，或狂喜；随着速度的减慢，喜、怒、哀、乐的激情也随之趋于平静等，有着无比的神韵在其中。我国的健身健美操在形体和律动之间的配合却还需要努力，而且也应该引起人们对音乐节奏的重视，我国的很多健身者自己并不会去听健美操的音乐，更不用说其律动感了，如果自己脑袋中不明白节奏就无法用身体去展示出律动，那也就会大打折扣，而且在练习中眼睛要随心动，随神动，随手动等等，极大地表达健身健美操的韵律感。

（二）健身健美操中渗透多种造型艺术

与健身健美操相关的造型艺术主要是绘画艺术和雕塑艺术，绘画艺术要素包括点、线、面及其和部分之间的比例配合，而雕塑艺术就是形态，空间及其塑造的动态造型。

健身健美操的单个动作大部分都是把人体日常的自然动作进行提炼、加工和美化，但是这些动作除了要美观大方和具有锻炼效果之外，还要具有艺术造型性，这是使健美操具有美的基本条件和主要因素。造型本身会具有美感的直观形象，因此经过了提炼、加工和美化了的动作，若想更加生动，鲜明，具有表现力就要注重健身健美操的造型，实践告诉我们，其造型性包含了两个方面，一是队形的变化，另外是人体动作姿态造型。

1. 健身健美操中的造型艺术的表现

队形变化中一个人为一个点，两个人为一条线，多个人为一个面的不同方位的不同变化就极大地提高了健身健美操的观赏性，不同的队形的变化也会带给欣赏者更多的新奇，而带给健身者更多的健身表现感受。造型在健美操中具有重要的地位和作用，不论是单人、双人或集体项目的健身健美操，造型都占有相当重要的地位，造型运用的得好与差，直接关系到整套操的质量问题，质量高、美的造型，应该是一种恰到好处的表现。在整套的健身健美操的动作中，既要有个人特色的造型动作也要有集体的造型，每个造型在整套操中都要协调，造型的运用如果巧妙就会起到锦上添花的效果，并且能够成为整套操的魅力焦点所在，但是在健身操中姿态造型中应该表现为高立、挺拔的形态美和力量美等，例如，健身操中两臂平举，五指并拢的动作造型，我们在练习时一定要注意，头要向上略抬起，胸要挺，腰要立，两腿要伸直，两臂充分往外伸展，五指并拢并且充分向外延伸，已达到肢体的最远端，这样的造型才能有一种精神和自信的感觉在其中。再例如下肢弓步的造型，两脚前后开立的距离要稍微大一点，后腿要蹬直，脚跟不离地，表现一种有力、矫健的力量感。人体中的四肢、头颈、躯干从一种姿势到另一种姿势，就会形成一种直线或是曲线的动作路线，每一瞬间的动作也能会成为一个造型，无数这样的造型连在一起，就会在观者的眼睛中留下一种“感觉记忆”的造型片段，当这种片段一段一段的连接起来的时候，我们就会发现整个健身操的美。

健身操的造型艺术的表现就是要按照美的规律，充分利用身体这一特殊手段，运用一定的技巧、活动方法和表现形式进行自由创造，才能创造出更多更新的美的造型。健身操的造型设计就应有新意，要精心构思，要从总体考虑，使它符合强身健体和人体艺术造型的规律。

2. 在健身健美操的姿态造型中要渗透雕塑艺术的要素

在奥林匹克运动会的古代竞技场上，我们会看到获得冠军的运动员们在雕塑他们运动中“美”的时刻，其中的《弓箭手赫刺克勒斯》《掷铁饼者》《持枪者》等雕塑在现代已经成为雕塑艺术中的珍品。我们看一下雕塑艺术中的经典作品《掷铁饼者》，他充分展示了铁饼运动员在比赛过程中投掷铁饼那一刹那即将爆发的力量感和形态美感，其中包含了一种复杂的运动状态，强健有力的肌肉。我们可以清楚地看到躯体各部分的用力：身体重心在左腿上，右腿自然弯曲，上身扭转，右手紧握着铁饼奋力地后拉，无论是整个身体的比例还肌肉的线条都充分的表达了一种力量感，同时也表现出一种胸有成竹、必胜的姿态。现在雕塑已经不是古希腊的专利，当代一些具有出色表现的运动员也能成为雕塑艺术中的对象。

健身健美操所要借鉴的雕塑艺术就是一种对健、力、美的表现，我们看雕塑艺术的形成需要一种形态、空间和动态造型，其实就是要活灵活现的展示一种内心精神的东西，而健身健美操的姿态造型在形态上可以表现为挺拔高立的美、上下左右空间地充分利用，以及雄健的造型艺术美特征。

（三）大胆融入个性舞蹈艺术动作

健身健美操外在呈现出的是一种身体运动形式，但是随着时代的发展，健美操的这种身体运动形式在被一次次的创作着。

近几年伴随着欧美、韩国、日本以及东南亚各国的社会文化等通过媒体和商业活动的形式大量的被传入中国，导致了欧美音乐、韩国舞蹈等娱乐方面的东西迅速在中国占据了一定的市场，相应的健身领域也被外来的一些文化或者艺术被冲击着。例如前几年“韩国风”的席卷，这里的“韩国风”主要是指从韩国流行过来的一些音乐、舞蹈以及影视等等，都对我国的社会环境产生了巨大的影响，韩国的舞蹈都是非常有个性的，而且在我国也受到了一些青少年的热烈追捧和模仿。韩国的一些舞蹈中动作随意自如、节奏明显、肢体动作很有弹性、具有律动感，并且激情有活力、热烈奔放，最主要的是舞蹈中的动作非常有个性，变化形式灵活多样、流畅协调。腰的扭动、髋关节的转动等等，每个动作都有全部肌肉的参与，给人耳目一新的感觉，非常饱满的展现出了一种强健的体魄、独具的技艺、不停地宣泄着舞者的满腔的热情。在健身操的发展过程中，我们要善于借鉴舞蹈中的这些个性舞蹈动作素材，其中的操化动作可以加强对现代舞蹈、流行舞蹈的改造和融合，使健身操再一次地解放人们的肢体，成为青少年喜欢的时尚健身项目，满足他们对个性、对时尚、对新鲜事物的追求和内心需求。例如健身街舞的兴起，整个运动过程中动作随意自如，时尚大方，一些街舞中的舞步、身体的活动方式均加入其中，使健身操更加富有弹力、动感、激情，这就给了健身操以强大的生命力和创新性，进一步的迎合了当代人们的心理需求和精神需求，还有非常阳刚有力的“搏击健身操”，以及柔美活泼的“拉丁健身操”，这些都是我国健身操与其他的一些个性舞蹈进行借鉴和融合的实证。

还有近几年韩国风的慢慢退却，人们开始反思国内的传统文化，将国内的古典舞蹈，传统舞蹈中的个性舞蹈动作进行借鉴和再创新。例如，将蒙古舞、新疆舞等少数民族的舞蹈进行了具有现代健身功能的创造，其实质就是在健身操运动特点的基础上，与其他的舞蹈进行和谐地融合发展，也引起了人们对传统舞蹈的再认识，更重要的是人们健身体验中的内心熏陶。

健身操和舞蹈艺术两者是有区别的，但是两者确实都是以身体运动为表现形式的，只不过舞蹈艺术表达了人们的思想感情，而健身操是追求一种对身体的完美发展以及内心的需求，我们要将两者进行相互结合和借鉴的时候，一定要注意各自的特点和本质，决不能本末倒置而变成异类的东西。

第三节　健身健美操动作创编能力的培养

创新是一个国家和民族进步的灵魂，在健美操教学中培养学生的创新精神与能力，可以促进学生爱上健美操，发挥自己的主观能动性，更好地投入到健美操锻炼中去，从而实现锻炼身心的目的。在体育教学中，培养学生的创新能力，已经成为学校健美操教学的一大亮点。

一、健美操教学中学生创新能力的构建

（一）创新能力的概念

“创新”英文词义解释为创新行为、发明行为或创造某种新事物的行为。它从字面来看，既包括事物发展的过程又包括事物发展的结果，包括新的发现与发明，新的思想与理念，新的学说与技术以及新的方法等一切新事物。

能力是指做事的本领或从事某种活动的技能。如此，那么创新能力就是指从事创造出符合社会意义的具有独创性和革新性的产品活动所具备的本领或技能。培养学生的创新能力是体育教学落实素质教育的重要课题，也是当前健美操教学改革的发展方向。传统的健美操教学往往注重于向学生传授知识、培养技能、形成技巧，注重向学生传授一整套的规定动作，而忽视对学生智力和能力的培养。创新健美操教学应进入传授知识—培养能力—培养创新能力这个立体教学中去，即强调在教学实践中高度重视以知识为基础的能力培养。知识是能力的基础，创新能力离不开建立雄厚的知识基础，传授知识依然是健美操教学的主要任务。这种转变的关键在于，不把教学单纯地看成是纯知识性的交流，而是通过知识的传输过程使学生把知识化为能力，再加以创新。只有具有强烈创新意识的人，才能自觉主动地去探索问题、发现问题、分析问题，并尽最大努力去寻找解决问题的方法，最后达到提高创新能力的目的。

健美操教学改革中，创新能力的构建有利于为健美操教学改革中有的放矢地培养学生的创新能力提供理论依据。健美操教学中培养学生创新能力的过程是一个综合能力的培养过程，创新是健美操的生命之源，因此，在教学过程应把握创新能力的培养这一非常重要的任务。

创新能力的构建有利于改革教学内容和方法，提高学生的创新能力。而欲创新教学实验采用的教学内容、教学方法，就必须要符合下列要求：一是在改革教学内容与教学方法时要本着教学互利的原则，二是所改革的教学内容与教学方法要切合当今教学改革的发展趋势。这就要求教师在教学方法上要多下功夫，精心安排，运用激励的手法去指导学生研究动作，鼓励学生主动参与、探索、创新、团结和合作，使学生在实践中得到真正的锻炼和提高。

创新能力的构建有利于评价健美操教学中学生创新能力的提高。老师应鼓励学生在掌握健美操运动理论知识的基础上充分发挥想象力，针对个人风格创编出形式新颖，构思独特，简单易学，易于推广的健美操，养成体育锻炼的好习惯，为终身体育奠定基础。

（二）健美操课中学生创新能力的构建

健美操要求人体各部位协调配合，快节奏、多变化、动作轨迹的增加、动作节奏的变化、动作方向的非一致性以及运动之间的非同步是健美操运动的特点。这些项目特征决定了健美操运动要永远保持旺盛的生命力，必须赋予它创新的内涵，这就为培养学生创新能力的构建提供了内在动力。

创新能力的构建包括创新意识、创新思维和创新技能这三个方面的内容，这三者相辅相成，缺一不可。创新意识是前提，创新思维是核心，创新技能是结果。在健美操教学中培养学生的创新能力主要从激发学生创新意识、活跃学生创新思维、提高学生创新技能等几个方面入手，从而达到培养学生创新能力的目的。

创新意识是指人们根据社会和个体生活发展的需要，引起创造前所未有的事物或观念的动机，并在创造活动中表现出的意向、愿望和设想。它是人类意识活动中的一种积极的、富有成果性的表现形式，是人们进行创新活动的出发点和内在动力。创新意识包括好奇心、求知欲、自信心、进取心等心理品质。心理学认为，学习动机的激发主要是在教学过程中进行的。心理学研究表明，人的活动都是在一定的动机支配下进行的。因此，在健美操教学中培养和发展学生的创新能力，必须激发动机，培养学生的创新意识。在健美操教学中培养创新意识即是学生进行创新学习的起点，又是教师创新教学的开端。从创新实验教学中可以观察到，学生对新事物特别感兴趣。教师应该抓住这一特点，在健美操教学中采用生动活泼的教学形式，调动学生的积极性，充分发挥学生的主体作用，使学生了解和掌握健美操基本动作的同时，掌握健美操动作千变万化的由来和规律，使学生在获得健美操知识的同时，参与创作和设计，并体验成功带来的喜悦。在健美操教学中有的放矢，调动一切有利因素就能激发创新动机，培养学生创新意识，收到好的教学效果。

创新思维是指对事物间的联系进行前所未有的思考，从而创造出新事物的思维方法，是一切具有崭新内容的思维形式的总和。一切需要创新的活动都离不开思考，离不开创新思维，可以说，创新思维是一切创新活动的开始。目前，我们推行的素质教育中重视学生科学思维的方法和能力的培养比向学生传播知识更为重要。在健美操创新教学中注意保持学生的好奇心，使他们养成积极思考、敢于质疑、善于实践、敢于创新的学习品质，在已知的概念、形象基础上进行分析、综合、判断和推理，根据自身的特点创造出适合自己的技术、表现力等。比如在健美操教学中，可以让将已有的动作配合不同的音乐同时进行适当的改动，或将动作重新改动并使用道具进行练习。使学生在一个开放的环境中进行练习，使其思维更加活跃，更愿意动手动脑去练习。

创新技能是指学生自我设计和创编动作的能力，它也是对创新能力程度的检验。在健美操教学中提高动作创新能力有着十分重要的意义。所谓动作创新是根据动作的需要在原有的动作基础上，加以创新，并带有创造性思维地编排健美操的一种能力，从而制定出培养学生动作创新能力具体步骤、目标、方法和要求。从人体的生理结构看，健美操的基本动作数量是有限的。从动作技能构成因素和健美操套路形成规律来看，变化是无穷的。掌握了这一规律，就可以培养学生丰富的动作创新想象力，从不同的方位、角度和动作的基本要素方面引导学生思考问题，分析动作的结构，从而获得动作的多样化改编，并运用音乐、队形变化等给健美操动作注入丰富的内涵和个人风格，使所创动作生动活泼，有了灵魂。

培养学生创新能力的构建具体实施情况为：首先通过创新教学实验对健美操教学的内容加以选择和优化，提高学生学习的兴趣和学习的主动性；对教学方法加以改革与创新，启发学生思维，把所学的知识变成认知，加深理解。然后通过课堂记录，问卷调查统计，成绩评定结果等从创新教学实验对学生创新意识、创新思维、创新技能几个方面的影响结果来进行分析。

二、培养学生创新能力的内容与方法

（一）健美操教学内容选择与优化

传统的教学内容是根据教学大纲的要求来制定教学计划，在教授基本动作和基本姿态的基础之上，讲授理论课程，只需教一套或几套教学套路就算完成了教学任务。毋庸置疑，这样的教学方式并不能够充分体现学生掌握体育知识和信息的能力，以及学生的审美能力、灵活机智的应变能力和执着大胆的探索精神。所以，这样的教学方式已经远远不能满足学生的需要。针对这一现状，本书结合第三章所述创新教学设计的相关内容，对实施创新能力培养的教学内容进行了系统性的整理与优化，旨在提高学生学习的兴趣和学习的自主性，培养学生的创新能力。对健美操课程教学内容的创新见表 7-1。

表 7-1　健美操创新课程教学内容

教学阶段	学生创编阶段	考核阶段
第一学期		
（1）身体各部位基本姿态、基本动作的教学。 （2）健美操创编的基本理论、原则、步骤及方法。 （3）健美操成套动作的教学。 （4）观赏健美操比赛录像，提高学生的欣赏能力，丰富教学与创作素材。 （5）课下安排查阅资料、看录像、创编小组组合动作	（1）以健美操基本动作为素材进行单个动作的创编。 （2）学生自由组合 3～5 人为一组进行小组合动作的创编。 （3）在不改变动作及音乐的情况下，进行不得少于 4 次的简单队形变化。 （4）交书面队形变化图例及组合动作图解及说明。 （5）观摩录像并点评	（1）交书面队形变化图例及开头、结尾造型设计图样，并用语言表述。 （2）表演所学成套健美操，并按书面队形变化加开头与结尾的造型。 （3）教师根据学生表演动作的完成情况，编排队形的设计、乐感、力度及表现力，进行综合评分，并就存在的问题进行现场点评
第二学期		
（1）各种不同风格、不同目的、不同针对性的组合动作教学。 （2）学生观赏自编健美操录像，教师进行点评。 （3）收集、查阅、整理资料（包括动作、音乐等）。 （4）创编成套健美操	（1）学生 3～5 人分为一组，按照身体各部位分配创编内容，经教师帮助修改后，由创编学生轮流教授全班同学。 （2）学生自由组合 3～5 人为一组自编一套健美操。 （3）提出创编要求，音乐节奏 20～24 拍/10 秒，健美操的 7 种基本步伐，时间 3 分 30 秒～4 分，同时要求开头与结尾造型新颖、动作与音乐风格保持一致。 （4）开展自编操教学竞赛，根据学生评价排定名次，由老师对动作的创新、编排的流畅新颖、音乐的选编进行特长加分	（1）学生交书面成套健美操动作图例及动作说明，并用语言叙述所编操的名称、节数、风格、特点、运动强度、对身体各部位的特殊要求。 （2）学生表演自己所在小组自编的健美操。 （3）学生表演（考试）自编健美操。 （4）教考分离，由其他专业健美操教师根据学生动作的编排、熟练度、协调性、风格及表现力 5 个方面进行综合评分。 （5）观看考试录像并予以点评

教学是教师、学生、课程三位一体的结合体，只有当课程结构更完善、更合理、更切合学生实际和社会发展需要，才能形成真正意义上的优化课程结构，充分体现学生主体性作用。

（二）学生创新能力培养方法的革新

1. 创新教学方法

创新教学的过程要素是研究性、引导性、发现性、归纳性等有机的结合，这要求教师根据学生已有的知识经验和他们的学习心理特征出发，创造性地运用现代教学方法，将多种教学方法进行优化组合，吸取由教育科学所提供的新知识，实现教学方法的创新，用“创造性的教”为学生提供“创造性的学”，通过创设和诱发问题的情境，激发学生追求新知识的欲望，指导学生动手动脑，参与到发现、探索、讨论、研究的过程中，从而自行获取知识、运用知识，享受创造成功的快乐。总之，健美操教学，本质上是一种师生互动的教学活动。课堂教学中，应尽量为学生主动学习提供宽松的活动环境，使学生的学习过程成为一种开放性的研究活动。

（1）充分发挥教师的主导作用，提高学生健美操锻炼的兴趣

兴趣是最好的教师，学生产生了兴趣，就会以积极的情绪与心态主动投入到某种事物或者活动中去。在健美操教学中，激发学生对健美操锻炼的兴趣，他们会自觉主动地学习和锻炼，从而实现自学和自练能力的提高。自学能力是指学生在掌握一定的健美操锻炼技巧上，培养学生的自主思考与创新能力，这除了课堂中的学习之外，学生还可以充分利用课下的各种信息、媒体、书籍、光盘、电视、网络等资源，实现自我学习能力的提高。自练能力是指学生结合自身的知识与技能储备，结合课上课下所学知识与方法，独立地进行健美操的编创并进行锻炼的能力。通过培养学生的自学与自练能力，学生的学习积极性得到提高了，锻炼的效果也就得到强化了。

首先，要引导学生形成健美操锻炼的自觉性。在健美操教学过程中运用引导启发法，引导发现法等教学方法，让学生学习健美操与锻炼健美操的自觉性得到提高。例如，在学习健美操的动作之前，教师可以先向学生介绍健美操锻炼的意义与健身的功能，刺激学生学习的欲望，强化学生学习的动机。再例如，在学习健美操腰腹动作的时候，教师不要直接告诉学生动作与呼吸的衔接方法，让学生在锻炼中去体会与感悟，最后教师再进行总结，这样一来，学生对动作的印象更加深刻了，学习的积极性也就得到提高了。

其次，要培养学生的综合能力，激发学生的学习积极性。在教学过程中，教师可以采用以下几种教学组织形式，提高学生的学习兴趣：第一，要采用理论与实践结合的方式，以实践练习为主导，以理论知识为指导，促进学生的综合能力得到提高；第二，要采用师生互动的教学模式，发挥教师主导作用的同时也发挥

学生的主体作用，如在练习步伐的时候，教师可以只教脚下动作，引导学生配合手上动作，激发学生的创作热情，设计出更多的动作组合，提高学生的想象力、创造力、艺术欣赏力等等；第三，要采用传授知识与自学知识相结合的教学模式，在课堂中传授有代表性的、复杂的、难度大的动作，引导学生结合教材和自身所学内容，利用课余时间练习与学习，教师加强检查与总结，提高学生的讲解能力、纠错能力与分析能力；第四，要采用课堂提问与讨论相结合的教学模式，在课堂中开展课堂提问、讨论，引导学生主动参与到教学中来，如针对有一定难度的动作开展提问讨论，针对难度动作与难度动作之间的动作衔接开展提问讨论，从而认识动作的重难点，开展有效的集中练习与自主练习，提高练习有效性。

（2）丰富学生的理论知识，打好学生创新的基础

健美操教学是一项实践课，但也应该结合理论知识进行实践，让健美操练习更科学有效。因此，在健美操教学中，教师要引导学生打好健美操理论基础，让学生掌握健美操的基础知识，进而结合具体实践，讲解创编健美操的方法步骤与原则，如何配合音乐和动作做好健美操锻炼，引导学生思考问题和查阅相关资料，共同讨论等，在实践中强化健美操的理论知识。

首先，教师要为学生讲解基本的乐理知识，提高学生对音乐的感知能力。音乐是健美操锻炼得以发展的基础，有了激动人心充满激情的音乐，健美操就获得了生命活力，因此要加强学生对音乐的感知能力，从而在富有激情的音乐中把握节奏，做好动作的协调统一性，从而有效地开展健美操锻炼。在健美操课堂中，教师要为学生讲解基本的乐理知识，提高学生对于音乐的鉴赏与感悟能力，教他们在编创健美操的过程中如何选择音乐，如何让音乐与动作实现完美的协调性，以及如何实现音乐的句式、节奏、音色与动作的一致性，教师还要帮助学生感知音乐节拍的强弱性与动作力度的协调性，音乐的风格与动作的统一性。此外，教师在健美操教学中要引导学生多听音乐，学会理解音乐中的风格、节奏、强弱等，并在此基础上引导学生编创健美操，随着音乐节奏的快慢强弱起承转合等设计动作，从而提高健美操的艺术感染力。

其次，教师要引导学生在实践中强化理论知识。在健美操教学中，教师要引导学生在课前做好编导组合动作，在课中引导学生轮流做准备活动，在课中与课下的实践里强化理论知识。例如，教师在传授了健美操七种基本步伐之后，教师可以将学生分成几组，自选两种步伐编成动作，用文字、图解、视频的方式交给教师，在课堂中要求学生教会其他不会的同学，带领学生一起练习，做好准备活动，在这样的编操、练操、带操的过程中，学生能够发挥自身的主观能动性，认

真思考如何编操，如何带领学生，如何讲解与示范，如何把握音乐节奏等等，通过这样的实践活动，学生的综合创新能力可以得到有效提高。

（3）引导学生进行动作创编，培养学生的创新能力

在健美操教学中，教师应该将健美操创新能力的培养放在主体地位中，鼓励、引导学生自编自创健美操，结合自身实际科学转变健美操的姿势、动作方向、动作幅度、动作路线、动作频率、动作速度、动作节奏等等，促进学生的创新能力的提高。具体说来，健美操应该从单个动作创编、组合动作创编、成套动作创编三个方面出发，对学生的创新能力进行着重培养。

首先，教师要引导学生进行健美操的单个动作进行创编。单个动作是整套健美操动作的基础，单个动作的创编也是学生创新能力培养的重要组成部分。健美操的基础动作虽然比较简单，但是对于整套健美操的连贯性与流畅性具有不可忽视的意义。因此，在健美操教学中，教师要重视单个动作的创编活动，引导学生对每一个步伐进行动作的编排，如头部基础工作可以充分发挥自己的想象，从前侧、后侧、左侧、右侧到转、躯干结合等动作方式，让学生的创新能力得到提高。在学生进行动作创编之后，教师要让学生在全班学生面前表演，增强学生的信心，提高学生的表演欲望与竞争意识，也给其他学生带来学习借鉴的机会。

其次，教师要引导学生进行健美操的组合动作创编。组合动作是由单个动作组合而成的，组合动作的创编不仅要求学生考虑到某一个单个动作的创编，还要考虑到几个单个动作之间的衔接过程，考虑动作与动作之间是否协调，在高校的健美操教学中，教师要引导学生对组合动作进行创编，就要把握好创编进程，做到由浅入深、循序渐进的动作创编。例如，首先教师要引导学生从 2×8 节拍入手实现一个乐句的动作创编，再进行 4×8 个节拍的动作创编，让学生继续对组合动作进行创编，结合过渡技巧，加强对组合动作创编方法的理解，从而实现创新能力的提高。

最后，教师要引导学生对健美操成套动作的创编。成套动作的创编是创编过程的升华，也是创编工作的最高形式。创编整套健美操，需要学生在心中保持一个清晰完整的思路，对于健美操队形、时间、地点、动作风格、成套动作等都要做好把握。在健美操教学中，教师要善于运用科学的创新方法提高学生的观察能力和实践能力。

首先要培养学生的眼到、手到、耳到、心到、口到的能力，让学生观察教师的动作之后认真思考，分析动作特点，进而发现与解决问题。其次，教师要通过比赛的形式培养学生对于整套动作与音乐统一性探索的积极性，要求学生做到清晰规范，认真投入到创作中去，提高学生的创新能力。

总之，在健美操教学过程中，教师要改变传统的教学观念，充分发挥教师的主导作用，为学生创设良好的学习环境，与学生多交流，提高学生对健美操锻炼的兴趣，要丰富学生的健美操理论知识，为学生创新能力的提高打好基础，还要引导学生做好动作创编，促进学生的创新能力循序渐进地提高。培养学生的健美操创新能力是一个长期的过程，教师要具有耐心，积极探索教学策略，运用科学的教学方法，鼓励学生大胆想象与探索，帮助学生的创新能力得到提高。

2. 开展课外活动

健美操课堂教学是健美操教学的主要形式和中心环节，通过课堂教学活动，学生积累了一定的知识，并产生了对健美操学习的兴趣。但对学生创新能力的培养不仅仅只渗透在课堂教学活动中，还包括健美操课外活动。健美操课外活动是学生灵活的运用所学知识，培养学生创新能力和实践能力的重要途径。开展课外活动不仅可以拓宽和加深课堂学习的知识，还能提高学生运用健美操的实践能力和对健美操学习的兴趣，促进学生全面发展。

（1）开展以班级为单位的健美操比赛

健美操不同于其他的体育项目，它以欢快的节奏、强健有力的动作、集体的协调配合，可以充分展现出人的内在气质与活力，更能加强人对健康与美的追求与信心。因此，开展以班级为单位的健美操比赛，为学生提供展现自己、锻炼自己的机会。学生在准备比赛时，都是由学生自行组织排练，在排练过程中提高学生的实践，如何入场，以及如何变动队形，穿什么样的服装，都能促进学生的创新思维。同时通过比赛还能促进学生更多地参与练习，能够加强学生对健美操成套动作与音乐的理解以及对基本技术的进一步掌握，为更好地创编奠定基础。

（2）开设健美操裁判法讲座拓展学生的视野

学习健美操的裁判法可以让学生更深的了解健美操动作的要领与方法，对健美操的技术更加了解，因此健美操普修课的过程当中，利用课余时间为学生开设健美操裁判法的讲座能拓展学生的视野。

3. 聘请创新型教师

21世纪的教育是开放的、创新的教育，它的主要特征是以培养创新型人才为根本目的的。创新型人才的培养取决于教师的素质，只有高素质的创新型教师，才能激发学生的创新意识，从而提高创新能力。教师不单纯是知识的占有者和传授者，更是学生学习的指导者和学生智力资源的开发者，作为创新型教师，应具有：

（1）高度的敬业精神

“敬业”是教师对自己所从事的专业工作发自内心的热爱崇敬。高度的敬业精神，体现了教师对教育事业的热爱，对学生的热爱，对健美操学科的热爱。对教育事业爱得越深，为之献身的动力就越强，从而表现出的创新才能也就越充分。高度的敬业精神，是教师发挥创造性的动力和前提，而教师只有在创造性的劳动中才能感受到教育工作的内在魅力和创新的乐趣，从而更加热爱教育事业。

（2）较强的创新能力

实施创新教育，培养创新人才，教师必须具备创新教育能力。教师的创新能力，是其能力结构中的高层次能力，主要是指教师解决教学问题的求异性、新颖性和高效性。具有创新能力的教师，在解决健美操教学中的问题时不遵循固定的程序与模式，而是在具体的教学情境中，根据实际情况合理组织内容，灵活地采用教学方式方法，把教学目标、内容与学生的特点作整体的考虑，力求教学过程优化、高效。创新能力强的教师，总是善于反思和总结自己的教学经验，并上升为理论，注意取长补短，及时调整自己的教学行为，提高教学水平。

（3）认同并鼓励学生的创新性

认同、期待和鼓励，能增强人的自信，使人更好地发展创造潜能。创新型教师更容易认同和鼓励学生新颖的想法，独特的思维，给学生提供自由发挥的机会。对于那些虽然能想出不同的健美操动作，但是动作不太好看，不太协调的学生教师要善于发挥他们的长处、优点，给予肯定，并加以引导，从而有利于培养学生的创新的积极性。

（4）教师在创新方面给学生做出表率

在健美操教学过程中，教师的一举一动时刻影响着学生，对学生起着潜移默化的作用。若学生能经常耳濡目染教师的创新行为，则对培养学生的创新意识和创新能力有巨大的推动作用。教师在健美操教学活动中，对成套动作的独特而又合理的重新处理及教学中新的教学方法的使用，新颖而又好听的音乐的使用，现代化教学技术的运用，都能使学生感受到“创新”无处不在，无时不有。

总之，教师要培养高素质的创新人才，就要努力争取成为创新型教师。教师只有具备创新教育观念、创新能力和创新人格，热爱创造性的活动，才能培养更多的创新人才。

第八章　健美操学练中服装与音乐的选配

第一节　健美操运动对服装的要求

健美操服装在服装分类中属运动装范畴，其主要形式为紧身连体。规则要求运动员的着装必须符合竞技健美操项目所描述的运动着装。戏剧、歌剧和马戏的服装将被禁止采用。

一、健美操比赛对运动员外表与服装的要求

（一）对运动员外表的要求

运动员外表给人的总体印象应当是整洁和适宜的。

（1）头发必须固定在头上。

（2）参赛运动员必须穿着能够让所有裁判都能清晰辨认的白色健美操鞋和运动袜。

（3）身体禁止涂抹油彩，女运动员可以化淡妆。

（4）服装上禁止使用松散或附加的饰物。

（5）允许使用肉色的绷带。

（6）禁止佩戴首饰。

（二）比赛服装

（1）正确的健美操着装不含有任何的透明材料并且不得露出内衣。

（2）女装可有或无长袖，袖口止于腕处如图 8-1 所示。

（3）男装只允许图示的男装样式。

（4）禁止穿有描绘战争、暴力、宗教信仰为主题的服装。

女装：

（1）女运动员着一件套带有肉色或透明裤袜的比赛服，不允许穿上部躯干分离的（两件套）服装或上部与躯干仅用绳带连接的服装；

（2）前后领口的开口必须得体；前面不得低于胸骨中部，后面不得低于肩胛骨下缘；

（3）腿部上缘的开口必须在腰部以下并遮住髂骨；

（4）比赛服必须完全遮住臀纹线。

认可的女装样例见图 8-1。

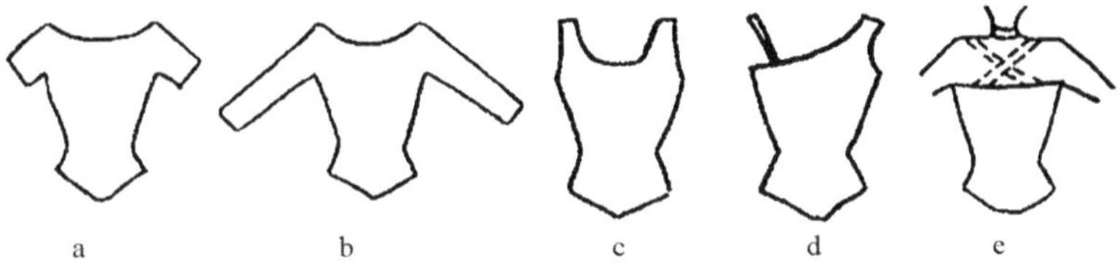

图 8-1　健美操比赛女装样例

样例 a 到 c 前后开口处相仿。

样例 d 前后开口处如图中 d、e 所示。

男装：①男运动员必须着一件套连衣裤或背心、短裤及合体的内衣；②背心的前后不得有开口；③袖口处不得有开口。

认可的男装样例见图 8-2。

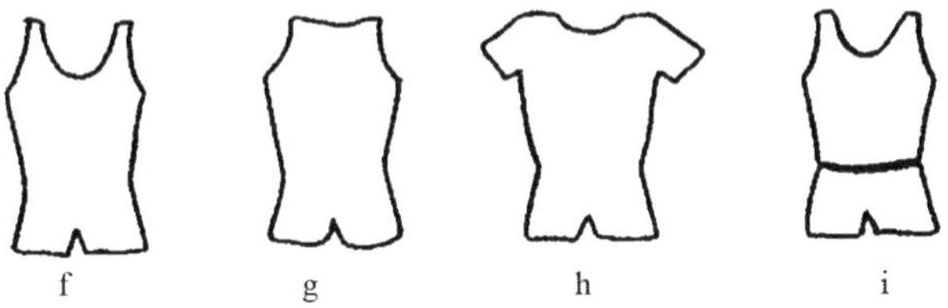

图 8-2　健美操比赛男装样例

样例 f～i 前后开口处相仿。

健美操服装具有很强的审美性和装饰性，故在设计上强调艺术性及视觉新颖感。教练员切不能凭自己的感觉选择服装和色彩，要严格按照竞赛规则和要求，否则，不正确着装要扣 0.2 分；错误着装扣 2.0 分。更不能照搬某些国外的设计和色彩，这些服装穿在中国运动员身上并不一定合适，追求个性美和民族化是我们义不容辞的责任。由于服装的款式受规则限制，如何在色彩上追求亮丽，在图案上追求别样显得尤为重要。

二、健美操服装色彩的设计

服装色彩设计是针对特定的设计对象及着装的时间、场合、目的等因素，结合具体的服装材料，将色彩合理配置的过程。服装设计的关键是达到部分和整体的和谐，通过对色彩的选择、搭配而达到完美的视觉效果。服装色彩设计不但需要对单独的颜色理解和认识，还需要考虑到服装穿着的主体，周围环境等因素，这样才能产生与环境协调的色彩美。

竞技健美操服装色彩的设计应该结合服装色彩的基本美学原理和自身的特点：

（一）色彩的调和

色彩的调和包括色彩性格的调和和色彩面积的调和。一般来说，色彩性格相近的颜色比较容易调和。如：强烈的红色、黑色、白色相搭配，可以产生鲜明夺目的效果。色彩面积的比例关系直接影响到配色的调和与否。当面积相等的两块颜色相搭配会产生离心效果，感到不调和。如面积 1∶1 的红、绿两块互补色就会有分离的感觉，而面积比为 1∶3 的同样两块颜色，就会有从属的感觉可以融合在一起。在实际的色彩搭配中，通常使色彩的面积比例达到 2∶3、3∶5、5∶8依次对比，产生调和美。

（二）色彩的强调与点缀

色彩的强调与点缀是指在服装色彩搭配过程中突出某部分的颜色，以弥补整体色彩过于平淡的感觉，将观察者的视线引到某个重点部位，从而起到色彩的强调的作用。特别是由于 2005～2008 年版竞技健美操规则的改变，服装上禁止使用松散或附加的饰物，使得色彩的强调和点缀在竞技健美操服装色彩的设计上显得尤为重要。色彩的强调一般可以通过色彩的性质、色彩的面积等来表现。如，强调色应该用比其他色调更为强烈的颜色以达到突出重点的目的，强调色的面积应该小一点，这样更容易形成视觉中心，强调色应安排在服装的要害部位或视觉中心部位，如：人体的肩部、胸部、腰部等。

（三）色调对比与谐调

色调是构成色彩整体倾向的组合。色调的形成同色相、明度、纯度、色性等多方面的因素有关系。以色相为主就会形成紫色调、蓝色调、红色调、黄色调、绿色调等；以明度为主就会形成亮色调、中性色调和暗色调；以纯度为主就会形成鲜亮色调、浊色调；以色性为主就会形成暖色调、冷色调等。在竞技健美操比赛服装的色彩设计中往往要求对比与谐调的统一，通过色相、明度、纯度的对比在视觉上形成张力，给人一种强烈、清晰的美感。通过谐调使多种变化或构成强烈对比的各种要素趋向缓和，在外观上呈现和谐的艺术效果。例如，蓝色与蓝紫色通过色相的渐变过渡来谐调，红色和黄色通过色性来谐调等等。

（四）色彩的选择突出民族的风格

2005年在德国杜伊斯堡举行的世界运动会上，中国代表队的服装就采用了具有民族风格的红和黄两种颜色，特别是集体六人项目中，中国选手选用的是以黄色调配红色龙形的图案，给人以眼前一亮的感觉。

（五）与音乐主题选择的关联性

竞技健美操的成套动作是在音乐的伴奏下完成的，可以说音乐是健美操的灵魂，因此音乐在健美操的服装设计中也是需要考虑的一个因素。如，2002年7月24日～31日在立陶宛的西海岸城市卡拉番达举行的第七届世界健美操锦标上，中国女子单人竞技健美操的音乐是《烂漫樱花》，服装的整体颜色也选用的是粉红色。

（六）与比赛场地周围环境色彩的协调

比赛场地周围的环境包括场地的色彩、灯光的色彩等等。竞技健美操比赛是在面积为7平方米×7平方米的单人场地和10平方米×10平方米的混双、三人和集体六人场地上进行的，为突出服装主色彩的原则，一般场地以浅色为主，为了突出运动员，应忌讳选择与场地同样明度的服装色彩。同时由于服装表面可以显示出反射性的特征。因此在服装色彩设计中应考虑灯光的影响：如，在白炽灯下，服装色彩偏暖，在荧光灯下，色彩显得偏冷，此外，选用一些闪光面料，在灯光的反射下，会取得特殊的艺术效果和视觉美感。

（七）与肤色、发色的色彩协调

世界上有黄、白、黑、棕色等肤色，竞技健美操服装配色运用上是有很大区别的，黄皮肤的中国人较之西方人，在服装配色上有更大难度，一般用红、黄、黑、白做主色可取得较好的配色效果，忌用绿、紫等做主色，同样，在发色上，东西方差异同样很大，东方人以黑色为主，西方人发色丰富，以米色、金黄、棕色等为主，肤色较白，在服装色彩选择方面，西方人有更多的自由度。在服装配色与头发色彩之中，我们要多考虑黑色这一因素，这也是中国人服装色彩中常用黑色、红色、黄色可取得较好效果的主要原因。

（八）与项目的特点吻合

竞技健美操不同于其他的技能类难美项群项目，例如艺术体操、花样游泳等，它在双人、混合三人和集体六人3个项目中是可以男女搭配的，这样就要求竞技健美操的服装，在协调统一的基础上既能表现男性的粗犷刚健，又能表现出女性运动员的轻灵柔巧。因此，在服装的色彩设计上不必强调统一，可以利用黑白，红黑等对比，但是同时还要考虑到色彩的关联性，使颜色之间形成一种“你中有我，我中有你”的关系，这种异中求同的设计，往往能取得意想不到的效果。

由于色彩给人以极强的视觉冲击力，竞技健美操服装的色彩美能很好地感染在场的观众和裁判员，是获得成功的重要因素之一。根据中国人的肤色特征和比赛环境来设计健美操服装的色彩，使我国竞技健美操色彩美、动作美、音乐美融为一体，将是我国竞技健美操向前发展的过程中不容忽视的一个问题。

第二节　健美操运动与音乐的关系

健美操音乐是指为了配合健美操的练习而选用的专用乐曲，多取材于迪斯科、爵士、摇滚等现代音乐或民族乐曲。因此它必须以健美操动作为依据，经过专业的选择、剪接、调速制作而成。

健美操的音乐是健美操运动及成套动作不可缺少的重要组成部分，是服务于健美操动作的功能性音乐。用音乐烘托健美操的气氛，表现健美操的特点，二者紧密结合，使健美操有声有色，更增强了健美操的感染力。和谐优美、节奏感强的音乐与动作，能增加健美操的表演效果，使人得到健与美的享受。

一、对健美操音乐文化的审视

（一）健美操音乐文化的概念

任何文化的发展都不是一成不变的，皆具有一定的时代特点和差异。而文化是一种广义的符号运用，是通过在后天环境中学习，不断积累经验，从低级到高级逐渐创造的过程。动物没有符号，只对信号做出条件反射，而人具有将信号改变成符号的特征，文化是多重符号的集成。可以说，人生活在千奇百怪的符号里。而纵观人类文明史，许多的爱好只能形成一点习惯，许多的习惯才能组成一点文化。

健美操音乐作为一种符号被人们传承记住并使用已然是一种时尚的文化，而时尚文化发展都不是一成不变的，皆具有一定的时代特征和差异。人类的绝大部分文化形成通过大量的冲击、交流、融合，使之在各民族之间相互沟通，其中优秀的文化极易被理解、采纳、消化和吸收，而最终成为全人类共同拥有的文化财富。健美操音乐文化的功能一般是指音乐文化对人类社会、体育生活及健美操的发展，人类个性发展所起到的作用，是体育文化本质的展现与文化的功能密切相关。

（二）健美操音乐文化的特点

具有强烈的代表性和时代共鸣性。健美操音乐中反映着时代的物理元素，浓郁的时代气息将还原时代背景。20 世纪 90 年代初期音乐以单调的迪斯科、爵士摇滚音乐为主，反映了当时中国社会对健美操普遍的单纯思维结构。2000 年以后的健美操音乐则更多以节奏鲜明的 DJ 和电子音乐为主，突出科技时代的特征，而近年来音乐的使用注重原创音乐。因此，不难发现其健美操的音乐特点：强劲有力的节奏感以及瞬息万变的器乐元素；并发出豪放热情；突出时代的科技含义。

二、健美操音乐的作用与特点

（一）作用

音乐是健美操的灵魂。健美操动作的力度、激情、表现力等都是在接受音乐的刺激之后产生的。旋律优美、节奏感强的音乐，有助于练习者牢固地记忆动作顺序和掌握动作；而欢快、热烈、富有节奏的音乐，能有效地激发练习者的积极性和热情，使练习者闻声自娱，做而入境，欲动不止。

音乐是表达思想感情的一种艺术。健美操的音乐是服务于健美操动作的功能性音乐，用音乐烘托健美操的气氛，表现健美操的特点，二者紧密结合，使健美操有声有色，增强了健美操的感染力。和谐优美、节奏感强的音乐与动作，能增加健美操的表演效果，使人得到健与美的享受。

音乐是“心灵的体操”。优美动人的音乐可以提高练习者的乐感、美感及表现力，丰富练习者的想象力和创造力，从而达到增进健康、培养正确体态、塑造美的形态、陶冶美的情操的目的。

健美操是在音乐伴奏下进行的身体练习。音乐使健美操动作充满青春活力，人们在欢乐的气氛中进行锻炼，心情愉快，不易疲劳，还可以排除精神紧张，使人既得到美的享受，又提高了协调性、节奏感、韵律感和自我表现能力。

（二）特点

健美操与舞蹈、艺术体操相比更强调动作的力度，因此，它的音乐更趋于节奏鲜明强劲，旋律悦耳动听，热情奔放。健美操音乐多取材于迪斯科、爵士、摇滚等现代音乐和具有上述特点的民族乐曲，使健美操更加体现出一种鲜明的现代韵律感。

成套健美操的音乐讲究韵律感的变化要此起彼伏，节奏有强有弱，有快有慢，有抒情、有奔放。好的音乐能给人以感染，能给健美操起到锦上添花的作用。

健美操音乐是为了配合健美操的练习而选用的，因此它必须以健美操动作为依据。健美操动作是一种对身体具有特殊功效的练习，它具有自身的动作节奏，要求有一定的力度。动作幅度有小有大，动作有慢有快，动作姿态不仅优美还要具有一定力度，动作连贯、无间隙、行如流水、一气呵成。因此，要达到充分发挥其效用，除按要求完成动作之外，还必须配合相应的音乐，其音乐的特点应体现以下几个方面：

1. 音乐节奏鲜明强劲、清晰有力

音乐节奏的快慢和强弱、音调的优美和谐，关系到动作的快慢，动作的力度、幅度的大小、动作的高低起伏及运动负荷的大小等等。

音乐是健美操练习的口令，是动作的节拍。在乐曲中周期性出现的节奏系列，包括 2 拍、3 拍或复合成 4～8 拍等，其中一拍为强，余为次强或弱。强拍和弱拍反复出现而形成有规律的、强弱更替的、富有感情色彩的旋律表现。因此，健美操的动作节奏与音乐的节奏必须相吻合才能协调一致。音乐节奏清晰能使练习者轻松地分辨强、弱的节拍交替，使动作的力度效果更强烈地反映出来。

2. 音乐旋律优美、热情奔放、健康向上

健美操音乐不仅是完成动作的节奏和节拍，而且还应具有欣赏价值，陶冶美的情操，提高美的欣赏能力的作用。因此，它的旋律应是轻快、优美或浑厚、沉稳、热情、奔放的，而绝不应是哀怨、消沉、伤感的颓废之音。

音乐曲调的健康、活泼能振奋精神，消除身心紧张和疲劳；能提高练习的效果和欣赏价值；更能激发练习者的情绪，获得心理和生理上的平衡。

3. 音乐韵律此起彼伏、颇具感染力

音乐的旋律能使健美操练习更具有感染力，动作和音乐旋律协调一致，就会激发练习者的情绪，能给练习者带来愉快和美的享受，可以延缓疲劳的出现，达到健身和陶冶情操的目的。据测定表明，当音乐速度达到每分钟 138～180 拍时就能形成一种明快而强烈的跳跃性节奏，具有催人起舞的巨大吸引力，使健美操动作的韵律感、节奏感反应更加强烈，进而感染的效果也随之加强；使练习者随着音乐的旋律进入意境，这时一切烦恼皆可忘却；使旁观者身心感染，跃跃欲试，情不自禁。

三、健美操音乐的基本要求

音乐是健美操区别于其他运动形式的一个主要方面。正是由于健美操中含有了音乐的元素，才使其在运动之外展现出了强烈的艺术之美。

音乐赋予了健美操艺术的灵性。健美操中的动作节奏、力度，以及人们在练习健美操时所怀有的激情和表现力很大一部分都是来自音乐。音乐是否能够激发起人们的热情，能否表现出健美操潜在的韵律是至关重要的。正因如此，健美操对于音乐有着严格的选择要求。

健美操的音乐是服务于健美操动作的功能性音乐。富于表现力的音乐不仅能激发练习者操练的热情，使其在短时间内便可沉浸到锻炼的境界中，同时还有助于他们牢固地记忆动作顺序，把握动作要领，起到提示和引导的作用，这些都体现出了健美操音乐的功能性。

此外音乐还是一种思想和情绪的表达方式。好的健美操音乐，能够与肢体语言融为一体，两者之间和谐自然，传递出一致的情感内涵，从而增加健美操的表演效果，加强艺术感染力。

选择健美操音乐时，要使音乐风格与健美操动作风格相吻合，这样才能使音乐更好地服务于健美操。对于自娱自乐的大众健美操，在音乐使用上可以选择人们耳熟能详，并具有一定民族特色的音乐。对于以年轻人为演出主体的健美操，可以选择一些突出时代特征的音乐，这类音乐在力度、节奏、情感表达等方面，更适合年轻人的口味，也更能与健美操整体风格相贴近。如果是针对竞技类的健美操，则需要考虑运动员的特点，以便在音乐中突出个性特征。同时音乐还需要与健美操的特点相符合，并能够突出健美操中，健、力、美的特征，在旋律上要做到节奏鲜明，富于变化，使音乐的衬托作用能够充分发挥。

对于音乐速度的把握，也是选择音乐的一个重要方面，通常情况下，健美操音乐速度是以 10 秒为单位作为设计动作速度的标准，健美操音乐分为慢、中、快 3 个速度标准。大众健美操一般都选用中速音乐，这种速度所带来的锻炼强度和力度，是可以被大多数人所接受的，能够起到良好的健身作用。

第三节 健美操运动音乐的优化选择

对于健美操创编者来说，音乐是健美操的灵魂，如果能够选择一段合适的音乐，那么健美操的创编，就有了成功一半的把握。健美操音乐的选配方式主要有两种：一种是根据音乐制定具体的动作和套路；另一种是根据已经成形的健美操动作，来选择或制作音乐。有经验的创编人员，会根据不同情况进行健美操的音乐选配。

一、健美操音乐选配概述

根据音乐制定具体动作时，要仔细分析音乐的结构和特点，并以音乐的风格、旋律、节奏作为编创动作的依据。将音乐中的每一个起、承、转、合都看成是动作的口令和指挥；每一个具体动作的编排都要在音乐中得到规范，这样才能获得一套富于乐感、节奏鲜明的健美操套路。

根据动作选配音乐时，涉及音乐选择和音乐处理以及音乐制作三个方面。一般来讲，成套动作所用的音乐大多选择节奏鲜明、结构完整、旋律优美、健康向上的民族音乐、爵士乐、摇滚乐、迪斯科等，在选择中要把握好音乐的整体基调，使其能够起到很好的烘托效果。

选择后的音乐在长度、速度、风格等方面很难与健美操的动作完全统一起来，所以在这种情况下就要对音乐进行处理。音乐剪接便是处理中的重要环节。剪接时应注意使音乐前后的旋律要保持相同或近似，尽量做到“天衣无缝”。在对音乐速度进行部分调整时，要特别注意保持音乐的连续性和连贯性，让其听起来自然顺畅。

对于一些成形的套路动作，如果较难选择个性鲜明的音乐作品，也可以有针对性地进行成套音乐的制作，这样制作出的音乐更能与健美操动作相辅相成。在进行成套动作音乐的创编和制作时，要根据成套动作的风格和每节动作的特点及某个动作的特殊性，来考虑音乐的具体风格和结构。此外，还可以结合动作加一些特殊效果，这对于提高练习者的积极性和表现力很有成效。这些特殊效果还有助于加强人们对具体动作、细节的记忆，使健美操的锻炼更具指导性。

二、选配健美操音乐必须具备的特征

音乐是健美操运动的载体。健美操动作只有与音乐在内在形象上达到高度统一时，才能完整、准确地表现出动作的刚健、连接的技巧、起伏的柔美，以及动作套路的艺术性和创造性。通过音乐的烘托作用，可突出健美操的存在，达到“操中有乐，乐中有操”，浑然一体的境界。

(一) 时间的准确性

时间是健美操运动的生命线。由于健美操直接受音乐时间的限制，所以在选择健美操的音乐时，对音乐时间上的要求非常严格。健美操的时间就是音乐的长度，健美操结束，音乐也必须随之停止。因此，要在有限的时间内集中显示健美操表演者的最高水平，这就要求健美操的动作词汇要准确、简练、集中、典型，具有概括力和较强的艺术感染力。无论以何种类型的音乐结束，都要以合理、自然为原则，不能给人以突然的感觉或有牵强的现象出现。

(二) 音乐富有通感性

通感性是指健美操的外在节奏变化必须通过内在节奏的力度（强、弱）、速度（快、慢）来体现，音乐的内在节奏应能适应已变化了的健美操动作。成功的健美操音乐能带动表演者的内在感觉，使他们在气息、力度和神态方面发生细腻而明显的变化，自然地形成健美操所特有的内在节奏感，这种节奏感恰恰是构成健美操韵味的十分重要的内在因素。只有音乐与健美操高度统一并有机地结合起来，才能反映出这套健美操的精华。

(三) 音乐旋律必须形象化

旋律的形象化泛指一套健美操的全部音乐都要体现完整的艺术形象。要达到这个目的，健美操音乐要有系统的结构，包括开始、发展、节奏的变化、高潮、结束的连续性的音乐形象。如，当男子运动员在做仿直升状的难度动作时，音乐同时也出现了飞机盘旋天空的特殊音效，形象地把男子的特点（力度）发挥了出来。音乐的旋律越鲜明，定位越准确，健美操创编者的才华和表演者的水平也就越能最有效和最准确地表现出来。

三、健美操音乐选择范围

(一) 民族音乐

具有浓烈的地方特色和民族风格，丰富的调式色彩和音乐色彩，同时具有强烈的时代气息。音乐形象多样化，舞蹈性强，节奏鲜明、热情、刚健、明快；旋律亲切、优美抒情。

(二) 爵士乐

旋律由连续不断的切分节奏组成，即兴性强及强有力的打击乐，节奏变化多，音色鲜明而强烈，和声丰富，表现喜乐氛围。

（三）迪斯科

在旋律上继承了爵士乐的切分节奏，更强调打击乐，节奏感强，表现出一种旺盛的精力。

（四）摇滚乐

继承了爵士乐演奏的即兴性，有快有慢，以一种节奏模式反复出现且带有一种摇摆的感觉，属于激情音乐。表现形式有：重金属及其相对的柔摇滚、混合型的乡村摇滚、流行摇滚等。

（五）轻音乐

轻松愉快、生动活泼并又浅而易懂的音乐，不表现重大的主题思想，轻松活泼的舞曲。如电影音乐和戏剧配乐、通俗歌曲和流行歌曲、舞蹈音乐和民间曲调等。

（六）外文歌曲

英文演唱有强烈的节奏感和震撼感，打击乐明显，音乐速度通常较快，表现出强烈的时代特征和青春气息。

（七）世界名曲

曲调经典，能跨越所有时空、种族和语言的界限，也能超越人格、思想和阶层的鸿沟。音乐的哲理性超越了音乐本身的意义，旋律优美，形象鲜明，感染力强，表现形式多样。

四、音乐制作

（一）数字化编辑的原理及素材

1. 数字化音频

在制作健美操伴奏音乐时，各种相关的声源（如麦克风、磁带录音、无线电和电视、广播、CD 等）所产生的音频信息都可以进行数字化处理。音频的数字化过程包括采样和量化两个过程。数字化音频通常被称为是一种“采样”的声音。实现对连续的声音信号进行采样，叫“取样”，就是每隔一段时间读一次声音的幅度，又称为时间上的量化。量化是将采样得到的在时间上连续的信号（通常为反映某一瞬间声波幅度的电压值）加以数字化，使其变成在时间上不连续的信号序列，即通常的 A/D 转换。

2. 数字化音频文件的格式及来源

1）wav 文件

wav 文件是微软公司开发的一种声音文件格式，用于保存 Windows 信息平台的音频信息资源，为 Windows 平台及其应用程序所支持。由于波形文件是数字化的音频信号，因此，计算机可以很方便地对其进行处理和播放，可以轻松地加快或放慢播放速度，将声音重新组合或剪切成一段进行单独处理，这些通过 Windows 中所带的“录音机”程序就可以很方便地实现。波形文件的缺点主要是其产生的文件太大，一张 650MB 的空白光盘最多也只能容纳 60～70 分钟的节目，不适合保存时间长的声音，故在实际的多媒体课件制作及其他应用时，要对其进行压缩处理。

2）midi 文件

midi 音频是多媒体计算机产生声音的另一种方式，可以满足长时间播放音乐的需要。与波形文件不同的是，midi 文件并不对音乐进行采样，而是将每一个音符记录为一个数字，并且midi标准规定了各种音调的混合及发音，只要通过输出装置就可以将这些数字重新合成为音乐。midi 文件的播放效果取决于声卡上的合成芯片限制。如果使用波表合成功能的声卡播放该文件，则会使 midi 音乐的音质提高到接近 CD 唱片的音质。

3）mp3 文件

mp3 指的是 mpeg 标准中的音频部分，也就是 mpeg 音频层。mpeg 文件的压缩是一种有损压缩，根据压缩质量和编码处理的不同分为 3 层，分别有 mp1、mp2 和 mp3 这三种声音文件，相同时间的 mp3 文件要比 wav 文件小，但保真效果不如 wav。

4）wren 文件

wren 格式也是一种数字音乐格式，在压缩率和音质上都要好于 mp3。

5）CD 音频

CD 音频是一种数字化声音，以 16 位量化级、44.1 赫兹采样频率的立体声储存，可完全重现原始声音，每片 CD 唱片能记录约 74 分钟的音乐节目。健美操音乐多取材于迪斯科、摇滚乐、爵士乐等现代音乐和民族乐曲，通常是以 CD 格式记载。

3. 音频素材文件的格式转换

由于wav文件记录的是数字化音频信号，因此可由计算机对其进行处理和分析，如放慢或加快访问速度，将声音重新组合或抽取一些片段单独处理等，并且保真效果要好于其他格式，所以在做健美操音乐时，提倡用wav文件。但如果存储空间不允许，也可以借助计算机，以wav文件为中介，将wav文件转换为mp3文件。获取wav文件的途径有很多：Windows中的“录音机”、Microsoft的Wave edit、Creative的Wave studio以及Internet Audio Mix等编辑软件都可以直接将各种格式的音乐录制为wav文件；也可以用一些音频的播放软件，如超级解霸、东方影都等直接将CD音乐转为wav文件。但录制的音频素材wav文件或多或少有杂音，其音质远不如直接从CD上截取下来的好，健美操音乐的来源多是从CD上截取下来的。

（二）音乐的数字化编辑方法

1. 拿来主义

直接用现成的音乐，从一些迪斯科、爵士乐、摇滚乐和民族音乐中，根据动作时间，直接选用或简单截取自己所需要的音乐，不加任何处理，这种方法是先选定音乐，再根据选择的音乐来编排动作。该种方法在很大程度上限制了健美操动作的编排并且影响到健美操动作与音乐的融合。以法国的Claudio Soft的Wave Splitter为例介绍如下：首先运行Wave Splitter，在“文件来源”对话框中，选择需要截取片段的wav源文件；其次在“保存路径”对话框中，填好截取到的片段将要保存的位置；再次在“开始于”和“结束于”对话框中分别添入截取片段开始的时间和结束的时间；最后选择“规范化”，再按下“截取”，就可以将需要的片段截取为一个新的wav文件了。

2. 使用编辑软件对音乐进行数字化编辑和效果处理

国内和国外的音频处理软件主要有：Advanced Audio，CD master，CDZ-WAV 323.19，Easy CD－DA Extractor 4.7.2，Windows. Exaot Audio Copy，MP3 Home Studio，Acid Wav等。各个软件都有它自己的特点，可根据需要选择。常用制作与合成的方法有：复制、粘贴、剪切、删除、插入、变速、混合等。

收集或制作的声音不一定与动作协调一致，还得对声音文件进行整理，一般成套音乐开头可采用10秒的慢拍或造型变化，以突出风格特点；中间每部分或小的阶段要体现起伏跌宕的节奏变化。如果是经过剪接，则剪接处前后乐曲的旋律应基本相似，并有一定的连贯性，结尾一定要保持音乐的完整性，避免生硬的结束动作。对音乐进行效果处理，使音乐的音量、节奏、速度与动作的节奏、速度更好地协调吻合，调节立体声，增加环绕效果，使音乐有力地支撑起动作。

具体手法如下所示：

（1）编辑定位：在进行各种声音编辑的操作之前，用户经常需要确定需要操作的位置，即找出需要处理的某些音点，称为确认插入点。

（2）删除：编辑声音的一个重要目的就是使声音文件尽可能紧缩，将空白的声音和音尾剪切掉是编辑声音文件的基本要求之一。通常来说，声波的前后各有一段空白，就是音首和音尾。它们分别在音频播放前后产生停顿，并增加了音频文件的大小，将每个声音文件的这些零碎剪掉，它的大小和启动时间就会明显减小。

（3）静噪：噪音信号强度一般比有用信号强度要小，设置一个门槛，低于这个门槛的信号就是噪音，把它消除，就可以有效地去除噪音。

（4）均衡：音乐中所包含的频率成分是非常丰富的。如果制作的音频信息频率分布不是很均匀，比如高音过重、音箱太刺耳，或是低音不足、缺乏力度，就需要对音频进行频率补偿，提升不足的频段，衰减过重的频段。另外，由于人耳对频率的响应是非线性的，所以也要依照人耳的特性做相应的补偿。音频处理软件一般会提供两种频率均衡器，可以对音频信号按频率进行提升或衰减。

（5）增益调节：如果要快速对音频文件提升或衰减音量幅度，可以使用增益调节。

（6）淡入、淡出与交互渐变：淡入方法使波形文件的音量逐渐增强，淡出方法使波形文件的音量逐渐减弱。

（7）混响：简单地说就是声音余韵，即音源在空间反射出来的声音。适当的设置混响，可以更真实、更有现场感地再现声音源，也可以起到修饰、美化的作用。

（8）合唱：是指声音的重叠，可以使原声音加宽、加重。

（9）延迟：增加音源的延续。它不同于混响，是声音的直接反复，而非余韵音。也不同于合唱，合唱是单纯的声音重叠，而延迟是给人一种错位、绵延的感觉。

（10）反转：主要用于把一段音频波形完全倒转（即反相）过来，可以得到一些特殊的音效。

（11）混入第二种声音和特殊音效：有时需要在健美操音乐中加入一些音效，来制造特殊气氛。

3. 自己创编音乐

可以根据编排的动作，通过鼓点生成器或直接编写五线谱的音乐编辑软件直接创作音乐。专业制作与合成方法有编辑节拍、调号、音符、输入和弦编写五线谱等。可以完全根据动作的需要、自己的风格创编音乐，使音乐与动作融为一体，但这需要较多的乐理知识，一般健美操指导员很难掌握。

4. 文件的保存与输出

在计算机上做好了健美操的音乐，应当保存为 wav 格式，这是标准的 CD 格式，也是我们所使用的大多数刻录软件所支持的格式，最后将 wav 刻录成 CD 光盘或录制成磁带，有利于使用和保存。

(三) 用 Cool Edit Pro 编辑软件制作健美操音乐步骤

计算机硬件要求：PC、光驱、刻录机、录放机。

计算机软件要求：金山影霸Ⅲ、Cool Edit Pro、Nero Buming ROM。

获取音频文件的方法如下。

(1) 从 CD 中获取音频文件：启动金山影霸Ⅲ的音频转换器，选中要截取的 CD 音乐，点击开始截取按钮，在出现的窗口中，选中 wav 格式及转换后文件的保存路径。点击“确定”开始转换。

(2) 从磁带获取音频文件：用一根一分二的莲花线，单头接计算机声卡的 line in，双头莲花头分别接录放机的左右声道 line out。或者用一根转换线连接声卡的 line in，另一头接录放机的耳机构插孔。将准备的磁带放入录放机的音仓，按下放音键，看看音箱里是否有声音，系统配合是否正常，准备放音。

1. 用 Cool Edit Pro 进行多轨编辑

(1) 启动 Cool Edit Pro，选择菜单“文件→新建”，建立文件的对话框。这里选择的样本率为 44100，声道为立体声，解析度为 16 bit。

(2) 点击 Cool Edit Pro 的“倒头”按钮，回到时间线起点；点击红色圆形“录音按钮”，系统开始录音。

(3) 点击录放机的 Play 键，放录音磁带。在 Cool Edit Pro 状态栏的下方，将看到红色的电平指示器开始抖动，显示的就是此时录进来声音的音量。磁带放完后，点 Cool Edit Pro 的“停止”按钮。主窗口会显示所录声音的波形文件。选择菜单“文件→另存为”为文件的保存路径。

(4) 在 Cool Edit Pro 的菜单中，选择菜单“文件→新建”，单击 F12 切换到多磁道混音器。用“插入”打开一个“声波从文件（wav)”，在上述的保存路径点击选中的音乐，在不同的磁道中导入所选的音乐，生成相对称数量的音轨。用鼠标右键拖动各条音轨，在相邻音轨的接头处会出现白色光条，自动贴紧。如果要对音轨进行单独修改，可双击该音轨进入音频窗，对所选音乐进行剪接。

（5）单击 F12 切换到多磁道混音器，通过这种方式可在单轨处理与多轨处理之间跳转。当使用已出版的音乐作品，取舍音乐的某一部分时，不能破坏音乐的基本结构形式，如音乐的结构 A+B+C、A+B+A+B+C，剪接要注意音乐前后的自然连接。

（6）运用鼠标左键在波形文件的不同点上点击，单击空格键或播放键试听音乐。当音轨间的音频存在差异时，用鼠标左键点击要调整音轨左侧的“v”格，或者击鼠标的右键，弹出音量调整对话框，调整滑块使音量达到同一水平。

（7）对音乐进行无缝链接。首先点击工具栏的“对齐到波形”按钮，取消对齐的锁定。其次用鼠标右键进行细微调整，使每两支曲子之间前后相邻。启动音量封装编辑，音量包络就是通过调整线条的高低对波形文件的音量进行全程调整的一种调节方法。在首尾相邻的音乐，上一步已经设置好了时间线上的过渡，这里再进行音量上的淡入（音量由大变小）和淡出（音量由小变大）。单击菜单栏“插入—显示音量封装”，显示出各曲子的音量（上面的绿色水平线就是音量线）；再单击选择菜单“插入—启动封装编辑”，便可进行音量的调整。

（8）音乐合成。选择菜单→编辑→混入→全部声波，Cool Edit Pro 的主窗口转换成一条声波。

（9）对音乐的降噪处理。选取噪音样本。为了看得清楚一点，将波形放大，找到噪音区内波形最平稳且最长的一段，用鼠标右键拖动，出现高亮，即被选中。选择菜单的“转换”→Noise Reduction→Noise Reduction，弹出采样降噪的对话框。对参数进行设置，Snapshots in profile 的数值一般选 600→1200；Noise Reduction Level 数值改为 80（%），对原音频进行第一次降噪时选择 80 最合适；FFT Size 的数值改为 8192，此数值在 8192→24000 时对降噪的效果影响不大；Precision Factor 的数值改为 10，当此数值小于 7 时，会产生明显的抖动声；Smoothing Amount 的数值改为 10。此数值越小噪音越低，但对原音的破坏也越大，一般从大到小选择，数值为 10 时基本听不出区别，尽量减少对原音乐的破坏。选好各参数后，点按 Get Profile from Selection 按钮，出现噪声样本的轮廓图，然后可点击 Preview（预览），试听效果。在这里可以试着更改一下参数，以获得最佳效果。

（10）音乐保存。选择“菜单→保存”，把该文件命名后保存。

（11）节奏速度的调整。打开文件菜单上的转换项，弹出对话框，选择 Time/Pitch 项中的 Stretch 项。在弹出的对话框中选 Gliding Stretch 项，根据自己需要的节奏速度进行调整。如现有的音乐是 10 秒钟 22 拍，要变为 10 秒钟 24 拍的速度，用 24/22=1.090909，在 Ratio 对话框中输入 109.09，点击 OK 即可；

如10秒钟28拍的音乐转换为10秒钟22拍的音乐，用22/28=0.7857，在Ratio对话框中输入78.57点击OK，音乐就转换成需要的速度了。

2. 音乐的后期制作

（1）磁带的制作。莲花线的单头接声卡的line out，双头分别接录放机的左右line in，调整录放机的录音音量控制，最大不超过90%，以免出现爆音。把优质空白磁带放入录放机的录音仓，调用播放音频文件的程序，如金山影霸Ⅲ音频播放器，按下录放机录音仓的录音键，点击PC中音频播放程序的放音键，这时录放机开始录音。观察播放程序的进度条，播放结束后，立即按下录放机的Stop键，避免录进按钮按下的杂音。

（2）CD盘的制作。启动Nero，选择“编辑新的光盘”，然后选“音频光盘”，通过“文件浏览器”找到要刻录的音乐文件，然后用鼠标将这些文件拖放到左边的“刻录窗口”中。当你将音乐文件拖放到“刻录窗口”时，它已经对文件进行了检测与转换，此时状态栏会显示要刻录的音轨所占用盘片容量的大小及文件信息。点击工具栏的“烧录”按钮开始刻录。

3. MIDI制作

MIDI是英语music instrument digital interface的缩写，中文意思是音乐数字接口。MIDI制作是数字音频工作站中最具技术性的，最具含金量的操作；它不仅要求操作者具有较高的音乐修养，还要求对软件有很强的运用能力。应用步骤如下。

（1）将MIDI键盘通过MIDI的连接线与声卡上的15针MPU401端口相连。

（2）在“声音控制”属性中，去掉合成器前的静音选项；在回放中选择line in，设定线性录入，调节音量控制标尺。

（3）设置MIDI端口。启动Cake Walk，设置MIDI Ports。选择菜单中的选项的MIDI设备命令后，打开MIDI设备端口的设置对话框。

（4）Cake Walk的运用。启动Cake Walk 9.0，选择菜单栏中“文件新建”命令，弹出新建文件对话框。Cake Walk提供的音乐模板很多，选择普通，设置速度。选择菜单栏中的“查看→速度”，弹出速度设置对话框。填入95，指的是键盘水平。

（5）制作MIDI主旋律。

①在第一条音轨中，双击名称下面空白处，填入主旋律名称。

②正式录制MIDI。按下主音轨中表示录音的R按钮，变为红色，表示此音轨可以录音了。调出走带工具条的倒带按钮，使乐曲指针回到开始位置。按下录音键，进入录音状态。这时节拍器在打节拍，当节拍器打完预备拍子后，开始弹奏MIDI键盘。弹奏时，注意要与节拍器保持相同的节拍。

③弹奏完主旋律后，按下播放工具中的停止键，在音轨窗口可看到刚才录制

下来的主旋律 M1DI 信息。

（6）主旋律修饰。

①单击主旋律音轨，然后点击工具栏上的切换按钮，或者直接双击主旋律音轨，进入钢琴卷帘视图。

②运用铅笔和橡皮工具，在以上所述的窗口中，对错误的音符进行修正。铅笔增加音符，橡皮减少音符。最后保存文件。

五、音乐选配

优美动听的音乐能使人的心情愉快，情绪高昂，精神振奋，积极向上。因此，对健美操的创编者来说，音乐的选择是成功的一半，再加上富有表现力的动作，二者融为一体，可使成套动作大放光彩，充满激情。

（一）根据动作制作音乐

当选择的乐曲在时间、速度或风格等方面与动作不相符时，需将音乐重新处理或制作。

1. 音乐的剪接

剪接的形式有两种，一种是同一首乐曲的剪接，另一种是两首或多首乐曲的剪接。无论是哪一种剪接都应注意剪接的部位要放在乐曲有停顿、空拍或乐曲的结尾处效果较好。剪接处前后乐曲的旋律应做到相同或相似，特别是两首或多首乐曲的剪接，其乐曲的速度和旋律要相同或相似，避免在节奏和旋律方面出现不自然的现象。

2. 音乐的调速

乐曲的调速有两种：一种是整首乐曲的调速；另一种是乐曲的部分进行调速。乐曲的部分进行调速在实践制作过程中比较困难。实践证明，乐曲由慢到快听起来很自然，但由快突然放慢听起来就不自然了。

3. 成套音乐的制作

为提高成套动作完成的效果，培养学生健美操的表现能力，对成套动作的音乐可进行制作。根据成套动作的风格和每节动作的特点及其某个动作的特殊性。进行成套动作音乐的创编和制作。在一些特殊动作中可加一些音乐效果。实践证明：结合动作特点在音乐中加一些特殊效果，能有效地提高学生的表现力和练习的积极性，对培养美感意识等极为有益。

(二) 根据音乐选择动作

音乐是健美操教学中的重要组成部分，起着语言的指挥作用和练习中的口令作用。对精心选择的乐曲，要分析音乐的结构特点。应根据音乐的风格特点、节奏和旋律来设计创编健美操的成套动作。动作的节奏必须与音乐的风格相一致。与节奏相统一，才能达到良好的健美操效果。一般成套动作的音乐应选择节奏明显、旋律优美、结构较完整、具有较强感染力且格调健康的迪斯科、爵士乐、摇滚乐或民族音乐。

参考文献

[1] 黄荣，张鹏，王彦旎．健美操［M］．北京：清华大学出版社，2015.

[2] 马玲，黄燕，李杰．高校健美操运动创新发展研究［M］．北京：中国时代经济出版社，2014.

[3] 苟小平，张玉兰，杜建萍．高校健美操教学训练与发展创新［M］．长春：吉林大学出版社，2014.

[4] 郭改林．高校健美操教学训练与创编研究［M］．北京：新华出版社，2014.

[5] 赵亚娜．高校健美操训练理论与方法研究［M］．北京：中国书籍出版社，2014.

[6] 叶文娟．高校健美操训练理论与方法［M］．北京：水利水电出版社，2013.

[7] 冯云，李红，孙翠琪．健美操［M］．杭州：浙江大学出版社，2013.

[8] 许剑，叶条凤，吕莉．高校时尚健身健美操实践研究［M］．北京：中国水利水电出版社，2013.

[9] 陈瑞琴，周杏芬，汪康乐．大学生健美操［M］．苏州：苏州大学出版社，2012.

[10] 颜飞卫．大学健美操体育舞蹈排舞教程［M］．北京：北京师范大学出版社，2012.

[11] 刘敏．现代健美操运动［M］．北京：北京体育大学出版社，2012.

[12] 陈瑞琴．健美操理论与实践创新［M］．北京：北京体育大学出版社，2011.

[13] 肖光来，张平，马鸿韬．健美操［M］．北京：人民体育出版社，2008.

[14] 相银芝．竞技健美操的创新研究［D］．苏州：苏州大学，2014.

[15] 姜强强．竞技健美操成套动作编排的创新和趋势研究［D］．武汉：武汉体育学院，2014.

[16] 姚东慧．构建健美操教师教学能力评价体系的研究［D］．苏州：苏州大学，2013.

[17] 王莹．健美操音乐的创编理论及运用的实证研究［D］．武汉：武汉体育学院，2013.

[18] 周鑫．竞技健美操操化动作创新的实证分析——以新规则前后两届世锦赛三人操为例［D］．长沙：湖南师范大学，2012.

[19] 马春．健美操教学质的研究［D］．兰州：西北师范大学，2011.

[20] 刘浩．竞技健美操体能训练理论与方法的研究［D］．北京：北京体育大学，2010.

[21] 姜亚秀．美学视域中普通高校健美操的创编研究［D］．长春：东北师范大学，2010.

[22] 陈溦．高校健美操教学中对学生创新能力培养的实验研究［D］．武汉：武汉体育学院，2009.

[23] 汪际慧．竞技健美操创编过程中音乐元素的研究［D］．北京：北京体育大学，2009.

[24] 左宁宁．健美操教育理论体系创新的研究——健美操文化建设的探索［D］．大连：辽宁

师范大学，2007.
[25] 姜丹宁．健美操选项课学生创新能力培养的研究与实践［J］．辽宁省交通高等专科学校学报，2015（1）．
[26] 徐春枝．高校健美操教学模式的创新与实践［J］．赤子，2015（21）．
[27] 郭永红．试论高校健美操教学改革及技能创新［J］．搏击，2014（12）．
[28] 吴绪敏．构建健美操教师在课堂教学过程中角色多元化模式的设想［J］．泰山学院学报，2014（3）．
[29] 邱婷．浅谈高校健美操教学模式的创新［J］．当代体育科技，2014（36）．
[30] 孙毅红．健美操教学对学生创新能力的培养［J］．黑龙江科学，2014（11）．
[31] 吴珺静．创新理念下高校健美操教学的改革研究［J］．当代体育科技，2012（20）．
[32] 李素，龚卫军．健美操教学和训练中节奏变换的研究［J］．体育科技文献通报，2011（12）．
[33] 章建平．浅谈高校健美操教学中教师的基本技能［J］．黑龙江科技信息，2010（27）．
[34] 何莉莉．浅析体育教师的感染力在健美操教学中的应用［J］．运动，2010（8）．